Trabalho produtivo em KARL MARX

Velhas e novas questões

VERA COTRIM

Trabalho produtivo em KARL MARX
Velhas e novas questões

Copyright © 2012 Vera Cotrim

Grafia atualizada segundo o Acordo Ortográfico da Língua Portuguesa de 1990, que entrou em vigor no Brasil em 2009.

Publishers: Joana Monteleone/Haroldo Ceravolo Sereza/Roberto Cosso
Edição: Joana Monteleone
Editor assistente: Vitor Rodrigo Donofrio Arruda
Projeto gráfico e diagramação: João Paulo Putini
Capa: Rogério Cantelli
Revisão: João Paulo Putini
Assistente de produção: Juliana Pellegrini

Este livro foi publicado com o apoio da Fapesp

CIP-BRASIL. CATALOGAÇÃO-NA-FONTE
SINDICATO NACIONAL DOS EDITORES DE LIVROS, RJ

C887t

Cotrim, Vera
TRABALHO PRODUTIVO EM KARL MARX – VELHAS E NOVAS QUESTÕES
Vera Cotrim.
São Paulo: Alameda, 2012.
300p.

Inclui bibliografia
ISBN 978-85-7939-135-4

1. Marx, Karl, 1818-1883. 2. Socialismo. 3. Comunismo.
4. Capitalismo. 5. Filosofia Marxista. I. Título.

12-2862.   CDD: 335.4
                        CDU: 330.85

                                            035193

ALAMEDA CASA EDITORIAL
Rua Conselheiro Ramalho, 694 – Bela Vista
CEP 01325-000 – São Paulo, SP
Tel. (11) 3012-2400
www.alamedaeditorial.com.br

A Célia e Aloízio, meus avós queridos

Se as ferramentas, sonhava Aristóteles, o maior pensador da Antiguidade, atendendo às nossas ordens e aos nossos desejos, pudessem executar as tarefas para que foram feitas, como os engenhos de Dédalo, que se movimentavam por si mesmos, ou as trípodes de Vulcano, que se punham a executar espontaneamente seu trabalho sagrado, se as lançadeiras do tecelão tecessem sozinhas, o mestre de ofício não precisaria de auxiliares, nem os senhores, de escravos.

Karl Marx

SUMÁRIO

Prefácio: "De volta a Marx", de Jorge Grespan — 11

Apresentação: Velhas e novas questões — 17

Capítulo I – A definição marxiana de trabalho produtivo — 27

O trabalho em geral produtivo — 31

Trabalho produtivo como categoria econômica — 37

As determinações concretas do trabalho produtivo: trabalho coletivo, produto imaterial e serviço — 59

As definições de trabalho improdutivo — 72

Capítulo II – Trabalho improdutivo no ciclo de reprodução do capital — 93

Capital produtivo e distribuição da mais-valia social — 98

Capital mercantil ou socialmente improdutivo — 122

Trabalho improdutivo e exploração do trabalho — 150

Capítulo III – Coletivização da produção, desenvolvimento produtivo e trabalho complexo — 177

A definição acessória de trabalho produtivo: trabalho material e imaterial — 185

A definição marxiana de trabalho complexo — 199

Trabalho complexo e complexificação social da produção — 222

Conclusão: Trabalho produtivo e obsolescência do capital — 275

Fontes bibliográficas — 289

"DE VOLTA A MARX"

Jorge Grespan

TANTO QUANTO HOJE, o mundo do trabalho se apresentava numa desconcertante diversidade de formas quando Marx empreendeu a sua análise crítica da sociedade burguesa. Naquela época, porém, a dificuldade vinha da imbricação de formas novas e antigas, de algo que emergia e de resquícios ainda muito fortes da economia pré-capitalista – a agricultura de subsistência; o trabalho de pequenos produtores já voltados para o mercado, mas ainda presos a corporações recalcitrantes à concorrência; a servidão da gleba, importante em países da Europa central e oriental; e até a escravidão, numa periferia capitalista decisiva para a acumulação no centro do sistema. Em meio a esta variedade, Marx localizou, na oposição entre capital e trabalho assalariado, o fundamento do que surgia e começava a presidir a trama das formas. Justo por se calcar na lógica da oposição, a relação de assalariamento possui um dinamismo ao mesmo tempo positivo e negativo que a destina a dominar as demais. E foi o que se viu, com o capital reduzindo as formas antigas a uma mera função sua, fazendo-as assim desaparecer e eventualmente reaparecer. Por isso a diversidade de formas hoje se recria, mas pela metamorfose do capital, que resolve a sua oposição constitutiva com o trabalho assalariado, ao desdobrar novas oposições em crescente complexidade.

Apesar de produto do capital, o resultado evidente não deixa mais uma vez de desconcertar. Esferas da vida antes claramente fora do âmbito estrito da economia, como a arte, a religião, a cultura em geral, agora se revestem de novo caráter, inscritas num mundo pautado pela necessidade de eficiência e geração de ganhos. Mas como é possível medir a eficiência do trabalho nelas empregado? E se este trabalho atende a uma empresa, como é possível dele obter lucro? Mesmo saindo desta esfera, no âmbito estrito da economia são necessários bens e serviços que pouco se assemelham ao produto do trabalho típico de um operário padrão. A produção depende cada dia mais de informações, cada dia mais sendo realizada mediante processos específicos, não homogêneos, elaborados por profissionais de quem se exige criatividade e engenho, e não força repetitiva. Que tipo de trabalho é este? Qual é a sua relação com as formas tradicionais criadas pelo capital? E nas esferas da vida social como um todo, a produção e a circulação dos bens se assentam hoje em novas relações de trabalho, que pelo menos juridicamente parecem se afastar do modelo clássico do assalariamento. Em muitos casos, o trabalhador recobra certo controle sobre os meios de produção, trabalha para si mesmo e vende apenas o seu produto. Parece até que finalmente estamos de fato vivendo naquele tipo de sociedade descrita no começo de *O Capital*, a saber, a dos produtores individuais, proprietários privados dos meios de trabalho. É este então o fim do processo de valorização, o fim do capital? Estaria ele entrando numa nova fase por força de uma evolução e não de uma revolução, como pretendem muitos autores atuais?

São estes os debates em torno do chamado trabalho "imaterial", da "pós Grande Indústria" ou do "neocapitalismo" que marcam os últimos vinte anos. As posições aí se dividem entre simplesmente decretar que o capitalismo mudou, a ponto de tornar obsoletos os conceitos e argumentos de Marx, e conceder que a mudança teria ocorrido por um desenvolvimento em parte previsto por Marx, fazendo necessário assim pensar num "Marx além de Marx". Mesmo neste último caso, contudo, a discussão parece querer na verdade, e às vezes rápido demais, ultrapassar Marx. Em geral ela não lhe dá a palavra, talvez na suposição de todos a conhecerem bem. Os conceitos são retomados de segunda mão. Concessões são feitas com muita facilidade a críticas de "parti pris" ao marxismo, típicas da época neoliberal até há pouco em curso.

No contrapelo disso tudo, Vera Cotrim escreveu uma dissertação acadêmica, agora transposta em livro, que busca voltar a Marx e em seus textos procurar pacientemente as respostas para as questões dos novos tempos. Marx não é tratado aqui como um tipo de fundador muito homenageado e a seguir esquecido; seu pensamento é fonte ainda de inquietação e se revela muitas vezes mais instigante que o de seus sucessores. O que também não quer dizer que a riqueza dos debates, desde os clássicos do marxismo do começo do século XX até os mais recentes, seja deixada de lado: ao contrário, através deles a autora situa, a todo o momento, a relevância do tema específico abordado, e permite ao leitor também situar-se dentro da tradição de pensamento. Este, aliás, é um dos grandes méritos do livro de Vera Cotrim, que assume posição, mas que, ao fazê-lo pela via da explicação e do comentário, dá ao leitor os meios para assumir a sua.

Não creio que me caiba aqui reconstituir as soluções encontradas, nem o detalhe dos argumentos. Ambos, muito claramente expostos no livro, tornam a sua leitura indispensável. Limito-me a apresentar o percurso nele seguido e a destacar o alcance dos seus passos.

Voltando a Marx e explorando seriamente as possibilidades dos seus textos à luz dos problemas que hoje se apresentam, a autora começa por distinguir com cuidado "trabalho produtivo" de "trabalho improdutivo", ambos em suas várias determinações concretas ("trabalho coletivo", "produto imaterial" e "serviço"). Este par conceitual, como se sabe, foi objeto de uma das mais antigas polêmicas da teoria econômica, travada entre mercantilistas e fisiocratas, e rebatendo na constituição da categoria de valor trabalho em Adam Smith e David Ricardo. É notável, a propósito, como as encruzilhadas e ambivalências desta história retornam tanto tempo depois: nas suas *Teorias sobre a mais-valia*, Marx tinha já a oportunidade de observar que o economista francês Jean-Baptiste Say introduziu o conceito de "produto imaterial" para discutir o "trabalho improdutivo" de Smith, criando com isso uma confusão cujos ecos repercutem até hoje.

Mas os textos de Marx sobre o assunto não estão organizados, tendo em geral o caráter de notas de leitura. Vera Cotrim os reconstitui nas principais obras da chamada fase de "maturidade" de Marx e os coordena, para em seguida formular nova distinção entre "trabalho improdutivo" e "produtivo" a partir das duas esferas de existência do capital, a saber, a da produção e a da circulação.

Pode-se daí entender que um trabalho empregado de modo improdutivo pelo capital seja, no entanto, absolutamente necessário para ele garantir as condições da sua reprodução social, conferindo ao "improdutivo" um sentido bastante sofisticado. Para além da definição básica, de que "produtivo" é apenas o trabalho que cria mais-valia para o capital que o emprega, o trabalho empregado em atividades de pura circulação de mercadorias e dinheiro pode ser também funcional para o processo de valorização em sua totalidade. Ele continua sendo "improdutivo" em sentido estrito, só que proporciona os meios para que o trabalho empregado na produção possa ser "produtivo". É da relação entre capitais que aqui se trata, portanto. Por isso o problema terá crucial importância no Livro III de *O Capital*, que examina a distribuição da mais-valia entre os vários ramos necessários à reprodução e explica como os capitais investidos em ramos improdutivos – comércio, bancos, propriedade fundiária ou imobiliária – obtêm, pela concorrência, parte da mais-valia criada pelo trabalho para os capitais investidos nos ramos diretamente produtivos. Trata-se de *quantidades* de valor produzidas e distribuídas de acordo com formas especificamente capitalistas de relação social ou, em outras palavras, de acordo com *qualidades* socialmente criadas por este modo de produção. Na forma ou qualidade de "produtivo", o capital faz o trabalho criar mais-valia que será depois distribuída também para capitais na qualidade de "improdutivos".

E a relação entre qualidade e quantidade marca o problema inteiro da subordinação do trabalho ao capital e das formas que este imprime àquele. Começa a se esclarecer a diferença entre os pares conceituais, "simples e complexo", "material-imaterial", "individual e coletivo". Por não concordar com Sweezy a respeito da irrelevância do trabalho complexo no todo social, Vera Cotrim se propõe a examinar o problema em detalhe e a sua solução remete diretamente à relação de qualidade e quantidade. Como é possível que o trabalho complexo crie valor multiplicado, ou seja, uma quantidade de valor proporcional ao grau de complexidade de uma forma de trabalho em relação à forma simples? Por que o trabalho de um profissional mais qualificado cria não só mais produtos (valores de uso), mas mais *valor* do que o trabalho de um profissional menos qualificado?

Observemos que a complexidade do trabalho está associada aqui à qualificação da mão de obra, como um ganho qualitativo que se pode traduzir em quantidade de trabalho abstrato, de valor. Por vias um pouco diferentes, também no caso do trabalho individual e do coletivo, e até no do trabalho material e imaterial, tem-se um jogo de qualidade e quantidade. Elas não são categorias a priori, no entanto, mas são postas em operação pelo movimento real das formas em que se dá a sociabilidade capitalista. Assim, a potenciação obtida pelo trabalho ao se tornar coletivo, isto é, a sua capacidade de criar maior quantidade de valor e mais-valia, muda a própria qualidade do trabalho: este coletivo não se produz pela mera soma dos indivíduos dele componentes, ele está num outro patamar social. E a dificuldade de lidar com as formas de trabalho produtoras de bens "imateriais" advém, de certo modo, daí. Como explica a autora, a subordinação delas ao capital permanece "formal" (pelo assalariamento) muito mais devido à dificuldade de tornar coletivo este tipo de trabalho, do que pelo caráter "imaterial" do seu produto. Nos casos em que o capital consegue torná-lo coletivo, então este trabalho produz seu produto "imaterial" de modo a render ao capital um valor multiplicado e o investimento social na qualificação de tal trabalhador é plenamente recompensado. Mas tudo depende, bem entendido, do eventual sucesso do capital na realização do seu impulso em subordinar e alocar do modo mais lucrativo (para ele) o trabalho. É o capital que torna coletivo o trabalhador, que institui a divisão de tarefas, que associa o trabalho a uma técnica cientificamente criada, que capacita e qualifica um grupo de trabalhadores, que se divide nos ramos sociais produtores de bens materiais ou "imateriais".

Apesar da dificuldade, esse conjunto de questões é tratado com muita clareza por Vera Cotrim. O leitor encontrará no livro que tem em mãos um esforço tão grande em resolvê-las quanto em explicá-las. Em todas as suas páginas há exemplos concretos, definições precisas e argumentos límpidos. Por meio deles, a enorme variedade de formas do trabalho no mundo contemporâneo é contemplada, mas como resultado da diferenciação das formas do capital em sua oposição justamente ao trabalho. O projeto de Marx é assim respeitado, sem ceder à tentação de ultrapassá-lo onde não é necessário, de julgar que sua crítica se limita ao capitalismo do século XIX. Os melhores críticos do capitalismo do século XX foram os que souberam buscar na obra dele os elementos para apreender o seu tema e o seu tempo. O presente livro segue este bom caminho.

APRESENTAÇÃO
Velhas e novas questões

ESTA PESQUISA INVESTIGA A CATEGORIA DE TRABALHO PRODUTIVO na obra de Marx, centralmente em *O Capital*, mas lançando mão de outros textos que abordam o tema: o primeiro volume de *Teorias da mais-valia*, o "Capítulo VI inédito" de *O Capital*, os *Grundrisse*, entre outros, que contribuíram de modo mais pontual. Embora o trabalho tenha como objeto a teoria de Marx, não visa apenas a elucidar um corpus teórico com o fim em si mesmo, mas a reunir elementos que contribuam para a investigação do modo como as novas formas concretas de trabalho, que acompanham o desenvolvimento produtivo, se relacionam com o capital. Dentre as inúmeras determinações e formas de classificar o trabalho, por que a categoria de trabalho produtivo e sua delimitação com referência ao improdutivo é relevante para compreender as formas atuais do trabalho, distintas em vários aspectos das que se ofereciam à observação de Marx?

Primeiramente, porque não temos como propósito analisar as múltiplas atividades concretas que compõem o conjunto do trabalho, mas compreendê-lo em relação ao capital. Consideramos que a expansão produtiva e as consequentes transformações na atividade do trabalho, que distinguem a produção atual daquela que serviu de material para Marx desvendar o modo como o capital se produz e a exploração do trabalho, se deram mo interior do mesmo modo de produção. De sorte que o aprimoramento tecnológico, que recria as formas da atividade e cria novas funções, bem como as mudanças na organização do trabalho correspondem ao percurso de desenvolvimento do capital. Embora este desenvolvimento se refira também às condições objetivas de superação deste modo de produção, mais do que nunca o capital é hoje o resultado e a finalidade centrais da produção social. Capital é riqueza, mas riqueza na forma abstrata de valor, passível de capitalização; e valor, objetivação de tempo de trabalho indiferenciado, medida do comando sobre a produção social. A substância do capital, definido como valor por sua função de expandir-se, consiste em *mais-valia*. Criar mais-valia, ou valorizar o capital, é a função do trabalho que Marx denomina *produtivo*. Examinar, portanto, o conjunto de determinações que caracterizam o trabalho que diretamente produz capital é importante para compreender o modo como o desenvolvimento capitalista recria as formas concretas do trabalho mantendo-o adequado à sua reprodução. Retomar Marx para identificar as determinações essenciais da categoria de trabalho produtivo, e distingui-las das formas específicas que assume ao longo de seu desenvolvimento, inclusive no século XIX inglês, visa contribuir para pensar a atual exploração do trabalho e o acirramento das contradições que envolvem a reprodução do capital.

A análise da crítica de Marx ao trabalho produtivo é ainda mais justificada quando se observa que, nas palavras de I. I. Rubin,[1]

> Infelizmente, nenhuma parte da ampla literatura crítica sobre Marx está tão cheia de desacordos e confusão conceitual como a relativa a esta questão, tanto entre marxistas, como entre estes e seus adversários. Uma das razões dessa confusão é a ideia obscura que se tem das próprias concepções de Marx acerca do trabalho produtivo.

No interior do debate marxista, não há consenso a respeito das determinações necessárias para conferir ao trabalho o predicado *produtivo*. *Como* deve ser o trabalho que produz mais-valia – em que tipo de produto deve resultar, em que modo de organização da produção se insere, sob que forma de relação com o capital, realizando quais atividades concretas – é uma questão que suscitou debate

---

[1] RUBIN, I. I. *A teoria marxista do valor*. São Paulo: Pólis, 1987, p. 277.

entre autores que reivindicam a teoria marxista. Esta é a primeira entre as velhas questões que abordamos. Assim, há aqueles que consideram a determinação material do produto como essencial ao trabalho produtivo.[2] Outros, ao contrário, incluem os chamados serviços e as atividades intelectuais no trabalho produtivo.[3] Também as determinações do trabalho improdutivo, que não se define apenas negativamente, não são consensuais. A atividade artística e educacional, bem como o trabalho empregado nas funções mercantis foram considerados, por diferentes autores, tanto pertencentes a uma como a outra categoria.[4] O trabalho

2   E. Mandel é um dos pesquisadores marxistas que afirma a necessidade da determinação material do produto para a incorporação de valor, e portanto subordina o valor a este atributo concreto do produto: "A definição de trabalho produtivo como *trabalho produtor de mercadorias, que combina trabalho concreto e abstrato* (ou seja, que combina a criação de valores de uso e a produção de valores de troca), exclui logicamente os "bens não materiais" da esfera da produção de valor" (MANDEL, E. *El Capital – Cien años de controvérsias en torno a la obra de Karl Marx*. México: Siglo XXI, 1985, p. 124). Ken Tarbuck também vê a determinação material do produto como intrínseca ao trabalho produtivo: "Uma vez que Marx optou, neste ponto, por reiterar a conexão entre objetos materiais e trabalho produtivo, ao menos para o trabalhador coletivo, isto deve ser constantemente lembrado quando ele passar a elaborar sua visão do trabalho produtivo quando considerado no contexto da sociedade capitalista como um todo (TARBUCK, K. *Productive and unproductive labour in the modern capitalist economy*. Inglaterra: Marken Press, 1995, p. 6). David Laibman (LAIBMAN, D. "Trabalho improdutivo: crítica de um conceito". In: ROWE, W. L. (ed.) *Studies in labour – theory and practice (Studies in Marxism, vol. 1)*. Minneapolis: Marxist Educational, 1982) e Paul Singer (SINGER, P. "Trabalho produtivo e excedente". In: *Revista de Economia Política* – vol. 1, nº 1. São Paulo: Brasiliense, 1981) também consideram improdutivo o trabalho que se configura em serviços. I. I. Rubin, por outro lado, afirma que, se incluído no sistema de produção capitalista, "o trabalho inútil do palhaço é considerado produtivo" (*op. cit.* p. 279) e que "Marx não atribuiu qualquer caráter decisivo para a diferença entre trabalho *físico* e *intelectual*" (*op. cit.* p. 283) quanto à determinação do trabalho como produtivo.

3   Rubin, como já mencionamos, considera que, em Marx, os serviços são produtivos se organizados sob determinadas relações (ver *A Teoria marxista do valor, op. cit.*, capítulo 19, p. 277-93).

4   Ruy Mauro Marini considera que a teoria de Marx situa o trabalho empregado no comércio na categoria de produtivo – (MARINI, R. M. "O conceito de trabalho produtivo – nota metodológica (1992-97)". In: TRASPADINI, R. e STEDILE, J. P. (orgs.) *Ruy Mauro Marini – vida e obra*. São Paulo: Expressão Popular, 2005). Harry Braverman assume, com a maior parte dos

improdutivo empregado no comércio, nas funções administrativas, contábeis, de organização do trabalho e de direção foi alvo de polêmica quanto à relação que estabelece com o capital. Isto é, se é passível de exploração capitalista.[5] É esta a segunda velha questão que investigamos. Para abordá-la, enfocamos a determinação do capital como produtivo e improdutivo. Tomam parte nesta temática a distinção entre as funções que cabem ao trabalho e aquelas que cabem "ao capital" e o desenvolvimento histórico de algumas destas funções.

O modo como se relacionam as duas acepções de trabalho produtivo – a geral e a que vale para o modo de produção capitalista – é um tema que permeia a definição da categoria de trabalho produtivo, e ponto de partida para investigar quais formas concretas específicas são, ou podem vir a ser, trabalho produtivo; e quais são em si mesmas improdutivas.[6] Marx abordou em sua obra econômica de maturidade o conjunto dessas formas e relações que a categoria de trabalho produtivo abrange. Não de modo apenas específico, mas no interior de uma análise do trabalho como categoria ontológica *histórica*. Por isso,

---

pesquisadores de Marx, que o trabalho do comércio é improdutivo, mas defende que o desenvolvimento capitalista posterior a Marx atenuou as diferenças entre o operário e o empregado do comércio (ver BRAVERMAN, H. *Trabalho e capital monopolista – a degradação do trabalho no século XX*. Rio de Janeiro: Zahar, 1981, p. 347-358). Arnaud Berthoud entende o trabalho na esfera da circulação como "indiretamente produtivo" (ver BERTHOUD, A. *Travail productif et productivité du travail chez Marx*. Paris: François Maspero, 1974, p. 74-125).

5   Braverman defende que os trabalhadores improdutivos empregados pelo capital são explorados: "(...) vieram ser meros dentes na engrenagem total destinada a multiplicar o capital" (*op. cit.*, p. 354). Martin Nicolaus, por outro lado, afirma que o proletariado compõe-se unicamente de trabalhadores produtivos (ver NICOLAUS, M. *Proletariado e clase media en Marx: coreografia hegeliana y la dialética capitalista*. Barcelona: Anagrama, 1972).

6   Ao analisar a teoria de Marx, I. I. Rubin afirma que "todo o trabalho que o capital não compra com seu capital variável não é produtivo do ponto de vista da economia capitalista, embora esse trabalho possa ser efetivamente útil e objetivar-se em bens de consumo materiais que satisfaçam necessidades humanas de subsistência" (*op. cit.*, p. 279); Paul Singer, por exemplo, considera que existe uma divergência entre os critérios geral e específico de definição do trabalho produtivo em Marx, e identifica a definição de trabalho produtivo para o capital com o critério "do capitalista" (*op. cit.*).

a distinção marxiana original entre o trabalho em geral produtivo e produtivo para o capital é o fundamento de nosso exame das velhas questões. A pesquisa se volta não tanto à apresentação deste debate, mas novamente ao texto de Marx, buscando encontrar ali o modo como responde aos problemas.

Propor uma análise da categoria de trabalho produtivo em Marx não visa apenas apresentar uma posição acerca do pensamento deste grande autor, mas lançar mão das categorias que apreende e elucida para contribuir com as questões novas originadas pelas transformações nas formas concretas do trabalho subsumido ao capital: as mudanças na *atividade* do trabalho, em particular o aumento da importância do trabalho complexo intelectual na produção e a subsunção da ciência ao capital. Embora não o tenha feito de modo sistemático, Marx não deixou de abordar o tema da crescente automação na indústria, o trabalho intelectual, as atividades ditas imateriais e a ciência. Como o objetivo é examinar as formas do trabalho em sua relação com o capital, recorremos a Marx para relacionar outras determinações do trabalho – simples e complexo, material e imaterial, individual e coletivo – com o trabalho produtivo, ou seja, com a produção de mais-valia. Assim, a análise das velhas questões serve à investigação das novas questões que o trabalho produtivo abarca.

Organizamos a exposição em três capítulos. Os dois primeiros se voltam às velhas questões. O primeiro tem a função de apresentar as determinações gerais das categorias de trabalho produtivo e trabalho improdutivo. Nesta delimitação categorial, destaca-se o problema da distinção entre trabalho produtivo em geral e o trabalho produtivo para o capital. O exame das razões pelas quais Marx parece utilizar dois critérios para a definição de trabalho produtivo conduz ao caráter histórico que desvela nas categorias econômicas. Em Marx, a definição de trabalho produtivo em geral é construída levando em conta aquilo que fundamenta a própria categoria de trabalho, ou seja, destacando o que há de comum na atividade do trabalho no conjunto da história e abstraindo das formas específicas de sociabilidade. Assim, o trabalho em geral produtivo aparece como uma posição a partir da qual se considera a categoria ontológica do trabalho. Esta definição apresenta-se como insuficiente para a consideração do trabalho produtivo para o capital, mas não lhe pode ser alheia ou indiferente. O objetivo desta discussão inicial é explicitar que a categoria de trabalho produtivo para o capital consiste no trabalho produtivo em geral sobredeterminado pela forma de sociabilidade do capital, ou seja, configurado por um modo histórico das relações de produção que o especifica: não basta produzir a riqueza concreta, é necessário produzir esta riqueza na forma do capital, isto é, gerar mais-valia. Demonstrar, portanto, que não há, em Marx, dois critérios excludentes para definir o trabalho produtivo, mas uma compreensão histórica que examina a forma como as determinações gerais do trabalho produtivo se efetivam sob o modo de produção capitalista. Mas também que, embora constitua uma forma histórica e por isso não a anule, o trabalho produtivo para o capital se opõe à acepção geral, estabelecendo uma relação contraditória.

No interior das relações capitalistas de produção, outro tema presente no debate marxista refere-se à delimitação das atividades capazes de incorporar valor ao produto, ou, em outras palavras, à discriminação do produto do trabalho humano passível de assumir a forma de capital. Aqui, a polêmica reside no atributo material ou imaterial do produto quanto à sua capacidade de incorporar valor. Nosso objetivo ao tratar desta velha questão é ressaltar o caráter de relação social do valor, distinguindo-o da riqueza concreta. Interessa-nos demonstrar que o trabalho que se realiza sob as relações de produção do capital e que se objetiva em mercadoria incorpora valor ao valor de uso, independente de este se configurar em produto imaterial, como filmes ou softwares, ou ainda em serviços, como a educação ou o transporte.

Ainda no primeiro capítulo, discutimos a definição de trabalho improdutivo para o capital. Distinguimos o trabalho que não é produtivo porque não faz parte do ciclo de reprodução do capital daquele que se configura como improdutivo para o capital ao mesmo tempo em que é necessário para seu processo vital. O primeiro, que não é empregado pelo capital e cuja força de trabalho é remunerada com renda, é a categoria de trabalho já considerada improdutiva pela economia política clássica.[7] O segundo abarca as atividades próprias à esfera da circulação e sua delimitação como trabalho improdutivo foi estabelecida por Marx: para ser produtivo, não basta ser necessário ao capital, mas criar a substância de sua expansão.[8] Nesta caracterização do trabalho propriamente improdutivo, destacamos a oposição entre a racionalidade privada e a ausência de regulação social da produção, que gera desperdício do tempo de trabalho social.

Marx é o primeiro a distinguir as categorias de trabalho produtivo e improdutivo no interior das relações capitalistas de produção,[9] isto é, do trabalho diretamente assalariado pelo capital.

---

[7] Adam Smith define o trabalho produtivo como aquele que "acrescenta algo ao valor dos objetos sobre os quais se aplica", o que é possível porque "fixa-se e se realiza num objeto particular ou mercadoria vendável", configurando "uma certa quantidade de trabalho estocada ou armazenada para, se necessário, ser empregada em alguma outra ocasião". São trabalhos improdutivos os serviços pessoais (criados), os dos "servidores do público" (empregados do Estado: soberano, oficiais de justiça e de guerra) e demais serviços ("sacerdotes, advogados, médicos e todos os gêneros de letrados; atores, bufões, músicos, cantores de ópera, dançarinos etc."), ou seja, aqueles trabalhos que "perecem no exato instante em que são executados e raramente deixam atrás de si qualquer rastro ou valor com o qual se torne possível posteriormente obter uma igual quantidade de serviço" (SMITH, A. *A Riqueza das Nações*. São Paulo: Martins Fontes, 2003, p. 414). São, portanto, improdutivos os trabalhos que não se realizam sob a produção capitalista. Embora Smith os identifique com a produção que não cria riqueza material, está de fato excluindo os trabalhos que não se subsumem ao capital. Isto fica claro quando inclui entre os trabalhos produtivos a atividade comercial.

[8] Em Smith, toda aplicação de capital é produtiva, inclusive o comércio: "As pessoas que empregam seus capitais de qualquer uma daquelas quatro maneiras citadas são, elas mesmas, trabalhadores produtivos". Duas dessas quatro aplicações referem-se ao capital "de todos os comerciantes atacadistas" e "de todos os varejistas". Entre os marxistas, Ruy Mauro Marini assume o trabalho da circulação como produtivo porque o trabalhador empregado nos capitais que operam exclusivamente nesta esfera faz rentável o capital de seu empregador ("O conceito de trabalho produtivo – nota metodológica [1992-97]", *op. cit.*), e estende a categoria de trabalho produtivo para o capital às atividades que não tomam parte na esfera da produção.

[9] De acordo com Harry Braverman, "(...) nos tempos de Smith e Ricardo, o trabalho improdutivo existia sobretudo fora do âmbito do capital (...)" (*op. cit.*, p. 351).

O segundo capítulo centra-se no trabalho improdutivo que contribui para a reprodução capitalista, em sua relação com o capital social e com o trabalho produtivo. O objetivo é examinar como se dá a exploração do trabalho improdutivo, outra velha questão na literatura marxista: se Marx identifica a taxa de exploração com taxa de mais-valia, como o trabalho que não gera sequer o valor de seu próprio salário é explorado? Para responder a ela, analisamos a distribuição social da mais-valia entre os múltiplos capitais. Expomos a autonomização das três figuras do capital – capital produtivo, capital-mercadoria e capital-dinheiro – que estabelece o próprio capital como produtivo e improdutivo (capital a juro e comercial). Explicitamos os diversos nexos que conectam os capitais produtivos e improdutivos em concorrência a partir da constituição da taxa geral de lucro, forma capitalista de manifestar-se a socialização da produção. A análise do caráter coletivo da reprodução do capital, que ao mesmo tempo só existe como multiplicidade de capitais em concorrência, ou seja, da forma social que, fundada na propriedade privada, coletiviza a produção, serve à investigação do conjunto de mediações sociais que intervêm na relação entre as formas produtiva e improdutiva do trabalho. Colocamos o problema da exploração do trabalho improdutivo na consideração do caráter socializado da produção capitalista e das classes. Nesta análise, retomamos a propriedade privada como fundamento da divisão das classes e sustentamos que o trabalho improdutivo, a despeito de sê-lo, não escapa às determinações do trabalho abstrato e da exploração capitalista.

O terceiro capítulo aborda uma das novas questões apresentadas pelo debate marxista que se refere diretamente às atuais configurações da atividade do trabalho, em especial o chamado *trabalho imaterial*, o trabalho intelectual e a ciência. O objetivo é investigar como Marx analisa estas categorias em sua relação com a produção de valor, ou seja, enquanto trabalho produtivo. Marx distingue os trabalhos material e imaterial com o objetivo mesmo de caracterizá-los como produtivos ou improdutivos. Para isso, analisa as relações de produção em que se realizam, apontando para o modo como a forma concreta do produto influencia as relações entre capital e trabalho. Partimos da conceituação do trabalho como material ou imaterial, que em Marx se refere à natureza do produto, para as categorias de trabalho simples e complexo, em que se distinguem as determinações da atividade individual. Neste contexto, tematizamos o trabalho intelectual. Também este aspecto do trabalho é abordado com referência à sua capacidade de criar valor, ou seja, como uma das determinações do trabalho produtivo.

Expomos então, no decurso histórico de consolidação do capital, as transformações nos papéis que os trabalhos simples e complexo desempenham nos diferentes patamares técnicos que perfizeram o desenvolvimento capitalista até sua plenitude, na indústria. Com isso, objetivamos analisar a interconexão entre o aprimoramento produtivo concreto e a expansão da forma de sociabilidade do capital, apontando para as contradições que este desenvolvimento envolve. Neste percurso, destacamos a coletivização da produção e o processo de simplificação do trabalho, o advento do trabalho abstrato, o significado da superação do caráter artesanal do trabalho. A nova divisão do trabalho produtivo imposta pela indústria – que se caracteriza como "aplicação consciente da ciência" – entre o trabalho complexo intelectual e o trabalho simplificado ao máximo é também um tema central no terceiro capítulo. A análise da divisão do trabalho na indústria serve de ponto de partida para apontarmos aspectos do desenvolvimento produtivo subsequente, como a subsunção da ciência ao capital e o progresso da automação, e explicitarmos o modo como este incremento produtivo altera o caráter da atividade individual como simples ou complexa.

Por fim, examinamos a relação entre o aprimoramento técnico que configura historicamente a atividade individual e a forma capitalista da reprodução social como acirramento da contradição entre a necessidade de reprodução do capital e o aumento da produtividade do trabalho. Este é um modo como a contradição entre produção social e apropriação privada se apresenta. Demonstramos, então, com Marx, que "o capital se torna senil"[10] porque, como relação social, constitui um entrave cada vez mais significativo para o desenvolvimento da produtividade social e da atividade individual de trabalho.

---

10   MARX, K. *O Capital*, Livro III – *O processo global de produção capitalista*. Rio de Janeiro: Civilização Brasileira, 2008, p. 342. Doravante *C, III*.

O fio que alinhava o conjunto das questões – velhas e novas – que a pesquisa investiga é o da delimitação entre necessidade material e forma social da produção. Assim, destacamos que o trabalho produtivo para o capital é a *expressão capitalista* do trabalho produtivo em geral, a esfera da circulação (o mercado) é a *expressão capitalista* do intercâmbio social, a taxa média de lucro é a *expressão capitalista* da socialização da produção, a autonomização das três figuras do capital que expande os mercados é a *expressão capitalista* do aprofundamento desta socialização, a lei tendencial à queda da taxa de lucro é a *expressão capitalista* do aumento da produtividade do trabalho social. Esta delimitação permeia a análise de todos os temas que abordamos. Como forma social que envelhece, o capital é histórico e não se identifica com a necessidade material da produção em geral. Nesta pesquisa, a posição que assumimos é a de que, ontologicamente, antes de o trabalho ser uma função do capital e a força de trabalho, "capital variável", o capital é uma forma social do trabalho.

CAPÍTULO I

A definição marxiana de trabalho produtivo

NESTE PRIMEIRO CAPÍTULO objetivamos expor a categoria de trabalho produtivo em Marx em sua determinação positiva. Abordamos o trabalho produtivo em geral, a categoria econômica de trabalho produtivo para o capital, o trabalho improdutivo e o serviço. Partimos da delimitação histórica que Marx estabelece ao conceituar o trabalho como produtivo ou improdutivo. Como as demais categorias econômicas que analisa, o trabalho produtivo é definido por Marx com referência ao modo de produção social específico sob o qual se efetiva. As categorias econômicas não são e não podem ser tratadas como exterioridades empíricas ou dados da objetividade imediata, mas referem-se a formas definidas da sociabilidade sob as quais se produz a vida material dos indivíduos. Por essa razão, as categorias econômicas são históricas ou datadas. A apreensão da historicidade das categorias econômicas tomadas, então, como formas sociais de produção e reprodução da vida, é original e distingue a análise de Marx da levada a cabo pelos clássicos da economia política. Além disso, o caráter histórico a partir do qual Marx aborda as categorias não é resultado de seus estudos econômicos, mas fundamenta a postura crítica com que Marx se dirige à economia desde suas primeiras aproximações.[1] A consideração histórica é ponto de partida, do mesmo

---

1   Nos *Manuscritos econômico-filosóficos* de 1844, por exemplo, a crítica de Marx à economia política burguesa consiste precisamente em revelar o caráter histórico da propriedade privada e do modo de vida que esta forma de apropriação fundamenta: "Não iniciaremos a explicação, como faz o economista, a partir de um estado original lendário, que nada esclarece; tal estado apenas desloca a questão para uma distância opaca e nebulosa. Pressupõe sob a forma de fato, de acontecimento, o que deveria deduzir (...)" (MARXK, K. *Manuscritos econômico – filosóficos*

modo, da definição de trabalho produtivo. Ao apontar o problema da análise levada a cabo pela economia política burguesa, Marx circunscreve historicamente a categoria econômica de trabalho produtivo que pretende analisar:

> Só o tacanho espírito burguês, que considera absolutas e portanto formas naturais eternas as formas capitalistas de produção, pode confundir estas duas perguntas – que é *trabalho produtivo* do ponto de vista do capital, e que trabalho é em geral produtivo ou produtivo em geral – e assim ter-se na conta de muito sábio, ao responder que todo trabalho que produza alguma coisa, um resultado qualquer, por isso mesmo, é trabalho produtivo.[2]

O "tacanho espírito burguês", que a obra da economia política burguesa deixa entrever, não distingue, de acordo com Marx, entre o trabalho produtivo em geral ou em geral produtivo, por um lado, e o trabalho produtivo "do ponto de vista do capital", por outro. Essa confusão advém do fato de que "considera absolutas e portanto formas naturais eternas as formas capitalistas de produção". Apreende, dessa maneira, as determinações do trabalho produtivo específicas das "formas capitalistas de produção" e estende essas determinações à conceituação geral ou abstrata do trabalho produtivo, uma vez que desconhece outras formas de produção como diferentes na essência. Como não reconhece outros modos de produção que sejam determinantes do trabalho produtivo, apenas o "ponto de vista do capital" pode defini-lo e, assim, apresenta-se como

---

de *1844*. Lisboa: *Edições 70, 1993*, p. 158). Em "Trabalho assalariado e capital" (1847), há a conhecida passagem em que Marx define o capital como uma relação social historicamente determinada: "Um negro é um negro. Só se torna um *escravo* em determinadas condições. Uma máquina de fiar algodão é uma máquina de fiar algodão. Só em determinadas condições se torna *capital*. Excluída dessas condições ela é tão pouco capital como o *ouro* é em si mesmo dinheiro ou o açúcar é o *preço* do açúcar" (*Nova Gazeta Renana*, p. 152).

2   MARX, K. *Teorias da mais-valia – História crítica do pensamento econômico, Livro I*. Rio de Janeiro: Civilização Brasileira, 1980, p. 388. Doravante, *TMV, I*.

geral e essencial. Examinamos neste capítulo a distinção que Marx estabelece entre o trabalho em geral produtivo e o trabalho produtivo para o capital, fazendo do trabalho produtivo sob o modo de produção capitalista um caso específico, socialmente configurado, do trabalho produtivo em geral, que independe das determinações histórico-sociais particulares. O foco de sua atenção a esse respeito recai sobre o trabalho produtivo *"do ponto de vista do capital"*, uma vez que o objetivo amplo de sua obra econômica é desvendar a forma capitalista de organização social com vista à sua superação. Como demonstramos em seguida, o trabalho produtivo para o capital, como atividade que cria o produto específico desta forma de sociabilidade, é definido criticamente em Marx. Não apenas se distingue do trabalho produtivo em geral, constituindo uma forma historicamente determinada deste. Ao subsumir a natureza do trabalho produtivo em si mesmo, contraditoriamente – sem deixar de realizá-la – nega esta natureza ao transformá-la em meio para a necessidade capitalista.

O trabalho em geral produtivo

Embora tenha como propósito central examinar o trabalho produtivo no interior do modo de produção do capital, Marx não deixa de definir o trabalho produtivo *em geral* e referi-lo em certos momentos. Estas passagens concernem invariavelmente à elucidação de algum aspecto do processo de trabalho em geral, isto é, da relação do homem com a natureza, sem consideração à forma social das relações de produção específicas que medeiam sua efetivação. Toma por ponto de partida a análise do processo de trabalho, que fundamenta igualmente todas as formas de sociabilidade, como uma atividade humana específica voltada a um fim determinado:

> Antes de tudo, o trabalho é um processo em que participam o homem e a natureza, processo em que o ser humano, com sua própria ação, impulsiona, controla e regula seu intercâmbio material com a natureza. (...) No fim do

processo de trabalho, aparece um resultado que já existia antes idealmente na imaginação do trabalhador.[3]

Por parte daquele que trabalha, o trabalho é uma atividade consciente que recai sobre um objeto. O resultado desta atividade, posto que planejado, é seu produto. Se a atividade não se realiza sobre um objeto, mas apenas na imaginação, não há produto; se, por outro lado, a atividade não é consciente, ou seu resultado não existe previamente na imaginação de seu agente, então não é produto do trabalho. Além de ser a finalidade da atividade, o produto do trabalho é sua objetivação, concretiza-se em um objeto exterior alterando a sua forma:

> No processo de trabalho, a atividade do homem opera uma transformação, subordinada a um determinado fim, no objeto sobre que atua por meio do instrumental de trabalho. O processo extingue-se ao concluir-se o produto. O produto é um valor-de-uso, um material da natureza adaptado às necessidades humanas através da mudança de forma. O trabalho está incorporado ao objeto sobre que atuou. Concretizou-se, e a matéria está trabalhada. O que se manifestava em movimento, do lado do trabalhador, se revela agora qualidade fixa, na forma de ser, do lado do produto. Ele teceu, e o produto é um tecido (*C, I*, p. 214-5).

Do mesmo modo que a expressão *processo de trabalho* é utilizada por Marx quando pretende destacar o aspecto ativo do trabalho, ou focar a atividade, a expressão *trabalho produtivo* em sua dimensão geral é empregada quando a ênfase deve recair sobre o produto do trabalho, ou nas palavras de Marx: "Observando-se todo o processo do ponto de vista do resultado, do produto,

---

[3] MARX, K. *O Capital, Livro Primeiro – O processo de produção do capital*. Rio de Janeiro: Civilização Brasileira, 2006, p. 211-2. Doravante *C, I*.

evidencia-se que (...) *o trabalho é trabalho produtivo*" (*C, I*, p. 215, grifo nosso). Neste ponto, Marx insere uma nota ressaltando que "essa conceituação de trabalho produtivo, derivada apenas do processo de trabalho, não é de modo algum adequada ao processo de produção capitalista" (*C, I*, p. 215, nota 7). Patenteia-se, pois, que o termo *produtivo* tem a função de explicitar um predicado inalienável do trabalho em geral, ou seja, do processo de trabalho em sua dimensão comum a todas as formas de sociabilidade, que consiste na necessidade de resultar em um produto ou objetivar-se de alguma forma. O termo *produtivo* utilizado para o trabalho em geral não é, portanto, uma caracterização restritiva do trabalho, com a finalidade de delimitar o trabalho produtivo em relação ao não produtivo, mas, ao contrário, cumpre a função de destacar a objetivação como uma determinação inalienável da atividade: todo trabalho, para sê-lo, precisa exteriorizar-se e, portanto, ter um produto. Nesse sentido – geral – todo trabalho é produtivo e, assim, não existe trabalho improdutivo, uma vez que aquilo que não se converte em ação objetiva ou atividade sensível, que não se faz objeto externo, não é trabalho. O termo designa apenas uma característica intrínseca ao trabalho. Por conseguinte, não há, em Marx, uma categoria de trabalho produtivo em geral, na medida em que trabalho produtivo não é diverso da categoria trabalho, se tomarmos ambas em sua dimensão abstrata, em si mesmas, ou seja, independente da forma social em que se realize.

O trabalho produtivo no sentido geral expressa a produção humana em termos abstratos, e por essa razão é pressuposto da análise da forma de sociabilidade específica do capital. "A *produção em geral* é uma abstração, mas uma abstração razoável, na medida em que efetivamente destaca e fixa o elemento comum, poupando-nos a repetição".[4]

Os traços comuns a toda produção – conteúdo da "produção em geral" – são abstratos porque a produção real é histórica. O caráter histórico se revela no fato de que toda produção se dá a partir do acúmulo de trabalho passado,

---

[4] MARX, K. "Introdução". In: *Grundrisse – Manuscritos econômicos de 1857-1858 – Esboços da crítica da economia política*. São Paulo: Boitempo; Rio de Janeiro: Ed. UFRJ, 2011, p. 41. Doravante *Intro*.

incorporado nos meios subjetivos e objetivos de produção. Ou seja, os resultados do trabalho se acumulam como transformações na natureza humana, de modo que a produção se *desenvolve*. Assim, cada nova geração de indivíduos sociais não inicia novamente a produção com base na natureza imediata. A natureza que encontra, tanto a externa quanto a subjetiva, já incorporou os resultados da produção anterior, e por conseguinte o produto pregresso é o fundamento da nova produção: a atividade dos indivíduos em determinado momento histórico é em primeiro lugar objetivação do trabalho passado do conjunto dos indivíduos sociais, reprodução do produto de desenvolvimento humano anterior. A história da produção, pois, é o movimento de qualificação ou complexificação do trabalho produtivo.

Este desenvolvimento produtivo não se resume à técnica do trabalho, mas significa também a transformação no modo de organização social dos indivíduos, na forma da propriedade e na divisão do trabalho: "(...) quando se fala de produção, sempre se está falando de produção em um determinado estágio de desenvolvimento social – da produção de indivíduos sociais" (*Intro*, p. 41). Os níveis de desenvolvimento social encerram diferenças essenciais:

> As determinações que valem para a produção em geral têm de ser corretamente isoladas de maneira que, além da unidade – decorrente do fato de que o sujeito, a humanidade, e o objeto, a natureza, são os mesmos –, não seja esquecida a diferença essencial (*Intro*, p. 111).

Transforma-se historicamente, pois, a natureza humana, isto é, o conjunto da vida social. Do mesmo modo que determina o indivíduo enquanto consumidor, dado que o produto determinado impõe sua forma própria de consumo,[5] o

---

5 Como exemplifica Marx: "Fome é fome, mas fome que se sacia com carne cozida, comida com garfo e faca, é uma fome diversa da que devora carne crua com a mão, unha e dente. Por essa razão, não é somente o objeto do consumo que é produzido pela produção, mas também o modo do consumo, não apenas objetiva, mas também subjetivamente. A

desenvolvimento histórico configura também de modos diferentes a atividade de produção material, ou o indivíduo enquanto produtor. Por essa razão, os elementos gerais da produção, ou o trabalho produtivo na acepção geral, são necessariamente abstratos quando desconsideradas as relações sociais de produção.

Marx se refere em diversas passagens ao trabalho produtivo nesse sentido abstrato, e não há dificuldade para distingui-las dos momentos em que *trabalho produtivo* diz respeito à categoria econômica circunscrita ao modo de produção capitalista. Quando a expressão é utilizada com referência ao trabalho específico que produz valores de uso determinados, refere-se ao processo de trabalho em sentido geral e portanto significa trabalho que se objetiva ou que resulta em um produto concreto. É o que ocorre na passagem abaixo:

> O trabalho do fiandeiro, como processo de produzir valor-de-uso, é especificamente distinto dos outros *trabalhos produtivos*, e a diversidade se patenteia, subjetiva e objetivamente, na finalidade exclusiva de fiar, no modo especial de operar, na natureza particular dos meios de produção, no valor-de-uso específico de seu produto (C, I, p. 222, grifo nosso).

Como, por um lado, a referência à produção em geral é sempre uma abstração, e por outro, Marx pretende desvendar as relações capitalistas de produção, há passagens em que o nosso autor se refere ao trabalho produtivo em geral ao examinar o modo de produção do capital. No contexto da análise de aspectos econômicos da forma social do capital, as passagens que qualificam como *produtivo* o *trabalho concreto*, isto é, produtor de valor de uso específico por meio de atividade determinada, referem-se também à sua acepção geral,

---

produção, portanto, cria os consumidores" (*Intro*, p. 47). Ou ainda: " O próprio consumo, quando sai de sua rudeza e imediaticidade originais (...), é mediado, enquanto impulso, pelo objeto. O objeto de arte – como qualquer outro produto – cria um público capaz de apreciar a arte e de sentir prazer com a beleza. A produção, por conseguinte, produz não somente um objeto para o sujeito, mas também um sujeito para o objeto" (*Intro*, p. 47)

como se percebe nos exemplos seguintes: "Se o *trabalho produtivo* específico do trabalhador não for o de fiar, não transformará ele o algodão em fio, não transferirá, portanto, os valores do algodão e do fuso ao fio" (C, I, p. 236, grifo nosso); ou ainda: "Quando o *trabalho produtivo* transforma os meios de produção em elementos constitutivos de um novo produto, ocorre uma transmigração com o valor deles" (C, I, p. 242, grifo nosso). Em ambas as passagens, Marx examina o modo como o valor dos meios de produção é transferido ao produto pelo trabalho concreto e, portanto, seu interesse é a explicitação de um aspecto da criação de valor, própria ao modo de produção capitalista. Ainda assim, como aborda o trabalho concreto ou processo de trabalho que gera valor de uso, *trabalho produtivo* está sendo empregado em seu sentido geral.

Ao analisar as sociedades pré-capitalistas, Marx também utiliza o termo *produtivo* para designar o trabalho material, ou realizado pela classe *que produz* (valores de uso), como modo de distinguir as atividades da classe produtora e da classe dominante. Nesses casos, trata-se do trabalho produtivo em geral, pois Marx abstrai das relações sociais de produção e destaca o atributo do trabalho de gerar valores de uso.

Há ainda outro importante contexto em que *trabalho produtivo* é utilizado com referência ao processo de trabalho, isto é, em sua acepção geral. Trata-se da produtividade do trabalho. Esta designa a relação entre a quantidade de valores de uso e a quantidade de tempo de trabalho necessária para sua produção. Tem, pois, como referência o processo de trabalho, uma vez que a produtividade diz respeito à atividade específica, que utiliza meios de trabalho particulares, com a finalidade de produzir valores de uso determinados. Por isso, as mudanças na produtividade do trabalho são condicionadas por elementos concretos da produção:

> A produtividade do trabalho é determinada pelas mais diversas circunstâncias, dentre elas a destreza média dos trabalhadores, o grau de desenvolvimento das ciências e sua aplicação tecnológica, a organização social do processo de produção, o volume e a eficácia dos meios de produção e as condições naturais (C, I, p. 62).

Refere-se sempre, por essa razão, a um tipo de trabalho útil e se comporta de modo relativamente autônomo com relação às outras espécies de atividade. Assim, *produtividade do trabalho*, bem como o termo *produtivo* quando empregado com relação a ela, devem ser tomados em seu sentido geral, inclusive quando o contexto amplo em que aparecem é a análise da forma social do capital. É o que se reconhece na seguinte passagem: "O trabalho transfere ao produto o valor dos meios de produção por ele consumidos. Demais, o valor e a quantidade dos meios de produção mobilizados por dada quantidade de trabalho aumentam na medida em que este se torna *mais produtivo*" (C, I, p. 705, grifo nosso). Aqui, o trabalho se torna mais produtivo por gerar maior quantidade de valores de uso em menos tempo, devido ao incremento de seus meios técnicos específicos. Trata-se, pois, do processo de trabalho ou do trabalho concreto, e portanto da acepção geral de trabalho produtivo, independente dos efeitos que gera sobre a reprodução de capital.

Marx é o primeiro a definir o trabalho produtivo em geral de modo distinto do trabalho produtivo para o capital, e sua análise de fato abstrai as formas históricas de sociabilidade e apresenta-se como geral. Por essa razão, não é uma categoria econômica, mas explicita um ângulo de abordagem do processo de trabalho como atividade humana vital.

Trabalho produtivo como categoria econômica

A partir da definição de trabalho produtivo em geral, distinguem-se, pois, com clareza, as passagens do texto de Marx em que o termo é empregado com esse sentido. Assim, elas deixam de concorrer para a confusão conceitual ou ambiguidade com relação à definição de trabalho produtivo para o modo de produção capitalista. No interior da forma capitalista da produção, o termo produtivo é um predicado restritivo do trabalho, que pretende discerni-lo do trabalho improdutivo ou não produtivo. É, portanto, uma categoria econômica. Desse modo, trabalho produtivo, como categoria econômica específica, é, em Marx, trabalho socialmente determinado, definido pela forma concreta das relações sociais por meio das quais se efetiva. Refere-se e existe apenas na forma social capitalista de produção, e não pode ser estendido a outras formas de sociabilidade, na medida em que sua substância é própria e exclusiva deste modo de produção, resultado exclusivo destas relações sociais históricas.

Marx define trabalho produtivo sob o modo de produção capitalista como trabalho que produz mais-valia e, portanto, é trabalho produtivo *para o capital*: "É *produtivo* o trabalhador que executa *trabalho produtivo*, e é *produtivo o trabalho* que gera diretamente *mais-valia*, isto é, que *valoriza* o capital".[6] Para compor a categoria de trabalho produtivo para o capital, a atividade deve não apenas produzir um resultado objetivo qualquer, ou ter um produto, mas resultar em um produto qualitativamente determinado: valor excedente. Como produtivo de valor, o trabalho sob a forma social do capital deve gerar produtos objetivos, ou valores de uso; isso não é mais suficiente, contudo, para delimitá-lo: há processos de trabalho, ou trabalhos produtivos na acepção geral, que não podem ser qualificados como produtivos no interior da forma social do capital. Embora a produção de um resultado objetivo ou produto concreto mantenha-se como condição do trabalho produtivo sob o capital, o critério que o define é outro, e subordina a determinação do trabalho produtivo em geral:

> O conceito de trabalho produtivo não compreende apenas uma relação entre atividade e efeito útil, entre trabalhador e produto do trabalho, mas também uma relação de produção especificamente social, de origem histórica, que faz do trabalhador o instrumento direto de criar mais-valia (*C, I*, p. 578).

Esse critério definitivo que o trabalho na forma social do capital deve cumprir coincide com a finalidade principal e imediata da produção sob a forma capitalista: gerar mais-valia para a classe proprietária, fornecendo assim a substância da expansão de seu capital. O critério de determinação do predicado

---

6   MARX, K. *O Capital – Capítulo VI (inédtito)*. São Paulo: Ciências Humanas, 1978, p. 71. Doravante *Cap. In*.

produtivo é o próprio fim a que o trabalho criador de valor de uso socialmente se dirige quando organizado pelas relações capitalistas de produção.

> A produção capitalista (...) é essencialmente produção de mais-valia. O trabalhador não produz para si, mas para o capital. Por isso, não é mais suficiente que ele apenas produza. Ele tem de produzir mais-valia. Só é produtivo o trabalhador que produz mais-valia para o capitalista, servindo assim à autoexpansão do capital (*C, I*, p. 578).

É relevante expor brevemente as categorias de valor e de mais-valia com o objetivo de indicar como o processo de trabalho, atividade em que os indivíduos criam valores de uso, se faz processo de valorização, em que a produção de valores de uso toma a forma da produção de capital.[7] Partimos, com Marx, da especificidade do produto gerado no modo de produção capitalista, isto é, da determinação mais imediata do valor do uso quando produzido sob esta forma social. O produto do trabalho sob a organização social do capital é gerado como mercadoria. A mercadoria define-se como valor de uso produzido para a troca. Deste modo, além de valor de uso, a mercadoria deve ter um valor de troca, que aparece primeiramente como uma proporção em que se trocam valores de uso. Mas para que duas coisas sejam postas em proporção e então trocadas é preciso que apresentem uma qualidade comum, algum aspecto qualitativo em que sejam comparáveis. Como os valores de uso caracterizam-se justamente por suas qualidades distintas, que os fazem capazes de satisfazer necessidades as mais diversas, para encontrar a qualidade comum a todos os valores de uso é preciso justamente abstrair seu caráter útil, sua especificidade. Deixando de considerar suas qualidades específicas como valores de uso, resta às mercadorias ser produto do trabalho humano, trabalho objetivado:

---

7   A categoria econômica de capital bem como as formas que assume no processo de reprodução social são objeto do segundo capítulo desta pesquisa.

> Se prescindirmos do valor-de-uso da mercadoria, só lhe resta ainda uma propriedade, a de ser produto do trabalho. Mas então o produto do trabalho já terá passado por uma transmutação. Pondo de lado seu valor-de-uso, abstraímos, também, das formas e elementos materiais que fazem dele um valor-de-uso. Ele não é mais mesa, cãs, fio, ou qualquer coisa útil. Sumiram todas as suas qualidades materiais (C, I, p. 60).

Os valores de uso, à parte aquilo que os distingue e os torna úteis, têm em comum o fato de serem produto do trabalho humano. Essa qualidade comum é a substância da determinação do valor de troca das mercadorias que permite sua comparação e a consequente determinação da proporção em que são trocadas. Contudo, deve-se atentar para o caráter do trabalho que identifica as mercadorias. Se, para alcançar a determinação comum aos valores de uso, que consiste em seu valor, deve-se abstrair de sua especificidade útil, de suas formas e elementos próprios, tampouco se deve levar em conta o caráter concreto dos trabalhos diversos que os engendram, a atividade específica de produzir um valor de uso determinado. Desse modo, o que gera a propriedade comum a todas as mercadorias não é o trabalho em seu aspecto concreto, determinado, pois, ao abstrair do caráter útil das mercadorias, abstrai-se também a utilidade específica do trabalho que as produz:

> Também não é mais o trabalho do marceneiro, do pedreiro, do fiandeiro, ou qualquer outra forma de trabalho produtivo. Ao desaparecer o caráter útil dos produtos do trabalho, também desaparece o caráter útil dos trabalhos neles corporificados, desvanecem-se, portanto, as diferentes formas de trabalho concreto, elas não mais se distinguem umas das outras, mas reduzem-se, todas, a uma única espécie de trabalho, o trabalho humano abstrato (C, I, p. 60).

O trabalho humano abstrato, "resíduo dos produtos do trabalho" quando deles se abstrai a utilidade específica e por conseguinte o caráter concreto da atividade, consiste na "objetividade impalpável, a massa pura e simples do trabalho humano em geral, do dispêndio de força de trabalho humana, sem consideração pela forma como foi gasta" (*C, I*, p. 60). Esta é a qualidade comum a todos os produtos do trabalho que permite que sejam comparados, e se estabeleça a proporção na troca. O trabalho abstrato é pois a substância do valor das mercadorias: "Como configuração desta substância social que lhes é comum, são valores, valores-mercadorias. (...) O que se evidencia comum na relação de permuta ou no valor-de-troca é, portanto, o valor das mercadorias" (*C, I*, p. 60). A mercadoria, forma elementar da riqueza no modo de produção capitalista, é unidade de valor de uso e valor. Como objeto produzido para a troca, exige ambas as determinações: em primeiro lugar, deve ser socialmente útil, isto é, útil para outros indivíduos sociais, e, além disso, produzido pelo trabalho, caso contrário não conteria valor. O trabalho materializado na mercadoria é pois, de duplo aspecto:

> O tempo determinado é objetivado em uma mercadoria determinada, particular, de qualidades particulares e particulares relações com as necessidades; mas, como valor de troca, o tempo de trabalho deve estar objetivado em uma mercadoria que expressa somente sua quotidade ou quantidade, que é indiferente às sua propriedades naturais e, por isso, pode ser metamorfoseada, *i.e.*, trocada em qualquer outra mercadoria que objetive o mesmo tempo de trabalho (*Grundrisse*, p. 115).

O trabalho concreto no modo capitalista de produção exprime o trabalho imediato, individual e específico, que resulta em valores de uso, mas cujo dispêndio, isto é, como tempo de trabalho determinado, objetiva-se em valor. O trabalho abstrato é o trabalho em seu caráter social, assim como o valor é produto universal do trabalho social. Na produção mercantil, o trabalho concreto imediato se põe como trabalho social pela mediação da troca, de modo que trabalho abstrato denomina o trabalho social na forma específica dos trabalhos privados mediados pela troca, ou seja, em que a sociabilidade do trabalho se põe como valor de troca do produto. A forma adequada ao produto do trabalho abstrato – valor – é, por isso, o dinheiro, valor de troca autonomizado da mercadoria: "Do fato de que a mercadoria devém valor de troca universal resulta que o valor de troca devém uma mercadoria particular" (*Grundrisse*, p. 114), que é o dinheiro, "(...) o meio coisal no qual os valores de troca, imersos, adquirem uma configuração correspondente à sua determinação universal" (*Grundrisse*, p. 114). Se para se tornar social, ou seja, dirigido às necessidades sociais e não às do produtor individual, o trabalho deve ser mediado,[8] a mediação da troca faz com que o trabalho social assuma a forma de trabalho abstrato porque põe valor, riqueza abstrata que apenas se confirma como riqueza social na troca, e não na atividade: "Sobre a base dos valores de troca, o trabalho pressupõe justamente que nem o trabalho do indivíduo singular nem seu produto sejam *imediatamente* universais; que o produto só consiga essa forma por uma *mediação objetiva* [*gegenständlich*], por um *dinheiro* distinto dele (*Grundrisse*, p. 119). Por isso, "(...) o caráter social da produção só é *posto post festum*, pela ascensão dos produtos a valores de troca e pela troca destes valores de troca" (*Grundrisse*, p. 119, grifos do autor). Daí a abstração do trabalho ser real, posta pela mediação social efetiva, e não um construto intelectual.

Todo trabalho, enquanto atividade, é dispêndio de energia humana e, por essa razão, todo produto, independente das relações sociais mediante as quais é gerado, contém tempo de trabalho humano. No entanto, o trabalho abstrato e seu resultado próprio, o valor, apenas existem socialmente, isto é, como determinações objetivas do trabalho privado que se faz social pela troca dos produtos como

---

8   "No segundo caso [sociedade auto-regulada – VC], o *caráter social da produção* está pressuposto e a participação no mundo dos produtos, no consumo, não é mediada pela troca de trabalhos ou de produtos de trabalho independentes uns dos outros. É mediada pelas condições sociais de produção no interior das quais o indivíduo exerce sua atividade" (*Grundrisse*, p. 119).

valores. Não é imediata a equiparação das atividades próprias ao camponês, ao fiandeiro e ao ourives, por exemplo, como formas do trabalho humano em geral. Apenas quando seus produtos são dispostos para a troca e efetivamente comparados, o valor passa a existir como uma objetividade social, que se manifesta no valor de troca. As atividades concretas, por conseguinte, apenas apresentam socialmente sua qualidade comum de trabalho humano, que abstrai daquilo que as distingue, quando seus produtos são contrapostos enquanto *valores*, ou *quantidades*. O valor é extrínseco à natureza do produto do trabalho em geral, isto é, do produto enquanto valor de uso. Mas intrínseco ao produto do trabalho subsumido ao capital – a mercadoria. É determinação imanente à forma social do produto – não de sua materialidade – sua própria natureza social.

A geração do produto social como valor pressupõe e reproduz a forma privada da propriedade social. Esta se estabelece paulatinamente pelo domínio progressivo da produção para a troca sobre as velhas relações de produção e pela radical separação entre o produtor e seus meios de produção. A conformação do *conjunto* das relações sociais de produção para a finalidade de criar o produto como mercadoria e assim produzir para a troca – e não diretamente para o consumo – é o estabelecimento do modo de produção social do capital.

À criação da riqueza como uma "imensa coleção de mercadorias" corresponde o trabalhador livre, despregado da terra e das demais condições de produção, e a consequente transformação da força de trabalho em mercadoria. De modo que a criação do produto geral do trabalho social como mercadoria, ou valor, isto é, a produção social sob a forma da oposição privada, implica já a produção de capital. A produção que se raliza com vistas à troca impõe o trabalho excedente como condição do trabalho necessário: "A produção capitalista de mercadorias (...) só põe o trabalho necessário *desde (e à medida) que seja trabalho excedent*e (...)" (*Grundrisse*, p. 345, grifos do autor). Inverte, assim, as determinações do trabalho necessário e excedente com relação aos modos de produção anteriores, em que o primeiro é condição natural do segundo. Neste sentido, o trabalho produtivo de valor se opõe à acepção geral do trabalho produtivo.

Historicamente, a subsunção da atividade produtiva social ao processo de criação de valor é levada a cabo paulatinamente pela expansão dos produtos gerados desde o princípio como mercadorias para alimentar a atividade comercial. Os meios de produção assumem, pois, a forma de capital quando o processo produtivo se faz processo de acrescer o valor prévio contido nesses meios: "Todo capital novo, para começar, entra em cena, surge no mercado de mercadorias, de trabalho ou de dinheiro, sob a forma de dinheiro, que através de determinados processos deve transformar-se em capital" (C, I, p. 177). O proprietário de dada massa de valor expressa em dinheiro compra as mercadorias exigidas pelo processo de produção, meios de produção (instrumentos, materiais acessórios, matéria-prima) e força de trabalho, e os coloca para funcionar, isto é, os consome no processo produtivo. O consumo destas mercadorias deve gerar um valor maior do que aquele que contém, mas o consumo das mercadorias objetivas não cria novo valor. Se consumidas individualmente, seu valor desaparece; quando transformadas ou consumidas produtivamente, transferem seu valor para o novo produto, como ocorre, no exemplo de Marx, com o algodão que serve de matéria-prima ao fio. Entretanto, a força de trabalho é mercadoria subjetiva cujo valor de uso consiste no "(...)conjunto das faculdades físicas e mentais existentes no corpo e na personalidade viva de um ser humano, as quais ele põe em ação toda vez que produz valores-de-uso de qualquer espécie" (C, I, p. 197). Consumir a força de trabalho é fazê-la trabalhar, incorporando tempo de trabalho aos meios de produção. O consumo da força de trabalho pelo capitalista é a incorporação de valor ao objeto de trabalho, levada a cabo pela produção da mercadoria:

> Para extrair valor do consumo de uma mercadoria, nosso possuidor de dinheiro deve ter a felicidade de descobrir, dentro da esfera da circulação, no mercado, uma mercadoria cujo valor-de-uso possua a propriedade peculiar de ser fonte de valor, de modo que consumi-la seja realmente encarnar trabalho, criar valor, portanto. E o possuidor de dinheiro encontra no mercado essa

mercadoria especial: é a capacidade de trabalho ou a força de trabalho (*C, I*, p. 197).

A força de trabalho adquirida como mercadoria acrescenta valor aos meios de produção ao transformá-los na nova mercadoria. Esta é criada como propriedade do capitalista na medida em que este dispõe dos meios e da força de trabalho. O novo valor, portanto, é igualmente gerado como propriedade do capitalista. Este deve, contudo, pagar as mercadorias que comprou, e assume-se que o faz pelo valor que elas contêm. Assim, quando os meios de produção são pagos, o capitalista apenas transmuta seu dinheiro em uma forma adequada ao consumo de força de trabalho, e nada ganha com esta compra. Por outro lado, do novo valor criado no processo produtivo por meio da incorporação de tempo de trabalho abstrato à mercadoria, o capitalista deve deduzir o salário, ou valor da força de trabalho, mercadoria subjetiva comprada no mercado como todas as outras. Como se define o valor da força de trabalho?

> O valor da força de trabalho é determinado, como o de qualquer outra mercadoria, pelo tempo de trabalho necessário à sua produção e, por consequência, à sua reprodução. Enquanto valor, a força de trabalho representa apenas determinada quantidade de trabalho social médio nela corporificado. Não é mais que a aptidão do indivíduo vivo. A produção dela supõe a existência deste. Dada a existência do indivíduo, a produção da força de trabalho consiste em sua manutenção ou reprodução. Para manter-se, precisa o indivíduo de certa soma de meios de subsistência. O tempo de trabalho necessário à produção da força de trabalho reduz-se, portanto, ao tempo de trabalho necessário à produção desses meios de subsistência, ou o valor da força de trabalho é o valor dos meios de subsistência necessários à manutenção de seu possuidor (*C, I*, p. 200-1).

O valor da força de trabalho identifica-se, portanto, com o valor total dos meios de subsistência suficientes para manter o nível de vida do trabalhador e sua família, "de modo que se perpetue no mercado essa raça peculiar de possuidores de mercadorias" (C, I, p. 202). O valor da força de trabalho é pois o valor da reprodução da condição de trabalhador, indivíduo que tem como único meio de vida a venda de sua força de trabalho. Como se reduz à soma dos valores de determinados meios de vida, o valor da força de trabalho muda conforme o tempo necessário para produzi-los. Por isso, são fatores que alteram o valor da força de trabalho a produtividade do trabalho nos ramos da produção de meios de subsistência, as condições históricas que determinam o volume e as espécies de necessidades, assim como a luta de classes, mediante a qual os trabalhadores organizados impõem necessidades ao capital.

O valor excedente criado como propriedade do capitalista consiste na diferença entre o valor gerado na produção e o valor que retorna ao trabalhador como salário. Assim, se a jornada de trabalho incorpora à mercadoria criada o valor referente a dez horas de atividade produtiva, retorna a ele como salário, valor de sua força de trabalho, o produto, expresso em dinheiro, equivalente, por exemplo, a cinco horas. Sua jornada se divide, pois, entre *tempo de trabalho necessário* à sua reprodução, ou seja, à produção do salário, e tempo de trabalho excedente. Durante esse tempo, o trabalhador incorpora valor ao produto como propriedade do capitalista, e por conseguinte, produz o valor excedente. O que permite que o processo produtivo seja um processo de valorização do capital nele despendido é o fato de que a força de trabalho produz valor maior, incorporado na mercadoria, do que o contido na força de trabalho, e que por essa razão é pago ao trabalhador. No processo de circulação em que o valor da mercadoria se realiza, o capital vende o que não pagou. A diferença entre o valor da força de trabalho e o valor do produto do trabalho é a mais-valia. Esta se define, pois, como o tempo de trabalho não-pago. A possibilidade da extração de mais-valia consiste, por sua vez, na transformação da força de trabalho, assim como do produto do trabalho social, em mercadoria.

A mais-valia não é o único produto da produção capitalista, mas é *essencialmente* seu produto. Sob o modo de produção do capital produzem-se os valores de uso que são veículos da mais-valia, bem como aqueles que não o são. Todos eles têm em comum o fato de serem valores de uso, isto é, produtos socialmente considerados úteis e portanto necessários ao conjunto ou a uma parte da sociedade, quer esta necessidade advenha "do estômago ou da fantasia", como advertiu Marx no primeiro capítulo de *O Capital*. No entanto, a produção de mais-valia ou a contínua expansão do capital é a finalidade última e específica, a *essência* da produção capitalista, que subordina a si o caráter útil próprio do objeto no qual se concretiza. A produção é dirigida pela utilidade que tem para o capital ou, em outras palavras, para satisfazer a necessidade de acumulação privada de riqueza. O valor de uso que os produtos têm para o capital é sua propriedade inespecífica de concretizar valor – e não seu valor de uso próprio, singular. Analogamente, o valor de uso que a atividade do trabalho, ou, do ponto de vista do agente, a força de trabalho tem para o capital não é sua propriedade de criar objetos particularmente úteis, mas sua capacidade de objetivar quantidade de trabalho superior ao que contém ou que é necessário para reproduzi-la. Como observa Marx:

> O valor de uso da força de trabalho para o capital é justamente o excesso da quantidade de trabalho que ela fornece além da quantidade de trabalho que nela mesma se materializa e por isso é necessária para reproduzi-la. Fornece essa quantidade naturalmente na *forma determinada* inerente a trabalho de utilidade particular, como, por exemplo, trabalho de fiar, tecer etc. Mas, esse caráter concreto, que o capacita a configurar-se em mercadoria, não é seu *valor de uso específico* para o capital. Para este, seu valor de uso específico consiste em sua qualidade de trabalho em geral e no que a quantidade de trabalho que a força de trabalho realiza excede a quantidade de trabalho que ela custa (*TMV, I*, p. 395).

Segue-se daí que o critério da determinação do trabalho produtivo é o de ter como produto a mais-valia – e não o objeto útil que invariavelmente também resulta da produção de mais-valia.

> Como o fim imediato e [o] produto *por excelência* da produção capitalista é a mais-valia, temos que só é produtivo aquele trabalho – e só é trabalhador produtivo aquele que emprega a força de trabalho – que diretamente produza mais-valia (*Cap. In.*, p. 70, grifo nosso).

Trabalho produtivo designa uma forma social da produção, ou seja, um modo histórico de organização social por meio do qual os indivíduos se relacionam, os valores de uso são gerados e as necessidades satisfeitas. Está, portanto, na base da determinação específica de um modo de produção e é, em contrapartida, por ele engendrado:

> *Trabalho produtivo* não é senão expressão sucinta que designa a relação integral e o modo pelo qual se apresentam a força de trabalho e o trabalho no processo capitalista de produção. Por conseguinte, se falamos de *trabalho produtivo*, falamos, pois, de *trabalho socialmente determinado*, de trabalho que implica relação nitidamente determinada entre o comprador e o vendedor de trabalho (*Cap. In.*, p. 75).

Como categoria econômica, o trabalho produtivo é a forma capitalista do trabalho em geral. É possível defini-lo explicitando seu produto específico: a mais-valia, ou, em outros termos, a substância do capital. Não há dissenso entre os comentadores de Marx quanto a esta definição de trabalho produtivo como aquele que acresce o capital.[9]

Mas esta definição conceitual não esclarece suas determinações concretas, isto é, como se caracteriza o trabalho produtivo, a que formas de atividade

---

[9] Citamos em seguida a maneira como alguns deles expuseram esta categoria: Claudio Napoleoni afirma que: "Estamos discutindo o trabalho que se encontra na situação capitalista, não o trabalho humano em geral, e portanto, quando definimos este trabalho como produtivo, devemos defini-lo em função daquilo em cujo interior este trabalho se encontra na realidade; este trabalho está subsumido ao capital – aqui não importa se formal ou realmente – e por isso conta enquanto trabalha em função do capital; mas qual é o trabalho produtivo em função do capital? É o que produz capital, evidentemente" (NAPOLEONI, C. *Lecciones sobre el capítulo sexto (inédito) de Marx*. México: Ediciones Era, 1976, p. 120). Isaak I. Rubin, em *Teoria marxista do valor*: "Somente o trabalho organizado sob a forma de empresas capitalistas, que tem a forma de trabalho assalariado, empregado pelo capital com a finalidade de extrair dele uma mais-valia, é incluído no sistema de produção capitalista. Este trabalho é trabalho produtivo" (*op. cit.*, p. 280); Ben Fine e Lawrence Harris sustentam que: "A distinção estabelecida por Marx entre o trabalho produtivo e improdutivo é, na verdade, fácil de compreender. Se o trabalho produz mais-valia diretamente, é produtivo; se não, é improdutivo" (FINE, B.; HARRIS, L. *Para reler O Capital*. Rio de Janeiro: Zahar, 1979, p. 54); para Harry Braverman: "Em essência, Marx definia o trabalho produtivo no capitalismo como aquele que produz valor de mercadoria, e, por conseguinte, valor excedente, para o capital" (*op. cit.*, p. 348); Ruy Mauro Marini, em *O conceito de trabalho produtivo – nota metodológica (1992-97)*: "A definição adiantada por Marx no livro I, capítulo XIV, de que 'dentro do capitalismo, só é produtivo o operário que produz mais-valia ou que trabalha para fazer rentável o capital' (I, p. 426), dá conta perfeitamente do conjunto do problema e já contém em forma embrionária os desdobramentos de que será objeto" (*op. cit.*, p. 196); Lincoln Secco, em *Trabalho produtivo em Marx*: "É produtivo o trabalho que engendra mais-valia e se organiza formalmente sob princípios especificamente capitalistas, não importando assim a natureza material do produto" (SECCO, L. "Trabalho produtivo em marx". In: *O Ensaiador*. São Paulo: Instituto de Física da Usp, 1994, p. 38); de acordo com Paul Singer, em "Trabalho produtivo ou excedente": "Não há dúvida de que Marx considerava apenas produtivo o trabalho que, no capitalismo, produz mais-valia" (*op. cit.*, p. 124); Ian Gough, em "Marx's Theory of Productive and Unproductive Labour": "O trabalho produtivo específico do modo de produção capitalista é trabalho que produz mais-valia" (GOUGH, I. "Marx's theory of productive and unproductive labour". In: *New Left Review, nº I/76*, nov--dez de 1972, p. 50).

corresponde, como as particularidades úteis do produto que cria interferem em sua capacidade de incorporar valor. Já que o objetivo neste primeiro capítulo é caracterizar o trabalho que produz capital, pode-se demonstrar, de início, o caráter secundário de algumas de suas determinações. O trabalho produtivo é assalariado e produtor de mercadorias. No entanto, essas determinações não são suficientes para qualificar o trabalho como produtivo, uma vez que não bastam para caracterizá-lo como produtor de mais-valia. Mercadoria e dinheiro, bem como a troca de força de trabalho por salário, estão presentes historicamente em outras formas de sociabilidade ou modos de produção, distintos do capitalista; por conseguinte, a mera existência da troca (seja de produtos do trabalho ou da força de trabalho por dinheiro) e do dinheiro (como meio de troca) não implicam em produção de capital. Também no interior da forma de organização social em que predomina o modo de produção capitalista existe produção não-capitalista de mercadorias, ainda que em escala cada vez mais reduzida. Ademais e especialmente relevante para nossa pesquisa, há trabalho assalariado que, embora necessário e determinado pelo ciclo de reprodução do capital, não produz mais-valia.

Além de assalariado e produtor de mercadorias, outra determinação do trabalho produtivo é ser criador de produto excedente. É necessário pontuar, contudo, que a existência de trabalho excedente, bem como a exploração do trabalho, ou apropriação do produto excedente do trabalho por classe ou grupos dominantes, é comum a todas as formas sociais que as relações de produção assumiram ao longo da história posterior às comunidades primitivas. Portanto, o fato de a classe produtora fornecer trabalho excedente, ou de haver expropriação de parte do produto do trabalhador direto, em outros modos de produção, não faz com que seu trabalho possa ser qualificado como produtivo. O trabalho produtivo é especificamente produtor de mais-valia, isto é, produto excedente que assume a forma social de *valor* excedente; esta caracterização não se estende, portanto, à criação de *produto* excedente em qualquer outra forma social – inclusive sob a consideração de que a mais-valia ou valor excedente apenas ganha existência através do produto excedente particular do trabalho. Qualquer forma de realização de trabalho excedente está condicionada por relações sociais de produção. O aumento da produtividade do trabalho, proveniente do desenvolvimento das forças produtivas, cria a *possibilidade* do trabalho excedente ao reduzir a quantidade de tempo de trabalho necessário ou suficiente para sustentar os produtores. Esta possibilidade configura-se no tempo livre do trabalhador. Contudo, para que os produtores utilizem esse tempo livre para trabalhar para outrem ou gerar produto excedente, isto é, para realizar o que antes existe apenas como possibilidade, são necessárias relações sociais determinadas de produção, mais especificamente, a relação de coação de um grupo ou classe social sobre o conjunto dos produtores. A partir desta determinação geral, para que os trabalhadores criem produto excedente na *forma de mais-valia*, são necessárias relações sociais de produção especificamente capitalistas, ou em outras palavras, a coação social específica do capital.

À produção de mais-valia é imprescindível, pois, um conjunto de relações sociais capitalistas de produção, organizado para a finalidade de acumulação de capital. Essas relações determinadas de produção fazem o processo de trabalho – atividade de plasmar a matéria natural de modo a adequá-la à finalidade humana, e portanto comum a toda história humana – tomar a forma de um processo de valorização. Deste modo, o trabalho produtivo é a categoria que exprime a especificidade da *forma social* que o processo de trabalho assume quando a produção se torna "essencialmente produção de mais-valia"; é uma expressão cujo conteúdo se constitui das relações sociais que conferem forma capitalista à produção de valores de uso ou objetos úteis. Em outras palavras, trabalho produtivo é *o processo de trabalho na forma social de processo de valorização.*[10] Assim, trabalho produtivo é uma categoria que se refere exclusivamente à

---

10 É por essa razão que alguns autores assumem uma definição bastante genérica do trabalho produtivo, pautada pela forma capitalista da atividade econômica geral: Altvater e Freerkhuisen, em "Sobre el trabajo productivo e improductivo", afirmam que "O sentido da distinção entre trabalho produtivo e improdutivo pode ser resumido assim: *todo trabalho que, dentro do sistema de produção burguês, permite a manutenção ou acréscimo de sua base, o capital, pode ser chamado produtivo, enquanto que todo trabalho que não é necessário no marco do sistema de produção burguês pode ser chamado improdutivo*" (ALVATER, E.; FREEKHUISEN,

sociabilidade histórica que cria o produto excedente como valor excedente. No interior desta forma social das relações de produção, contudo, há um conjunto determinado de trabalhos que podem ser denominados produtivos, uma vez que nem todas as atividades necessárias à reprodução social têm a mais-valia como produto. Cumpre, pois, reconhecer e caracterizar positivamente este conjunto com relação à produção do capital social em sua totalidade.

No primeiro volume de *Teorias da Mais-Valia*, Marx explicita as determinações do trabalho que produz diretamente mais-valia ou capital.

> Trabalho produtivo no sentido da produção capitalista é o trabalho assalariado que, na troca pela parte variável do capital (a parte do capital despendida em salário), além de reproduzir essa parte do capital (ou o valor da própria força de trabalho), ainda produz mais-valia para o capitalista. Só por esse meio, mercadoria ou dinheiro se converte em capital, se produz como capital. (Isso equivale a dizer que o trabalho assalariado reproduz, aumentada, a soma de valor nele empregada ou que restitui mais trabalho do que recebe na forma de salário. Por conseguinte, só é produtiva a força de trabalho que produz valor maior que o próprio) (*TMV, I*, p. 132-3).

O capital, valor que se acresce por meio da produção de mais-valia, é em última análise o produto do trabalho que se deve tomar por produtivo (embora entre a produção de mais-valia incorporada à mercadoria e sua transformação em capital sejam necessárias atividades mediadoras improdutivas). O que

---

"Sobre el trabajo productivo e improductivo". In: *Crítica de la Economia Política 3 – capitalismo e classes sociales*. Barcelona: Fortanara, 1997). Embora a definição não seja exata, pois, como se verá adiante, há trabalho improdutivo necessário ao sistema de produção burguês em escala significativa, ela advém da preocupação dos autores de referir as categorias econômicas à forma social que faz do processo de produção em geral um processo de produção essencialmente de capital.

caracteriza o trabalho assalariado trocado por capital como produtor de valor é seu caráter abstrato. O trabalho assume forma abstrata a partir da generalização histórica da produção de mercadorias e pela ampla transformação da força de trabalho em mercadoria.[11] Esta generalização ou abstração das qualidades concretas do trabalho o conforma como produtor de valor, para além de sua capacidade definitiva de engendrar valores de uso. É o trabalho em seu caráter abstrato, portanto, que reproduz o capital variável, e que produz ainda um excedente de valor apropriado pelo dono dos meios de produção. O trabalho abstrato é a forma social específica do trabalho que faz com que o produto excedente assuma a forma de valor excedente. "Só por esse meio [produção de mais-valia], mercadoria ou dinheiro se converte em capital, se produz como capital" (*TMV, I*, p. 132). O trabalho abstrato é, pois, aquele que faz com que a produção de mercadorias seja também produção de capital. Por conseguinte, como "só é produtivo o trabalho assalariado que produz capital" (*TMV, I*, p. 132), a caracterização do trabalho como produtivo ou improdutivo incide sobre seu caráter abstrato, ao passo que o caráter concreto do trabalho permanece alheio e inessencial a essa determinação: não se deve perguntar o que o trabalho produz, mas se o trabalho gera ou não valor. Na passagem abaixo, Marx reafirma a necessária determinação do trabalho produtivo como trabalho abstrato gerador de valor e, mais especificamente, valor excedente:

> (...) não é esse caráter concreto do trabalho, seu valor de uso como tal – a circunstância de ser, por exemplo, trabalho de alfaiate, sapateiro, fiandeiro, tecelão etc. – que constitui seu valor de uso específico para o capital e por isso o qualifica de trabalho produtivo no sistema de produção capitalista. O que constitui seu valor de uso específico para o capital não é seu caráter útil particular, tampouco as propriedades especiais úteis do produto em

---

11   Abordamos o processo histórico que origina a forma abstrata do trabalho no terceiro capítulo desta pesquisa.

que se materializou, e sim seu caráter como o elemento criador do valor de troca, como trabalho abstrato; mais precisamente, não é a circunstância de representar, em suma, dada quantidade desse trabalho geral, mas a de representar quantidade maior que a contida em seu preço, isto é, no valor da força de trabalho (*TMV, I*, p. 395).

É preciso também considerar que, se o trabalho produtivo é aquele que se transforma diretamente em capital, o trabalho que se troca pela parte variável do capital, para ser considerado produtivo, deve fazer desse capital uma magnitude de fato *variável*. A quantidade de capital investida em salário deve *se expandir* no processo de consumo da força de trabalho pela qual foi trocada. O trabalho deve pois *produzir valor* em magnitude suficiente para pagar seu salário e gerar ainda um excedente ou mais-valia. Assumindo, com Marx, que capital é valor que se valoriza,[12] a criação de mais-valia faz com que o valor investido em força de trabalho assuma a característica de valor que cresce por si mesmo, e, portanto, de *capital* variável. Nas palavras de Marx:

> Só o trabalho que se transforma diretamente em capital é *produtivo*; portanto, só o trabalho que faz do capital variável magnitude variável e, em consequência, torna o capital total $C = C + \Delta$. Se o capital variável, antes de se trocar por trabalho, for igual a x, de modo a se estabelecer a equação $y = x$, é produtivo o trabalho que converte x a $x + h$ e por conseguinte faz $y = x$, $y' = x + h$. Este, o primeiro ponto a elucidar: trabalho que produz mais-valia ou que é força que permite ao capital criar mais-valia,

---

[12] "O valor se torna valor em progressão, dinheiro em progressão e, como tal, capital. Sai da circulação, entre novamente nela, mantém-se e multiplica-se nela, retorna dela acrescido e recomeça incessantemente o mesmo circuito. D – D', dinheiro que se dilata, dinheiro que gera dinheiro, conforme a definição de capital que sai da boca de seus primeiros intérpretes, os mercantilistas" (*C, I*, p. 185).

assumir a figura de capital, de valor que cresce por si mesmo (*TMV, I*, p. 388).

É importante ressaltar que, embora apenas a parcela do capital despendida na compra da força de trabalho varie diretamente pelo acréscimo de mais-valia, a magnitude investida em meios de produção, ou os próprios meios de produção, tornam-se capital porque são meios necessários ao consumo da força de trabalho e à concretização do trabalho despendido. A atividade do trabalho não pode prescindir de meios de produção, cuja ausência impossibilita a própria produção em qualquer forma social em que se apresente. Mas na forma de sociabilidade de que se trata, a separação da atividade do trabalho com relação a seus meios objetivos é condição para a produção de valor excedente, pois consiste na coação especificamente capitalista do trabalho. O montante investido em força de trabalho assalariada se faz capital variável mediante a transformação de outra soma em capital constante: "Uma parte só pode transformar-se em capital *variável*, quando a outra se transforma em capital constante" (*TMV, I*, p. 390). O capital constante é assim chamado porque seu valor não se amplia, é apenas transferido ao produto do trabalho por meio do processo de produção, mantendo-se constante o valor que ele representa no produto. É também por meio do trabalho que o valor do capital constante – meios de produção – é transferido ao produto, mas de modo distinto da criação de valor, que incorpora trabalho *abstrato* medido pelo tempo. O capital constante incorpora-se ao produto por meio do caráter útil e concreto do trabalho, que muda a forma do valor de uso dos meios de produção plasmando-os, através da atividade específica, no novo produto e fazendo desaparecer, integral ou parcialmente, os valores de uso anteriores que serviram de objeto e instrumentos de trabalho. O valor dos objetos úteis que se extinguem por meio da atividade do trabalho reaparece no novo resultado do trabalho, não por agregar-se nova quantidade de trabalho abstrato, mas porque os valores de uso anteriores mudaram de forma, transformaram-se em objeto diverso. É, pois, o caráter concreto da atividade do trabalho que transporta o capital constante, valor dos meios de produção, para o produto do trabalho: "Se o trabalho específico, produtivo, do trabalhador não fosse fiar, não transformaria o algodão em fio, nem portanto transferiria a este os valores do algodão e dos fusos" (*C, I*, p. 236). O trabalho produtivo acarreta, no processo de produção, um efeito duplo que se explica por seu duplo caráter: como simples incorporação quantitativa, isto é, abstrata, o trabalho agrega valor, mas é a qualidade específica ou concreta do trabalho incorporado no produto que conserva nele os valores previamente constituídos nos meios de produção.

A magnitude total investida na produção se faz capital pela efetivação de sua autovalorização através do consumo da força de trabalho pelo capitalista, que a utiliza segundo seu desígnio, e do consumo dos meios de produção pela atividade do trabalho, no processo produtivo. O total investido na produção torna-se, pois, capital devido ao *trabalho produtivo*. "Só em virtude dessa conversão direta do trabalho em trabalho materializado pertencente não ao trabalhador e sim ao capitalista é que o dinheiro se converte em capital, inclusive a parte dele que assumiu a forma de meios de produção, de condições de trabalho" (*TMV, I*, p. 390).

Trabalho produtivo é aquele que mantém uma relação específica com as condições de produção: a de conservar e acrescer o valor do trabalho materializado tornado independente da força de trabalho. Não é a mera compra da força de trabalho, como observamos, que transforma a magnitude nela investida em capital, mas o processo efetivo de produção que faz do total investido em meios e força de trabalho elementos da autovalorização do capital: "Trabalho produtivo portanto é o que – no sistema de produção capitalista – produz mais-valia para o empregador ou que transforma as condições de trabalho em capital e o dono delas em capitalista, por conseguinte trabalho que produz o próprio produto como capital" (*TMV, I*, p. 391). Ou ainda, do ponto de vista do trabalhador:

> Trabalho produtivo é portanto o que, para o trabalhador, apenas reproduz o valor previamente determinado de sua força de trabalho, mas, como atividade geradora de valor, acresce o valor do capital, ou contrapõe ao próprio trabalhador os valores que criou na forma de capital (*TMV, I*, p. 391).

Não obstante, deve-se destacar que "o capital só alcança esse *produto específico* do processo de produção capitalista, na troca pelo trabalho, que se chama por isso de *trabalho produtivo*" (*TMV*, I, p. 394-5). No mesmo sentido, esses fatores da produção, antes de se colocarem efetivamente no processo produtivo, são potencialmente capital devido à sua finalidade, ou ainda, na medida em que existem com essa destinação determinada: é necessária a troca *anterior* de dinheiro por meios de produção e força de trabalho. Daí Marx afirmar que são capital *em si*, ou seja, por sua condição anterior ao processo produtivo: força de trabalho e meios de produção existem, de antemão, de modo autônomo e, portanto, enfrentam-se no mercado, o que impõe a conformação do trabalho como gerador de um produto que é capital, ou como trabalho produtivo. A relação específica entre o trabalho e as condições do trabalho, estabelecidas pela troca de trabalho materializado por tempo de trabalho vivo em maior quantidade, consumido pelo processo de produção, é o que expressa o termo *trabalho produtivo*, definido então por trabalho que se troca por capital e que produz seu próprio produto, nele incluso os meios de produção, como capital. É, pois, a relação entre a força de trabalho e os meios de produção, entre o trabalho e seu produto, determinada pela forma privada da propriedade.

Desse modo, quedam integralmente irrelevantes para a definição do trabalho como produtivo ou improdutivo a particularidade do valor de uso produzido, o conteúdo do trabalho por caráter concreto específico. Por outro lado, o trabalho produtivo deve gerar valor de uso. Isso não apenas porque o trabalho produtivo na forma da sociabilidade do capital, como caso particular do trabalho *em geral* produtivo, deve exteriorizar-se, resultando em um produto objetivo. Mas especificamente por definir-se como trabalho que produz mais-valia. A mais-valia tem como veículo necessário ou condição de existência a mercadoria.

Como Marx a define, a mercadoria é um *objeto* que consiste em unidade de valor de uso e valor, sendo esta sua característica definitiva: "A mercadoria é, antes de mais nada, um objeto externo, uma coisa que, por suas propriedades, satisfaz necessidades humanas, seja qual for a natureza, a origem delas, provenham do estômago ou da fantasia"(*C, I*, p. 57), ou seja, um valor de uso. Mas, "na forma de sociedade que vamos estudar, os valores-de-uso são, ao mesmo tempo, os veículos materiais do valor-de-troca" (*C, I*, p. 58), veículos de algo que deles se distingue; ou, novamente nas palavras de Marx, "como valores-de-uso, as mercadorias são, antes de mais nada, de qualidade diferente; como valores de troca, só podem diferir na quantidade, não contendo, portanto, nenhum átomo de valor-de-uso" (*C, I*, p. 59). Trabalho concreto e trabalho abstrato têm, pois, produtos distintos, mas são aspectos de uma atividade única. Assim como o valor de troca confere ao produto do trabalho humano a forma de mercadoria, o trabalho abstrato confere ao trabalho concreto a qualidade de produtor de mais-valia, e faz do processo de trabalho um processo de valorização. Então, conquanto adquiram a forma social de valor, trabalho abstrato e processo de valorização, estas categorias da produção não deixam de ser valor de uso, trabalho concreto e processo de trabalho, do mesmo modo que um ser vivo, embora tenha como característica definitiva o fato de ser *vivo*, não perde por isso sua qualidade de ser natural ou objetivo. A forma social do capital qualifica os elementos do processo de trabalho subsumindo-os. Põe, assim, sua característica definitiva. As determinações gerais do processo de trabalho passam a existir nessa forma social, como determinações do processo de produzir capital. Há, portanto, valores de uso que não são mercadorias, bem como mercadorias que não incorporam mais-valia, mas a mais-valia não pode prescindir da mercadoria ou do valor de uso:

> O trabalho, para produzir *mercadoria*, tem de ser trabalho útil, produzir *valor-de-uso*, configurar-se num *valor-de-uso*. E por conseguinte só trabalho que se apresenta em *mercadoria*, isto é, em valores-de-uso, é trabalho que se permuta por capital. Este é um pressuposto por si mesmo evidente (*TMV, I*, p. 395).

Assim, o trabalho produtivo, cujo produto definitivo é a mais-valia, não é uma categoria apenas restrita ao modo de produção capitalista, mas se limita também a uma atividade específica, um tipo de trabalho específico no interior desta forma de sociabilidade. Este trabalho é o de produzir mercadorias que incorporam mais-valia, ou valores de uso que lhe servem de suporte. Desse modo, a existência do trabalho produtivo está restrita à esfera da produção, pois é apenas no processo efetivo de produção que se produz mais-valia e, por conseguinte, capital; ou ainda, é produtivo "só o trabalho que seja consumido diretamente no processo de produção com vistas à valorização do capital" (*Cap. In.*, p. 70). Estão excluídas da categoria de trabalho produtivo, portanto, todas as atividades que se consomem no processo de realização das mercadorias ou esfera da circulação de valor que, embora intrínsecas ao processo global de reprodução do capital, não produzem mais-valia. Adiante, abordaremos a esfera da circulação em particular. Antes, é preciso determinar o que define o trabalho "consumido diretamente no processo de produção".

As determinações concretas do trabalho produtivo: trabalho coletivo, produto imaterial e serviço

O processo de produção, como exposto acima, é o processo de transformação dos meios de trabalho em um produto específico, através da atividade do trabalho que conforma um novo valor de uso. Se este processo é ao mesmo tempo um processo de valorização, na medida em que o trabalho agrega mais-valia ao produto, isto significa apenas que o processo de produção assumiu a forma social de processo de criação de capital, subsumindo o caráter especificamente útil do produto do trabalho a esta sua finalidade essencial, do mesmo modo que subordina o caráter concreto do trabalho a seu caráter abstrato. O trabalho abstrato, produtivo para o capital, é sempre trabalho concreto.

As atividades concretas que concorrem para a criação de dada espécie de valor de uso no modo de produção capitalista são diversas; todas elas têm em comum, contudo, o fato de que suas determinações específicas são necessárias e contribuem para a criação do objeto que é seu produto comum. Estes vários trabalhos prestam-se à transformação do valor de uso de diferentes maneiras, de acordo com sua natureza e função próprias. O processo de produção se torna mais complexo conforme se desenvolvem as forças produtivas: quanto maior esse aprimoramento, mais raros se tornam os processos produtivos realizados pelo trabalhador individual.[13] É próprio ao movimento histórico de complexificação do trabalho social, e por conseguinte à forma social do capital estabelecer a produção como processo coletivo ou cooperativo de trabalho, em uma combinação de funções realizadas por diferentes trabalhadores. Cada função parcial da produção do valor de uso participa de modo mais ou menos direto da manipulação dos objetos de trabalho, compondo uma de suas partes materiais ou imateriais:

> O produto deixa de ser o resultado imediato da atividade do produtor individual para tornar-se produto social, comum, de um trabalhador coletivo, isto é, de uma combinação de trabalhadores, podendo ser direta ou indireta a participação de cada um deles na manipulação do objeto sobre o qual incide o trabalho (*C, I*, p. 577).

Desse modo, o trabalho produtivo é, sob a forma social do capital, tipicamente coletivo, e os trabalhos consumidos *diretamente* pela produção favorecem de diferentes maneiras a transformação material do valor de uso que resulta desta produção composta por atividades concretamente distintas. Como o caráter cooperativo do trabalho produtivo é uma de suas determinações, o

---

13 É apenas com a subsunção real do trabalho ao capital, caracterizado essencialmente pela transformação dos meios técnicos e da organização do trabalho em capital e estabelecido historicamente a partir do período da manufatura, que o trabalho produtivo se torna coletivo. Antes disso, quando o trabalho na produção é explorado pelo capital mercantil – período transitório ou de subsunção formal do trabalho ao capital – vale a definição de trabalho produtivo para o trabalhador individual. Esta distinção histórica será abordada no terceiro capítulo desta pesquisa.

trabalhador, individualmente considerado, caracteriza-se como produtivo quando sua atividade compõe ou se configura como uma parcela do trabalho coletivo. Marx o explicita:

> A conceituação do trabalho produtivo e de seu executor, o trabalhador produtivo, amplia-se em virtude desse caráter cooperativo do processo de trabalho. Para trabalhar produtivamente não é mais necessário executar uma tarefa de manipulação do objeto de trabalho; basta ser órgão do trabalhador coletivo, exercendo qualquer uma das suas funções fracionárias. A conceituação anterior de trabalho produtivo, derivada da natureza da produção material, continua válida para o trabalhador coletivo, considerado em conjunto. Mas não se aplica mais a cada um de seus membros, individualmente considerados (C, I, p. 577).

Por conseguinte, é trabalhador produtivo aquele que concorre para a manipulação material do valor de uso produzido, bem como aquele que toma parte no projeto de produção, no trabalho necessário ao desenvolvimento da tecnologia requerida, ou ainda, as atividades de manutenção dos meios de trabalho, entre outros: "Fisiologicamente, cabeça e mãos são parte de um sistema; do mesmo modo, o processo de trabalho conjuga o trabalho do cérebro e das mãos" (C, I, p. 577). Se "mais tarde, se separam e acabam por se tornar hostilmente contrários" (C, I, p. 577), isto, conquanto seja um aspecto determinante da forma capitalista de sociabilidade, não altera a categoria de trabalho produtivo para o capital, tampouco o fato de que somente a atividade de transformar valor de uso pode incorporar mais-valia ao produto. Então, todas as atividades que concorrem para esta transformação são frações do trabalho produtivo coletivo, não obstante caracterizarem-se como trabalho que opera sobre seu objeto material, colaborando de modo imediato para a transformação do valor de uso, ou como trabalho intelectual ou imaterial, tal como o de um engenheiro de produção, que favorece esta transformação de modo mediado. De forma imediata, ou com mediação, ambos contribuem *diretamente* para a transformação do valor de uso, pois são inescapavelmente necessários à sua produção *específica* em dado estágio de desenvolvimento das forças produtivas. É importante destacar que o predicado coletivo é uma característica não apenas do trabalho produtivo para o capital, mas do trabalho produtivo em geral quando organizado cooperativamente. Ao afirmar que "a conceituação anterior de trabalho produtivo, *derivada da natureza da produção material*, continua válida para o trabalhador coletivo, considerado em conjunto" (grifo nosso), Marx explicita que esta definição diz respeito ao processo de trabalho independente de relações sociais de produção, uma vez que é derivada da *natureza* da produção material, isto é, dos pressupostos naturais da produção. No momento em que as forças produtivas se desenvolvem ao ponto de exigirem uma organização cooperativa ou coletiva do trabalho, o trabalho produtivo em geral, que se objetiva em valores de uso, passa a ser uma categoria que se refere a este processo coletivo de produção e ao trabalhador coletivo, e não mais à produção individual ou ao trabalhador individualmente considerado. Isso é verdadeiro para o trabalho coletivo sob a forma capitalista da produção ou para outra forma social (futura) de organização coletiva do trabalho. Em termos sucintos, quando a produção social de valores de uso torna-se coletiva, o trabalho produtivo passa a incluir esta determinação. Como categoria econômica própria do modo de produção do capital, o trabalho produtivo é sobretudo coletivo e limita-se à esfera da produção. Portanto, cada uma das diferentes atividades que contribuem para a transformação do valor de uso que resulta do trabalho coletivo é considerada produtiva, uma vez que nele incorpora seu tempo de trabalho na forma de valor.

Nem todos os trabalhos necessários à esfera produtiva, contudo, podem ser tomados por produtivos. As atividades que, exigidas pelo processo de produção do capital, são indiferentes à particularidade do valor de uso que resultará do processo, devem ser consideradas improdutivas, pois não participam do processo de trabalho que cria a mercadoria e, por conseguinte, são incapazes de incorporar no produto seu tempo de trabalho. Fazem parte deste grupo de trabalhos improdutivos necessários à esfera da produção as atividades de contabilidade e gerência capitalista dos empreendimentos produtivos privados. A particularidade concreta dessas atividades não guarda relação alguma com a mercadoria específica que resultará do processo produtivo do qual fazem parte. Esses trabalhos, indubitavelmente necessários à realização da produção capitalista, são improdutivos na medida em que apenas contribuem para o funcionamento geral do processo produtivo: é indiferente à contabilidade o objeto a que se referem as grandezas trabalhadas, assim como para a gerência é inessencial a ocupação particular dos trabalhadores que devem ser supervisionados: um contador ou um gerente pode mudar de emprego, transferindo-se de uma fábrica de calças para uma siderúrgica, e ainda assim realizar a mesma função de contabilidade ou gerência, mas um costureiro não pode efetivar a atividade de um químico. Por essa razão, o tempo de trabalho despendido nessas atividades não se objetiva na mercadoria e, portanto, não gera valor nem mais-valia; são pois trabalhos improdutivos no interior da esfera da produção.

Há que se excetuar, contudo, a função de organização do trabalho coletivo que não tem origem na forma social de produção capitalista, mas advém da *natureza* do trabalho combinado. Esta atividade dirige as produções coletivas particulares de acordo com a finalidade de gerar objeto útil determinado, e passa a ser função necessária do processo de trabalho, indiferentemente às relações sociais de produção, tão logo este se torne coletivo:

> (...) em todos os trabalhos em que muitos indivíduos cooperam, a conexão e a unidade do processo configuram-se necessariamente numa vontade que comanda e nas funções que não concernem aos trabalhadores parciais, mas à atividade global da empresa. É um trabalho produtivo que tem de ser executado em todo sistema combinado de produção (*C, III*, p. 508).

Portanto, a função de coordenação das atividades parciais se configura em trabalho produtivo na acepção geral do termo, exigido pela criação dos valores de uso. Como parte do processo de produção das mercadorias, sob a forma social do capital, esta função de orquestrar o trabalho coletivo é trabalho produtivo de valor porque incorpora o tempo de sua atividade à mercadoria criada.[14]

Na esfera produtiva, os trabalhos improdutivos são aqueles que não contribuem para a transformação do valor de uso. Podem ser trabalhos produtivos os que criam mercadorias materiais, aqueles que realizam transformações em outros valores de uso, os que se configuram em serviços, ou seja, mercadorias que sensivelmente não se separam da atividade de produzi-las, e ainda os que criam mercadorias imateriais. Logo após definir o trabalho produtivo para o capital, Marx destaca a indiferença da materialidade específica da mercadoria para sua determinação:

> Só é produtivo o trabalhador que produz mais-valia para o capitalista, servindo assim à autoexpansão do capital. Utilizando um exemplo fora da esfera material: um mestre-escola é um trabalhador produtivo quando trabalha não só para desenvolver a mente das crianças, mas também para enriquecer o dono da escola. Que este invista seu capital numa fábrica de ensinar, em vez de numa de fazer salsicha, em nada modifica a situação (*C, I*, p. 578).

O produto do trabalho do mestre-escola não pode se fixar na matéria, ao contrário, desaparece tão logo termine seu processo de produção. É, portanto, relativamente a seu aspecto concreto, um serviço, definido por Marx como se segue: "Serviço nada mais é que o efeito útil de um valor de uso, mercadoria ou

---

14 "A produção capitalista chegou a um ponto em que frequentes vezes se vê o trabalho de direção por inteiro dissociado da propriedade do capital. Assim, não é mais necessário que o capitalista exerça esse trabalho de direção. Um regente de orquestra não precisa absolutamente ser dono dos instrumentos dela, nem pertence à sua função de dirigente qualquer obrigação com referência ao *salário* dos demais músicos" (*C, III*, p. 511).

trabalho" (*C, I*, p. 226). Assim como uma mercadoria material pode não ter sido gerada por trabalho produtivo, também um serviço pode não ser realizado por um trabalhador produtivo. No entanto, não é sua característica de produto material, serviço, ou ainda, de produto imaterial, que determina o caráter produtivo do trabalho que o gerou, mas uma relação social determinada entre o trabalho e seus meios, entre o comprador e o vendedor de força de trabalho, que se expressa na incorporação de mais-valia ao produto do trabalho. No exemplo de Marx, o trabalho do mestre-escola é produtivo porque trabalha "também para enriquecer o dono da escola", pois gera uma mercadoria que numa "fábrica de ensinar" incorpora valor excedente, já que o valor pelo qual é vendida é maior que o pago pela força de trabalho que a produziu. Assim, ao ser vendida para os alunos, a mercadoria criada pelo mestre-escola possibilita a incorporação de mais-valia pelo dono da escola, proprietário dos meios e da força de trabalho necessários para produzi-la. Esta mercadoria, embora desapareça no momento em que termina sua produção, não deixa, por isso, de ser *objetiva*: objetiva-se na ação, por meio da linguagem; é, pois, um *objeto*, valor de uso com expressão material suficiente[15] para tornar-se mercadoria, ainda que não possa fixar-se ou expandir sua duração para além do tempo de produção. É o mesmo o caso da cantora: "se um empresário a contrata para ganhar dinheiro com seu canto, é um trabalhador produtivo, pois produz capital" (*TMV, I*, p. 396). Todo produto do trabalho, por ser objetivo, tem existência exterior socialmente reconhecida e é por isso passível de assumir a forma mercadoria. Marx cita outros exemplos de trabalhos que geram mercadorias com forma imaterial e que são produtivos por se subordinarem às relações capitalistas de produção:

---

15 Na primeira parte de *A Ideologia Alemã*, Marx define a linguagem como "a consciência real, prática, que existe também para os outros homens"; que tem, por conseguinte, uma objetividade ou um meio material de exteriorizar-se: a linguagem é "uma matéria que aqui se manifesta como camadas de ar em movimento, de sons", ou poderíamos dizer, de papel e tinta etc. É evidente que isto não faz de um texto um produto material, pois, embora tenha expressão material, seu conteúdo próprio não o é. Mas sua objetividade torna possível que ele assuma a forma mercadoria e, com isso, que se faça um veículo da mais-valia.

> (...) o escritor que fornece à editora trabalho como produto industrial é um *trabalhador produtivo*. (...) o *proletário intelectual* de Leipzig, que sob a direção da editora produz livros (por exemplos, compêndios de economia), é um *trabalhador produtivo*; pois, desde o começo, seu produto se subsume ao capital e só para acrescer o valor deste vem à luz (*TMV, I*, p. 396, grifo nosso).

Essa espécie de trabalho é produtiva porque se realiza com a finalidade de fornecer valor excedente para o proprietário das condições de trabalho: em primeiro lugar, cria mercadoria, isto é, objetiva-se, e por isso dá origem a produtos que, por um lado, são socialmente úteis e, por outro, incorporam valor; em segundo lugar, o produtor é remunerado pelo valor da sua força de trabalho. O que o define como produtivo é a relação de consumo da força de trabalho pelo capital na esfera produtiva, que se expande mediante a incorporação de trabalho abstrato.[16]

Dada sua determinação central de produzir a substância do capital, o trabalho produtivo, como exposto acima, está restrito à esfera da produção e não pode existir na esfera da circulação. Há, entretanto, processos produtivos que se estendem à esfera da circulação de produtos e se ocultam sob sua forma circulatória aparente. É o caso do trabalho requerido pela conservação de valores de uso, ou estoque, e pelo transporte. Ambos demandam quantidades de trabalho vivo e meios de produção. A força de trabalho consumida nesses ramos incorpora tempo de trabalho aos produtos estocados ou transportados na medida em que realizam transformações em seu valor de uso. No caso do estoque, a transformação consiste em retardar a degeneração dos produtos, e no caso do transporte, na locomoção, ou seja, uma transformação espacial que torna o produto apto para o consumo. Essas atividades agregam valor às mercadorias,

---

16 Abordaremos detidamente as categorias de trabalho material e trabalho imaterial no terceiro capítulo da pesquisa, no qual trataremos da "definição acessória" que Marx confere ao trabalho produtivo como trabalho que se realiza em riqueza material.

fazendo-as valer mais. Acrescem, assim, o capital e, por conseguinte, podem ser consideradas produtivas. A transformação que exercem nos valores de uso, no entanto, não aparece como uma mudança de forma ou acréscimo de algum tipo. Ao contrário, essas atividades não deixam sinais de alteração sensível e desaparecem tão logo sejam realizadas. Mantêm-se no valor de uso, entretanto, como acréscimo em seu valor. Mais especificamente, o transporte é uma fase de produção da mercadoria, ou pode configurar-se em serviço, conforme opere com produtos ou pessoas:

> O que a indústria de transportes vende é a própria mudança de lugar. O efeito útil produzido está inseparavelmente ligado ao processo de transporte, isto é, ao processo de produção da indústria de transportes. Homens e mercadorias viajam com o meio de transporte, e seu deslocamento, seu movimento no espaço, é precisamente o processo de produção que ele realiza. O efeito útil só pode ser usufruído durante o processo de produção; não existe como objeto de uso diverso desse processo, objeto que funcionasse, depois de ser produzido, como artigo de comércio, que circulasse como mercadoria (*C, II*, p. 65).

Quando o objeto sobre o qual atua são indivíduos, o trabalho do transporte produz como mercadoria o serviço de transportar; quando atua sobre mercadorias, sua caracterização como atividade produtiva explicita-se no fato de que os valores de uso apenas se completam, isto é, tornam-se objetos realmente úteis quando se encontram no local onde devem ser consumidos. Minérios ou petróleo, por exemplo, não são objetos úteis à indústria quando armazenados no local de onde foram extraídos, mas somente no interior da própria indústria. Assim, sua existência como valor socialmente útil apenas se completa com o transporte, que compõe assim uma parcela do processo produtivo dos valores de uso, ainda que não os acrescente quantitativamente. Com efeito, ao invés de aumentar os valores de uso, o transporte concorre para sua diminuição, devido a perdas inevitáveis:

> O transporte não aumenta a quantidade dos produtos. Se eventualmente altera as qualidades naturais destes, essa alteração não é efeito útil almejado, e sim mal inevitável. Mas o valor-de-uso das coisas só se realiza com seu consumo, e esse consumo pode tornar necessário o deslocamento delas, o processo adicional de produção da indústria dos transportes. Assim, o capital produtivo nela aplicado acrescenta valor aos produtos transportados, formado pela transferência de valor dos meios de transporte e pelo valor adicional criado pelo trabalho de transporte. Esse valor adicional se divide, como em toda produção capitalista, em reposição de salário e em mais-valia (*C, II*, p. 166).

O trabalho consumido pela indústria dos transportes é produtivo uma vez que acrescenta valor em função do tempo de trabalho incorporado, e transfere o valor dos meios de produção através de sua atividade específica, concreta – precisamente como qualquer atividade produtiva sob as relações capitalistas de produção. Essa atividade é portanto objetiva, sensível, material. Embora a transformação sensível do objeto transportado desapareça, a determinação de seu valor é idêntica à de qualquer outra mercadoria:

> Mas o valor-de-troca desse efeito útil é determinado, como o de qualquer outra mercadoria, pelo valor dos elementos de produção (força de trabalho e meios de produção) consumidos para obtê-lo mais a mais-valia gerada pelo trabalho excedente dos trabalhadores empregados na indústria de transportes (*C, II*, p. 65).

O valor de troca do transporte pode existir de modo autônomo e se realizar na forma de um serviço quando seu efeito útil é consumido individualmente, isto é, quando transporta pessoas e seus objetos particulares. Ou ainda, incorporar-se à mercadoria quando o transporte é consumido produtivamente. No primeiro caso, o transporte entra para a esfera do consumo individual e seu valor desaparece; no segundo, o valor é incorporado à mercadoria:

> Também no tocante ao consumo, esse efeito útil se comporta como qualquer outra mercadoria. Se é consumido individualmente, seu valor desaparece com o consumo; se produtivamente, sendo um estágio da produção da mercadoria que se transporta, seu valor se transfere à mercadoria como um valor adicional (*C, II*, p. 65).

O valor criado pelo trabalho de transportar fixa-se na *forma mercadoria*, e não na materialidade do valor de uso – embora esta incorporação se dê através da transformação no valor de uso que adequa seu caráter útil. Este acréscimo de trabalho útil se expressa no aumento do valor de troca da mercadoria:

> Quando a mercadoria chega ao lugar de destino, essa alteração ocorrida no valor de uso desapareceu e se expressa apenas no valor de troca mais elevado, no encarecimento dela. E o trabalho real, embora não tenha deixado vestígio algum no valor de uso, realiza-se no valor de troca desse produto material, e assim, para essa indústria, como para as outras esferas da produção material, o trabalho se corporifica na *mercadoria*, embora não tenha deixado traço visível em seu valor de uso (*TMV, I*, p. 406).

Do mesmo tipo de trabalho produtivo são as atividades requeridas pelo estoque de capital produtivo – meios de produção que se encontram latentes no processo de produção – e de fundo de consumo individual. "Na realidade, – afirma Marx – os estoques existem sob três formas: a de capital produtivo, a de fundo de consumo individual e a de mercadorias em estoque ou de capital-mercadoria" (*C, II*, p. 157). Apenas as duas primeiras formas do estoque empregam trabalho produtivo, pois, uma vez que são necessárias ao processo de produção dos valores de uso que mantêm, agregam a eles tempo de trabalho. Essa transformação dos valores de uso, como mencionado acima, consiste em retardar a sua deterioração, tanto do ponto de vista da qualidade quanto da quantidade. Os estoques de capital produtivo, que do ponto de vista concreto consistem em meios de produção, e os de objetos de consumo individual são necessários para que esses valores de uso alcancem a possibilidade de serem consumidos, já que em toda forma social da produção não se produz apenas o que será consumido imediatamente.

Esses dois tipos de estocagem são condição do intercâmbio de produtos e do próprio processo de trabalho em seu sentido geral, já que, para a produção de valores de uso são necessários meios de produção e objetos de consumo individual pré-existentes, que devem ser estocados e mantidos de algum modo. No modo de produção capitalista, o estoque de meios de produção, que tomam a forma social de capital produtivo, e o de meios de reprodução da força de trabalho encontram-se no mercado. O estoque social assume a forma de estoque de mercadorias, mas continua sendo parte do processo de produção dos valores de uso. Na medida em que é necessário ao próprio processo de produção e de intercâmbio, ou "enquanto essa estagnação aparente for, portanto, forma de giro" (*C, II*, p. 164), o trabalho requerido pelo estoque é incorporado ao produto, acrescendo seu valor e configurando-se, por conseguinte, em trabalho produtivo. Marx explica:

> Enquanto o estoque de mercadorias é apenas a forma mercadoria do estoque – que, se não existisse como estoque de mercadorias, existiria em dada escala da produção social como estoque produtivo (fundo latente de produção) ou como fundo de consumo (reserva de meios de consumo) –, os custos exigidos pela manutenção do estoque, os custos de formação de estoques, isto é, o trabalho vivo ou materializado aí aplicados são apenas custos, transpostos, da conservação do fundo social

de produção ou do fundo social de consumo. *Ao elevar-se o valor das mercadorias em virtude desses custos* (...) (*C, II*, p. 164, grifo nosso).

Do mesmo modo que no transporte, o trabalho da estocagem não muda a forma do valor de uso, nem o aumenta, mas concorre para uma transformação objetiva – manutenção – que se expressa no produto como acréscimo de valor. O terceiro tipo de estoque, ao qual Marx se refere como "estoque de mercadorias propriamente dito", demanda trabalho improdutivo, e será abordado abaixo, quando nos voltarmos à análise da esfera da circulação.

O trabalho produtivo no interior do modo de produção capitalista pode-se definir, em termos sintéticos, como a relação específica entre o produtor e os meios de produção em que estes se apresentam como meios de extração de mais-valia. Portanto, define-se como trabalho que, na troca pela parte variável do capital, confere valor excedente e com isso produz seu próprio produto como capital. Para a produção de capital, é necessária a incorporação de mais-valia ao produto, o que torna imprescindível para o trabalho produtivo criar ou transformar valor de uso; esta determinação faz do trabalho produtivo categoria restrita à esfera da produção. Como a produção capitalista é levada a cabo fundamentalmente pelo trabalho combinado, as determinações do trabalho produtivo referem-se sobretudo ao trabalhador coletivo. O trabalhador assalariado singular caracteriza-se como produtivo ao efetivar função parcial do trabalho coletivo. O caráter útil específico do objeto que serve de veículo para a mais-valia, ou seu caráter concreto particular é, por outro lado, inessencial para a determinação do trabalho produtivo, uma vez que, por definição, todo valor de uso é objetivo e, portanto, pode ser produzido e realizado como mercadoria. Assim, objetos materiais ou imateriais que circulam como mercadorias, bem como os serviços produzidos com a mediação de empresas capitalistas e vendidos como mercadorias, servem igualmente à incorporação de mais-valia e são, por conseguinte, passíveis de assumir a forma de *capital*. Do mesmo modo, as funções parciais materiais ou imateriais do trabalho coletivo da produção são igualmente efetivadas por trabalhadores produtivos para o capital.

As definições de trabalho improdutivo

Antes de abordar as determinações do trabalho propriamente improdutivo, é preciso mencionar um conjunto de atividades que, não sendo produtivas para o capital, não podem denominar-se estritamente improdutivas porque se realizam fora do ciclo de reprodução do capital, ou em outras palavras, não são realmente subordinadas ao modo de produção capitalista. Abrangem o trabalho dos produtores de mercadorias que possuem seus próprios meios de produção: pequenos proprietários de terra, artesãos, trabalhadores autônomos. Embora produzam mercadorias, não são assalariados, pois não vendem sua força de trabalho; como não empregam força de trabalho, não são capitalistas; sua atividade não está subsumida ao modo de produção do capital, e as categorias econômicas que dizem respeito a este modo de produção, como trabalho produtivo ou improdutivo, não podem ser aplicadas a ela. Segundo Marx, há economistas que sustentaram nesses casos que o produtor se apropria do valor excedente criado por ele mesmo, sendo capitalista e assalariado de si mesmo.[17] Essa é uma expressão que, embora irracional – pois o que estabelece a relação entre o capital e o trabalho assalariado é a separação entre a força de trabalho e os meios de produção – indica a generalização das relações capitalistas de

---

17 Adam Smith, por exemplo, estende as relações sociais de produção do capital para situações em que os atores desta relação não estão presentes: "Um artesão independente que possua um pequeno capital, suficiente para comprar matérias-primas e para garantir sua subsistência até que possa levar o produto de seu trabalho ao mercado, deveria ganhar ao mesmo tempo os salários que cabem a um operário e o lucro que obtém o mestre pela venda do trabalho do operário. Contudo, é comum designar lucro a totalidade do que ganha esse artesão, e também nesse caso confundem-se os salários com o lucro" (*A riqueza das nações*, p. 67). Smith assume as relações capitalistas de produção como intrínsecas à produção material em geral, aplicando seus princípios econômicos a atividades em que seus agentes inexistem, a ponto de considerar produtivos trabalhos como o acima mencionado, embora defina o trabalho produtivo como aquele que acrescenta algo ao capital (ver p. 413 do mesmo livro).

produção ou do *modus operandi* do capital para as atividades produtivas (ainda) não subordinadas ao capital, como sua tendência própria:

> A *dissociação* patenteia-se a relação normal nessa sociedade. Onde não se verifica de fato, presume-se que exista (...) o que aparece aqui como fortuito é a *união*, e como norma a dissociação: daí manter-se a dissociação como relação, mesmo quando a pessoa congrega as diferentes funções. Sobressai aí de maneira contundente a circunstância de o capitalista como tal ser apenas a função do capital, e o trabalhador, função da força de trabalho. É pois lei que o desenvolvimento econômico reparta essas funções por pessoas diferentes; e o artesão ou camponês, que produz com os próprios meios de produção, ou se transformará pouco a pouco num pequeno capitalista, que também explora trabalho alheio, ou perderá seus meios de produção (...) e se converterá em trabalhador assalariado (*TMV, I,* p. 402-3).

Por assumir-se a dissociação do trabalho em relação a seus meios, própria ao modo capitalista de produção, como a "relação normal nessa sociedade", as atividades de produtores que possuem seus meios de produção são consideradas improdutivas por não acrescerem o capital. Com efeito, embora a rigor não se realizem por meio de relações capitalistas, estas atividades de produção situam-se em numa dinâmica de sociabilidade em que o modo de produção do capital é dominante, e são de fato improdutivas para o capital. Não obstante, não são improdutivas por princípio, isto é, podem tornar-se produtivas para o capital uma vez que este passe a determinar as relações de produção, tendência apontada por Marx.[18]

---

18   Sobre isto, Claudio Napoleoni afirma que "À primeira categoria [de trabalho improdutivo] pertence uma série de produtores de mercadorias que produzem estas mercadorias de modo não capitalista; no entanto, é possível pensar que esta produção de mercadorias

A determinação do trabalho como produtivo ou improdutivo, entretanto, pressupõe o assalariamento e exige a análise da relação entre comprador e vendedor de trabalho, relação que não existe no caso de pequenos produtores que possuem meios de produção. Como definido acima, o trabalho produtivo expressa uma relação *determinada* entre o comprador e o vendedor da força de trabalho, em que o trabalho constitui-se em meio para acrescer o capital. No interior deste modo de produção existem circunstâncias sob as quais a força de trabalho é comercializada mas que não efetivam o critério do trabalho produtivo para o capital. São duas as classes de trabalho improdutivo levado a cabo por força de trabalho assalariada: os que são trocados por renda e aqueles que, embora trocados por capital, implicam custo para o capital produtivo, na medida em que não criam mais-valia ou não fazem do capital variável "uma magnitude de fato variável".

A primeira classe de trabalhos improdutivos inclui todos aqueles que, sendo assalariados, têm sua força de trabalho comprada com a finalidade de consumir individualmente sua utilidade específica ou produto concreto, e cujo salário, por conseguinte, é pago com renda. A compra da força de trabalho que tem por finalidade o valor de uso por ela produzido consiste na troca de uma mercadoria – força de trabalho – por *dinheiro como meio de troca*, não como capital. Marx compara (*TMV, I*, p. 396-7), para exemplificar, o trabalho do alfaiate contratado por um capitalista para produzir uma calça que será consumida, com o trabalho do alfaiate que produz a mesma calça na fábrica do capitalista. No primeiro caso, o trabalho do alfaiate é improdutivo, pois se trocou pela renda do capitalista, ou dinheiro que é meio de troca: D – M. A mercadoria entrou para o âmbito do consumo individual e o valor pago pela força de trabalho foi também consumido; no segundo, a mesma atividade é produtiva porque foi trocada por capital, gerando mais-valia para o capitalista: D – M – D'. Desta vez, o valor pago pela força de trabalho não foi consumido, mas será realizado,

---

esteja incluída em uma relação capitalista, e nesse caso, aqueles trabalhadores passariam de improdutivos a produtivos. Assim, são de fato improdutivos, por assim dizer, mas não em princípio" (*Lecciones sobre el capítulo sexto [inédito] de Marx*, p. 129).

juntamente com o excedente de valor que criou, quando a mercadoria for vendida. Nas palavras de Marx:

> Compro o trabalho do alfaiate em virtude do serviço que presta como trabalho de alfaiate, para satisfazer minha necessidade de vestuário, ou seja, uma das minhas necessidades. O dono da alfaiataria compra-o para fazer 2 táleres com 1. Compro-o por produzir determinado valor-de-uso, por prestar determinado serviço. Ele o compra por fornecer mais valor-de-troca do que custa, como simples meio de permutar menos trabalho por mais trabalho (*TMV*, I, p. 397-8).

Outro exemplo elucidativo de Marx é o do mestre-escola. Expusemos acima que o professor em uma escola privada é um assalariado que troca sua força de trabalho por capital variável. Assim, é trabalhador produtivo para o dono da escola, que vende o produto de seu trabalho por um valor superior ao que investiu em salário e meios de trabalho, apropriando-se de mais-valia que nele se incorporou. Os alunos, ao contrário, que compram do dono da escola o serviço produzido pelo professor, trocam-no por renda. Não têm como objetivo o dispêndio quantitativo da força de trabalho do professor, mas o conteúdo concreto ou valor de uso próprio de sua atividade, a saber, a especificidade de sua aula. Para os alunos, que são consumidores, o professor é, portanto, um trabalhador improdutivo: "Embora eles não sejam *trabalhadores produtivos* em relação aos alunos, assumem essa qualidade perante o empresário" (*TMV*, I, p. 404). Deste modo, uma mesma atividade pode ser produtiva ou improdutiva, dependendo das relações de compra e venda da força de trabalho que servem de perspectiva de análise:

> Os próprios *trabalhadores produtivos* podem ser para mim trabalhadores improdutivos. Por exemplo, mando forrar de papel as paredes de minha casa, e os forradores

são assalariados de um patrão que me vende essa atividade: para mim, trata-se de uma compra como seria a da casa com as paredes forradas, trata-se de um dispêndio de dinheiro em mercadoria para meu consumo; mas, para o patrão que manda esses trabalhadores forrar as paredes, são eles trabalhadores produtivos, pois lhe fornecem mais-valia (*TMV, I*, p. 400).

Nos exemplos mencionados, Marx procura distinguir entre duas relações em que ocorre a compra do mesmo trabalho, ora como força de trabalho consumida pelo processo de criação de valor, ora como serviço, cujo resultado útil será consumido individualmente.[19] Portanto, o mestre-escola é produtivo para o dono da escola porque se incorpora à produção comandada pelo empresário-capitalista, mas não o é para o aluno, consumidor da mercadoria, para quem o dinheiro é meio de troca e a compra, parte da circulação simples de mercadoria. Por essa razão, é improdutivo. Claudio Napoleoni resume: "Em substância, o critério é bastante definido para que seja possível evitar erros. Em termos sintéticos, o critério é este: o trabalho produtivo se troca por capital; o trabalho improdutivo se troca por renda".[20]

O trabalho que, para ser consumido individualmente, se troca por renda, é denominado serviço. Como a relação entre serviço e trabalho produtivo encerra alguma confusão, é importante dedicar um breve comentário aos serviços. Marx

---

19 I. I. Rubin explicita esta distinção: "Marx apenas afirma que se o trabalho de um tapeceiro fizer parte da economia doméstica do consumidor-cliente, não está incluído no sistema de produção capitalista. Só se torna produtivo quando se incorpora à economia de um empresário capitalista" (*op. cit.*, p. 282).

20 Napoleoni não examina o trabalho improdutivo que se troca por capital situado fora da esfera da produção, que abordaremos adiante, mas destaca que o trabalho produtivo, além de ser comprado pelo capital, deve criar valor excedente para o capital: "(...) portanto o trabalho produtivo, precisamente enquanto se troca por capital, reproduz o valor deste capital pelo que foi trocado e algo mais; o trabalho improdutivo não reproduz sequer o valor pelo qual foi trocado (...)" (*op. cit.*, p. 131).

definiu serviço como o *efeito útil* produzido por um trabalho que não existe como objeto autônomo, distinto da atividade de produzi-lo, e portanto não pode circular como mercadoria. Assim, o serviço é em geral identificado com o trabalho imaterial, isto é, que gera produto imaterial. No entanto, podem ser consideradas serviços diversas atividades que se realizam sobre objetos materiais definidos, como a do médico ou do carregador. O efeito útil de seu serviço distingue-se com clareza da atividade de produzi-los: a atividade de carregar é evidentemente diferente do efeito útil "ter a carga em local determinado", assim como a intervenção médica se diferencia do efeito útil "cura". Para utilizar um exemplo de Marx, o alfaiate empregado pelo consumidor para fazer uma calça realiza trabalho material, dado que o resultado é a calça, mas o trabalho é comprado na forma de serviço.[21] É serviço porque o que se compra é o "fazer uma calça", mas o efeito útil que se tem em vista, a calça, distingue-se claramente da atividade comprada. Então, há serviço que recai sobre um objeto material específico e realiza transformações em valores de uso, de forma que serviços não podem ser identificados com trabalho imaterial. O serviço se define como uma atividade comprada com a finalidade de obter seu efeito útil, e portanto, como trabalho concreto, e pode ser material ou imaterial, isto é, o efeito útil que produz pode ou não recair sobre objeto material. Além disso, ainda que seu produto não possa separar-se, no âmbito sensível, da atividade de produzi-lo, todo serviço se distingue de seu efeito útil: o serviço de uma cantora, ou seu ato de cantar, é distinto do efeito útil, o canto, que se pretende consumir. Se considerados como *efeito útil*, de acordo com a definição de Marx, os serviços nunca são trabalho produtivo, pois sua força de trabalho não é comprada com vistas ao trabalho abstrato produtor de capital. A rigor, quando se adquire um serviço, não se compra força de trabalho, mas um produto que é seu efeito útil. Quanto à sua finalidade, portanto, o serviço não se distingue das outras mercadorias compradas como valores de uso e consumidas individualmente. Entretanto, quando a mesma atividade

---

21 Eisaburo Koga afirma: "(...) o trabalho de um alfaiate é material, mas se o pago para fazer uma calça com um tecido que eu compro, pago por um trabalho que é um serviço" (KOGA, E. "Problema teóricos de la organización de las clases y del trabajo productivo". In: *Crítica de la Economia Política 3 – capitalismo e clases sociales*. Barcelona: Fortamara, 1997, p. 23).

é consumida pelo capital com a finalidade de extrair valor excedente, então não é mais possível denominá-la serviço, e sim trabalho produtivo,[22] independente do modo como se configura concretamente a mercadoria que dela resulta. Toda mercadoria, seja canto, aula escolar, máquina ou calça, produzida sob o comando do capital, será consumida após a venda, isto é, terá seu valor de uso específico consumido individualmente ou como meio de produção.

Entretanto, no interior destas relações de produção, quando a mercadoria produzida é a própria atividade, a confusão que se apresenta advém do fato de que o mesmo trabalho é comprado duas vezes. Em primeiro lugar, a força de trabalho é trocada pela parte variável do capital para realizar-se em seu caráter abstrato, tendo como finalidade a mais-valia e, em segundo lugar, a atividade é comprada, do proprietário capitalista, pelo consumidor que pretende se apropriar do valor de uso específico, e portanto como trabalho concreto. Uma vez que o trabalho trocado por renda é improdutivo, para quem consome a atividade do trabalho com a finalidade de usufruir de seu caráter útil particular, este trabalho não pode ser produtivo. O trabalho é sempre improdutivo para quem o compra *como serviço*. A força de trabalho não é, contudo, a rigor, comprada duas vezes, mas apenas uma, pelo capital. O consumidor compra o serviço do capitalista, a quem as mercadorias produzidas, e portanto também o serviço produzido, pertencem. Ademais, não compra força de trabalho, mas seu efeito útil particular, configurado seja em mercadorias, seja em serviços.[23] Como para a realização do valor de

---

22   O serviço é a atividade do trabalho por sua função concreta. O trabalho produtivo é a atividade do trabalho por sua função abstrata de incorporar valor ao valor de uso. A força de trabalho é consumida pelo processo capitalista de produção enquanto atividade, e neste sentido, ponderando-se que o valor de uso que se consome não é a especificidade concreta, mas o caráter abstrato da atividade, toda compra de força de trabalho pelo capital é compra de um serviço: "Mas o decisivo foi o valor-de-uso específico da força de trabalho [para o capital], o qual consiste em ser ela fonte de valor, e de mais valor que o que contém. Este é o serviço específico que o capitalista dela espera" (C, I, p. 227).

23   Devido à necessidade de ser consumido, o serviço já foi erroneamente considerado improdutivo. Paul Singer, no contexto de sua discussão sobre os critérios geral e específico que

qualquer mercadoria, também o serviço requer que seja trocado por renda e consumido individualmente, ou, o que dá no mesmo, consumido de modo improdutivo. Assim, uma vez que todo serviço é trabalho improdutivo para o consumidor individual, a análise de sua produtividade deve voltar-se para as relações sociais sob as quais ocorre sua *atividade de produção*, sendo indiferente para esta determinação o modo como é consumido. Nessa classe de trabalhos improdutivos, cuja compra é parte da circulação simples de mercadorias, encontram-se ainda os dos funcionários do Estado, cuja força de trabalho é paga com renda, por meio dos impostos. Com efeito, independente da sua fonte, os impostos, em última análise, são deduções da renda individual ou dos rendimentos do capital e assim, embora útil ou necessário para o capital, o trabalho requerido pelos diversos serviços realizados pelo Estado são improdutivos:

Marx utiliza para definir o trabalho produtivo, confundiu o sentido da passagem sobre a produtividade do trabalho do mestre-escola: "A divergência entre os dois critérios também surge na citação à pág. 14: referindo-se aos professores assalariados, Marx diz que 'embora eles não sejam *trabalhadores produtivos* face aos alunos, eles o são face ao empresário...' [sublinhado no original (P. S.)]. Que estes professores assalariados sejam produtivos do ponto de vista de seu empregador é fácil de entender. Mas que eles não o sejam para os seus alunos só pode ser entendido se Marx estivesse operando com um outro critério, que *não o do capitalista*, do que é trabalho produtivo. E este efetivamente é o caso" (*op. cit.*, p. 118). Mas é precisamente porque Marx utiliza o critério do capitalista, segundo o qual trabalho produtivo é aquele que produz capital, que a atividade dos professores assalariados é improdutiva para os alunos. Estes compram o trabalho do professor visando consumir seu efeito útil, como serviço, ao passo que o dono da escola compra a mesma atividade como trabalho produtivo. Ademais, o trabalho do professor não é comprado diretamente pelos alunos, mas por meio da escola: os alunos pagam o capitalista – com renda – pela mercadoria que oferece no mercado; a confusão existe apenas porque esta mercadoria é um serviço, cujo consumo é simultâneo à atividade de produção e requer contato direto do consumidor com o produtor. É, pois, apenas sob o critério de trabalho produtivo para o capital que, para os alunos, o trabalho do professor pode ser definido como improdutivo. Do ponto de vista da acepção geral de trabalho produtivo – trabalho que resulta em valor de uso social – o trabalho do professor é produtivo, especialmente para os alunos que consomem seu produto.

Se – exemplifiquemos – todos os impostos *indiretos* se transformassem em *diretos*, nem por isso se deixaria de pagá-los, mas já não constituiriam adiantamento de capital, e sim um dispêndio de renda. A possibilidade dessa transmutação formal mostra sua exterioridade, indiferença e acidentalidade em relação ao processo capitalista de produção (*Cap. In.*, p. 74).

A segunda classe de trabalhos improdutivos abarca aqueles que são necessários ou inerentes ao ciclo de reprodução do capital, mas que significam custo para o capital global investido na produção, isto é, são pagos com a mais-valia extraída do processo produtivo. Em termos sintéticos, os trabalhos que a compõem se distinguem da primeira classe de trabalhos improdutivos, em primeiro lugar, por configurarem-se como diretamente necessários para o capital, em pelo menos uma de suas fases, e, em segundo lugar, por serem trocados por capital variável, e não por renda, representando por isso custo para o capital produtivo social. Nessa classe de atividades consiste o trabalho improdutivo propriamente dito: se o critério para a definição de trabalho produtivo é a finalidade capitalista, o trabalho improdutivo é aquele que, efetivando-se no interior do ciclo de reprodução do capital, não produz mais-valia. O trabalho que se troca por renda não compõe o ciclo de reprodução do capital. O trabalho improdutivo propriamente dito abarca todas as atividades subsumidas ao capital pelo assalariamento, mas que se situam fora do trabalho coletivo da esfera produtiva. São improdutivas para o capital, constituindo custo, porque seu tempo de trabalho não é despendido na transformação das mercadorias, e por essa razão, não é incorporado como valor a nenhum produto. São desta classe de improdutivos os trabalhos necessários à realização das mercadorias, na esfera da circulação, e os que são necessários à circulação de valor em geral; abrangem, portanto, toda força de trabalho utilizada pelo capital mercantil. O trabalho da contabilidade e o da supervisão requeridos nas esferas da produção e da circulação pertencem também a esta segunda classe de trabalhos improdutivos, pois, além de imprescindíveis ao processo geral de reprodução do capital, não aumentam o capital e representam custo.[24]

A força de trabalho desses trabalhadores improdutivos é paga com capital variável. No entanto, este trabalho, por não incorporar valor, não é capaz de fazer do capital com que foi pago "uma magnitude de fato variável" (*TMV, I*, p. 388), condição da criação de mais-valia e do trabalho produtivo. Assim, o capital variável, porque despendido em salários, quando gasto com atividades que não interferem diretamente na transformação do valor de uso, acaba por comportar-se, sob este aspecto, como o capital constante: torna possível ao capital completar seu ciclo de reprodução, mas não contribui para o aumento de sua magnitude. Ao contrário, implica deduções do valor excedente gerado na esfera produtiva: a força de trabalho assim empregada não cria mais-valia, mas precisa ter seu valor reposto pelo capital. O valor de sua força de trabalho é regulado pelos mesmos princípios que regulam o valor da força de trabalho do trabalhador produtivo. Assim, são necessários e improdutivos para o capital social.

Os trabalhos improdutivos requeridos na esfera da circulação restringem-se às funções da circulação pura, isto é, que alteram apenas a forma do valor, fazendo-o circular, mas não geram nenhuma transformação no valor de uso. A circulação pura é circulação especificamente de valor, e não comporta a circulação de produtos, realizada, como já foi apontado, pelo transporte, e que consiste em atividade produtiva que se estende à esfera da circulação. Nas palavras de Marx:

> Abstraímos aí totalmente de processos eventuais de produção que prosseguem no processo de circulação, podendo existir deles dissociada por inteiro a atividade comercial. Assim, a indústria de transportes e expedição podem ser, e na realidade são, ramos inteiramente diversos do comércio (*C, III*, p. 387).

---

24 Os mecanismos pelos quais o conjunto desses custos improdutivos é pago, especialmente o salário dos trabalhadores improdutivos da circulação, serão expostos no segundo capítulo da pesquisa.

A circulação de valor consiste no comércio ou na operação de troca propriamente dita, na compra e na venda, que transmuta a forma do valor de capital-dinheiro para capital-mercadoria (D – M) – como na compra de meios de produção e força de trabalho – ou de capital-mercadoria para capital-dinheiro (M' – D'), como na venda de mercadorias. O trabalho do comércio tem a função de transmutar a forma do valor para realizá-lo e, assim, permitir a continuidade do processo produtivo; mas não produz valor, porque não incorpora tempo de trabalho em objetos úteis. Sua função é necessária à reprodução do capital, mas, com referência à produção do capital social, é sempre improdutiva. Essa categoria de trabalho é exigida pela circulação porque a produção se realiza no interior das relações capitalistas, ou seja, tem como finalidade a produção de valor. A reprodução do valor demanda a constante mudança de forma do valor. A circulação pura é circulação de capital e se dá mediante a conversão incessante do valor de uma forma a outra, de mercadoria em dinheiro, deste em meios de produção, ao passo que a circulação de valores de uso é parte de qualquer processo produtivo e intercâmbio social material. Ainda que um capital singular se incumba do transporte e estocagem dos produtos, além do comércio, isto significa que este capital, ao lado das atividades de circulação de valor, leva a cabo ainda as atividades produtivas relativas à circulação de produtos. Deve-se, pois, distingui-las:

> Para nosso objetivo de determinar o que diferencia especificamente essa figura do capital [mercantil], temos de abstrair daquelas atividades reais. Quando o capital que funciona apenas no processo de circulação, em particular o capital comercial, associa em parte as suas funções àquelas atividades, não se patenteia ele em sua forma pura. Esta se evidencia quando se eliminam e se afastam aquelas atividades (*C, III*, p. 362).

Marx caracteriza o trabalho produtivo como o que efetua "atividades reais" e a estas opõe o trabalho na esfera da circulação, cuja função restringe-se à transmutação formal do valor e nada acrescentam à mercadoria, seja a seu caráter útil ou ao valor que contém. A determinação improdutiva das atividades voltadas à circulação do valor é destacada na seguinte definição:

> A lei geral é: *todos os custos de circulação que decorrem apenas da mudança de forma da mercadoria não acrescentam a esta valor*. São apenas custos para realizar o valor, para fazê-lo passar de uma forma para outra. O capital despendido nesses custos (inclusive o trabalho que ele comanda) pertence aos custos improdutivos necessários da produção capitalista (*C, II*, p. 165-6).

As atividades requeridas por esta *forma* específica da circulação, própria ao modo de produção capitalista, são pois inesseciais às determinações materiais do intercâmbio de valores de uso. Uma vez que a produção social organize-se sob diferentes relações sociais, a circulação de valor desaparece. Esta é histórica, como o próprio valor, e suas atividades são requeridas apenas pela circulação mercantil. Não obstante a força de trabalho utilizada pela esfera da circulação seja assalariada e tenha seu valor regulado por princípios idênticos aos que definem o valor da força de trabalho produtivo, as atividades que efetuam a circulação de valor ou capital são alheias aos valores de uso e portanto incapazes de incorporar valor: "O cômputo dos valores das mercadorias, a contabilidade deste processo, os negócios de compra e venda, ao contrário, não influem sobre o valor-de-uso em que existe o valor das mercadorias. Relacionam-se apenas com a forma do valor das mercadorias" (*C, II*, p. 156). Não apenas as atividades comerciais, mas o conjunto dos trabalhos que têm por objeto a forma valor do produto social, "o cômputo dos valores", como no caso da contabilidade, não podem incorporar valor. No entanto, embora não o criem, tais atividades são específicas da forma de sociabilidade que gera seu produto na forma de valor, e existem em função da necessidade de realizá-lo ou incorporá-lo de modo privado. É também no contexto da delimitação das atividades que são inerentes ao processo de trabalho e intercâmbio de produtos, por um lado, e aquelas que são necessárias e determinadas apenas pela forma de sociabilidade do capital, por outro, que Marx distingue os dois tipos de estoque que apresentamos acima como produtivos, e o terceiro tipo, definido como "estoque de mercadorias propriamente dito". Como exposto acima, os dois primeiros tipos de estoque, de capital produtivo e de fundo de consumo, utilizam trabalho produtivo porque são materialmente necessários para tornar o produto apto para o consumo, e portanto inerentes ao processo de produção social. Quando ocorre sob o modo de produção capitalista, o estoque nesses dois tipos necessários à circulação assume também forma mercadoria, pois é estoque de valores de uso situado no mercado.

Com o "estoque de mercadoria propriamente dito" ocorre o inverso: ele é a forma estoque da mercadoria. A formação deste tipo de estoque ocorre quando há uma interrupção na circulação, em oposição ao estoque cuja parada é condição do movimento da circulação. Essa interrupção pode ser involuntária, tendo sua origem em circunstâncias de mercado alheias ao projeto do capitalista, como a redução da procura por determinada mercadoria, ou voluntária, quando o proprietário subtrai suas mercadorias do mercado para aguardar momento mais vantajoso para a venda. Assim, não advém de uma necessidade material do intercâmbio de produtos, mas da forma capitalista da produção, ou da forma de mercado assumida pelo intercâmbio. Esse tipo de estoque é portanto alheio às determinações do valor de uso e estabelecido pela circulação pura de valor. Assim, o trabalho que demanda configura-se como custo para o capital e portanto como trabalho improdutivo:

> Os custos de circulação determinados pela formação de estoque, quando considerados consequência exclusiva do tempo que levam os valores existentes para passarem da forma mercadoria para a forma dinheiro – isto é, quando decorrem unicamente da forma social estabelecida do processo de produção (apenas de ser o produto produzido como mercadoria e de ter por isso de

transformar-se em dinheiro) –, participam inteiramente do caráter dos custos de circulação (...) (*C, II*, p. 156).

A distinção entre os tipos de estoque é exemplar no que diz respeito à diferença que Marx estabelece, para a determinação do trabalho como produtivo ou improdutivo, entre as metamorfoses formais e materiais na esfera da circulação. As metamorfoses formais são sempre improdutivas porque não se relacionam com a transformação do valor de uso e por isso mudam a forma do valor, mas não o acrescem. Nesta classe de trabalhos improdutivos incluem-se ainda os requeridos pela efetivação das funções de crédito em geral e pelo capital a juro. O trabalho assim empregado é, a um tempo, improdutivo para o capital e especialmente necessário e estabelecido por essa forma de sociabilidade:

> Trata-se aqui apenas do caráter geral dos custos de circulação decorrentes da metamorfose meramente formal. (...) As formas relativas à conversão pura do valor, resultantes de determinada forma social do processo de produção, são elementos fugazes, quase imperceptíveis da atividade do produtor individual de mercadorias, quando estão juntas de suas funções produtivas, com elas se entrelaçando. Essas formas, entretanto, podem adquirir aspecto impressionante nos custos de circulação em massa, com a mera entrada e saída de dinheiro, com a movimentação monetária autônoma, concentrada em grande escala, como função exclusiva de bancos etc. ou de caixas das empresas individuais. O que não se deve esquecer é que os custos de circulação não mudam de caráter, por se alterar sua configuração (*C, II*, p. 152-3).

O trabalho improdutivo que realiza metamorfoses formais é necessário à forma de sociabilidade do capital, se configura em custo para o capital e, além disso, é determinado por esse modo de produção, e desapareceria com ele no caso de uma forma de sociabilidade não mercantil se estabelecer. O trabalho da contabilidade também faz parte da classe de trabalhos improdutivos para o capital. Não obstante, a atividade improdutiva da contabilidade não pertence ao conjunto de funções que advêm unicamente da forma de sociabilidade do capital, mas é especialmente necessária à organização social ou coletiva do trabalho, quaisquer que sejam as relações sociais de produção por meio das quais se realize. Mostra-se especialmente importante nas organizações coletivas do trabalho porque efetiva a racionalidade sob a qual os diversos trabalhos particulares realizam uma única produção. Consiste, pois, em atividade determinada pela natureza do trabalho cooperativo, e não exclusivamente pela forma de sociabilidade do capital. Neste modo de produção, esta função é improdutiva por não contribuir para a expansão da substância do capital. Nosso autor distingue entre os custos de circulação e os da contabilidade como se segue:

> Há, entretanto, certa diferença entre os custos oriundos da contabilidade, do dispêndio improdutivo do tempo de trabalho em geral, e aqueles oriundos apenas do tempo gasto em compra e venda. Os últimos decorrem de determinada forma social do processo de produção, a que tem por objetivo produzir mercadorias. A contabilidade, por controlar e sumariar idealmente o processo, torna-se tanto mais necessária quanto mais o processo se desenrola em escala social e perde o caráter puramente individual; é, portanto, mais necessária na produção capitalista do que na pequena produção dispersa dos artesãos e camponeses, e mais necessária na produção de caráter coletivo do que na capitalista. Os custos da contabilidade, porém, reduzem-se com a concentração da produção e quanto mais ela se torna contabilidade social (*C, II*, p. 152).

Por configurar-se como atividade de efetivação da racionalidade capitalista, a contabilidade, assim como o trabalho de direção, para além do exigido pela coordenação do processo coletivo de trabalho, são desdobramentos da função do capitalista, que personifica o capital. Sobre a atividade de direção, Marx afirma que "(...) a direção capitalista é dúplice em seu conteúdo, em virtude da dupla natureza do processo de produção a dirigir que, ao mesmo tempo, é processo de trabalho social para produzir um produto e processo de produzir mais-valia" (C, I, p. 385). Enquanto atividade de coordenação do processo coletivo de produzir valores de uso, a direção se configura em trabalho produtivo; como direção capitalista da produção, cuja necessidade advém da oposição entre esta direção e o trabalho assalariado, é trabalho improdutivo:

> (...) esse trabalho de direção é necessário em todos os modos de produção baseados sobre a oposição entre o trabalhador – o produtor imediato – e o proprietário dos meios de produção. Quanto maior essa oposição, tanto mais importante o papel que esse trabalho de supervisão desempenha. Atinge por isso o máximo na escravidão. Mas é também indispensável no modo capitalista de produção, pois o processo de produção é nele ao mesmo tempo processo de consumo da força de trabalho pelo capitalista (C, III, p. 508).

O modo de produção do capital, na medida em que se realiza com base na exploração do trabalho assalariado, demanda tempo de trabalho social, em cada um dos empreendimentos privados, para regular a relação com os trabalhadores durante o processo produtivo. Esta necessidade é própria da forma de sociabilidade que subordina o trabalho ao capital, e se distingue com clareza das atividades de supervisão do processo coletivo de trabalho, "tarefas comuns que derivam da própria natureza da coletividade" (C, III, p. 508), e que por essa razão são produtivas:

> Com o desenvolvimento, o capitalista se desfaz da função de supervisão direta e contínua dos trabalhadores

isolados e dos grupos de trabalhadores, entregando-a a um tipo especial de assalariados. Do mesmo modo que um exército, a massa de trabalhadores que trabalha em conjunto sob o comando do mesmo capital precisa de oficiais superiores (dirigentes, gerentes) e suboficiais (contramestres, inspetores, capatazes, feitores), que, durante o processo de trabalho, comandam em nome do capital. O trabalho de supervisão torna-se sua função exclusiva (*C, I*, p. 385).

A atividade de controle capitalista da produção, ainda que efetivado por trabalho assalariado, mantém-se como trabalho improdutivo. É importante ressaltar que toda a força de trabalho que o capital compra é necessária de algum modo para que o ciclo de reprodução do capital se realize. Como "o processo vital do capital consiste apenas em mover-se como valor que se expande continuamente", e que consome trabalho "como fermento de seu próprio processo vital" (*C, I*, p. 357), não há força de trabalho comprada pelo capital que não seja rigorosamente necessária ao seu processo vital, pois o dispêndio desnecessário de capital contradiz sua lógica de expansão. Assim, o caráter necessário do trabalho para o capital não interfere em sua caracterização como produtivo ou improdutivo, mas serve apenas para a distinção entre as classes de trabalho improdutivo: os que são trocados por renda não são diretamente necessários ao capital, embora possam sê-lo indiretamente, como no caso do trabalho empregado pelo Estado. Os serviços do Estado são, sob diferentes critérios, úteis para o capital, e nesse sentido, necessários, porém não diretamente, isto é, não para seu ciclo de reprodução. Os trabalhos que, necessários de algum modo à reprodução de capital, implicam custo para o capital na medida em que não repõem sequer o valor da própria força de trabalho são chamados por Marx de *falsos custos de produção* (*faux frais de production*). Os custos de produção são "falsos" porque advêm exclusivamente da forma social capitalista de produção: não são despendidos com o que Marx chamou de "atividades reais". Os impostos são também falsos custos de produção, mas a força de trabalho dos funcionários do

Estado, que não é trocada diretamente por capital variável, pertence à primeira classe de trabalhos improdutivos.

Contudo, do ponto de vista do capital mercantil individual, as atividades de circulação pura, ou o investimento de capital comercial, bem como de capital a juro, permite a apropriação de uma parcela da mais-valia socialmente produzida, e só por essa razão estas atividades puderam se tornar empreendimentos capitalistas autônomos, ou seja, separados da esfera produtiva. Para que estes empreendimentos se realizem, determinadas quantidades de trabalho são necessárias, e a força de trabalho que empregam, portanto, é responsável por sua efetivação. A força de trabalho consumida nas funções de circulação produz, pois, o lucro do capital, realizando as tarefas necessárias à apropriação de parcelas da mais-valia social. Seu próprio salário é uma apropriação da mais-valia gerada na esfera produtiva, uma vez que seu trabalho não produz valor algum e com isso não repõe o valor de sua força de trabalho. Este valor é determinado, como já mencionamos, pelo mesmo princípio que rege o valor da força de trabalho produtiva – soma do valor dos objetos necessários para a manutenção da vida do trabalhador como trabalhador, independente da magnitude do valor que produza ou do produto concreto de seu trabalho. O fato de possibilitar ao capitalista que se aproprie de parte da mais-valia socialmente produzida faz com que Marx afirme que os trabalhadores do comércio, empregados na circulação pura, embora não produzam valor no sentido da produção social total, podem ser, *para o capital mercantil singular*, considerados produtivos:

> O trabalho não-pago desses empregados, embora não crie mais-valia, permite-lhe apropriar-se de mais-valia, *o que para esse capital é a mesma coisa*; esse trabalho não pago é portanto fonte de lucro. De outro modo, a empresa comercial nunca poderia ser explorada em grande escala, nem de maneira capitalista (*C, III*, p. 392, grifo nosso).[25]

---

25 Os mecanismos pelos quais os capitais mercantis atraem para si parcelas da mais-valia social, os meios que a concorrência entre os capitais utiliza para direcionar parte da mais-valia

O trabalho na circulação é produtivo para o capital singular que dele se beneficia porque é condição para a incorporação de lucro que o faz funcionar como capital. Mas tais atividades são produtivas apenas do ponto de vista do capital individual, e não podem ser tomadas como socialmente produtivas.[26]

O trabalho produtivo para o capital, deve, em primeiro lugar, produzir e, além disso, produzir a riqueza específica do modo de produção do capital. Ao subsumir o caráter útil da atividade à sua finalidade própria, opõe-se ao trabalho produtivo em sua acepção geral, de modo que a relação que se estabelece entre as duas definições – o trabalho em si mesmo e o que produz capital – é contraditória. A finalidade capitalista sacrifica a "satisfação das necessidades humanas", em que consiste o objetivo do trabalho concreto, produtivo em geral. O produto do trabalho subsumido ao capital é essencialmente valor: embora tenha que se

---

social ao pagamento dos custos de circulação, bem como o trabalho não-pago dos trabalhadores improdutivos, serão abordados no segundo capítulo.

26 Esta passagem do texto de Marx já foi utilizada como justificativa para a consideração da atividade na circulação como produtiva. Com base nesta afirmação de Marx, segundo a qual os trabalhadores da circulação "produzem" o lucro para o capital mercantil, Ruy Mauro Marini assume que estes trabalhadores fazem parte da categoria dos produtivos. Lançando mão da definição de trabalho produtivo enunciada no livro I (capítulo XIV) – "dentro do capitalismo, só é produtivo o operário que produz mais-valia ou que trabalha para fazer rentável o capital" – Marini afirma que "ao considerar o trabalhador da circulação que se ocupa principalmente da venda (assim como da contabilidade, embalagem, classificação etc.) Marx sustenta que ele é pago mediante o desembolso de capital variável por parte do capitalista que opera nessa esfera, proporcionando a ele mesmo um metalucro positivo e contribuindo, assim, para uma maior rentabilidade de seu capital. Assim, do ponto de vista da definição dada no livro I, estamos diante de um trabalhador produtivo, dado que 'faz rentável' o capital, qualquer que seja a forma sob a qual este se apresenta" (*op. cit.*, p. 199). Este trabalhador de fato faz rentável o capital singular que o emprega. Contudo, a delimitação do trabalho produtivo e improdutivo em Marx refere-se ao capital social, e não haveria necessidade de distingui-los caso todo trabalho empregado por qualquer capital individual, na medida em que contribui de uma forma ou de outra, com sua atividade concreta, para a incorporação de lucro, fosse por isso tomado por produtivo. A distinção entre o trabalho socialmente produtivo e o trabalho individualmente produtivo será tratada no capítulo seguinte.

realizar como valor de uso de alguma maneira para funcionar como valor, é visando a este último que a produção é empreendida. Ao condenar o produto à forma valor, a produção capitalista, ao mesmo tempo em que expande os meios para a satisfação das necessidades ao ampliar a produtividade do trabalho social, reproduz a carência individual. A transformação da força de trabalho – que não se separa do produtor – em mercadoria, e a consequente redução das necessidades do trabalhador ao mínimo (e esta é a própria definição de salário) é responsável pela relação necessária entre a produção de valor e a retração das necessidades através da redução dos meios que as satisfazem. Sem anulá-lo, portanto, o trabalho produtivo para o capital contradiz a acepção geral. Esta oposição é, portanto, uma forma de manifestar-se a contradição da propriedade privada.

A forma capitalista do trabalho produtivo cria, como sua função complementar, o trabalho improdutivo: como não basta mais produzir, deve-se criar mais-valia, não é mais suficiente, do mesmo modo, o intercâmbio material de produtos, é necessário realizar o valor no mercado. Esta necessidade engendra o trabalho improdutivo para o capital. Este trabalho é assalariado, recrutado, portanto, da classe de não-proprietários para esta função complementar. Sobre o trabalho improdutivo, Marx afirma tratar-se de "trabalho não-pago" que "é fonte de lucro". Caracteriza-o, pois, como trabalho explorado. Define, contudo, a exploração do trabalho como extração de trabalho excedente e identifica, no modo de produção capitalista, a taxa de exploração com a taxa de mais-valia. Como então se justifica a exploração da força de trabalho que não cria valor de uso ou valor e cuja atividade, por isso, não repõe sequer o equivalente à sua reprodução?

O capítulo seguinte tem por objetivo examinar esta questão. Para isso, analisamos a relação entre o capital produtivo e os capitais mercantis, socialmente improdutivos, nas duas formas em que se apresenta, a saber, capital comercial e capital financeiro. Pretende-se examinar a especificidade das atividades que levam à valorização de cada uma das formas que o capital assume e, a partir daí, a relação que estabelecem com o trabalho produtivo e improdutivo.

CAPÍTULO II

Trabalho improdutivo no ciclo de reprodução do capital

COMO O OBJETIVO DESTE CAPÍTULO é analisar o lugar econômico do trabalho improdutivo, examinamos os capitais que empregam exclusivamente esta forma de trabalho, fazendo deste emprego o meio para sua valorização. São capitais mercantis, assim chamados porque se reproduzem sem deixar o mercado. Ou capitais improdutivos, porque não comandam a criação de mais-valia. Mas sua efetiva valorização faz com que funcionem como capital.

Capital é valor que se valoriza, que se expande ou aumenta. Seu "processo vital", atividade que possibilita e garante a manutenção de sua existência enquanto capital, "consiste apenas em mover-se como valor que se expande continuamente" (C, I, p. 357). O capital é portanto uma função do valor, o valor por sua capacidade específica de multiplicar-se, de atrair para si novas quantidades de valor. Valor é trabalho objetivado, passado ou morto, e se faz capital pela incorporação de mais-valia ou novas magnitudes de trabalho excedente objetivado.

Como o valor é uma "objetividade impalpável, a massa pura e simples de trabalho humano em geral" (C, I, p. 60), corporifica-se em objetos que são em si mesmos distintos do capital, a saber, meios de produção, mercadorias e dinheiro. Assim, o capital, como função de expansão do valor, apresenta-se objetivamente de diversas formas, ou ainda, nos vários objetos que servem de veículo para o valor. Apresenta-se, pois, como capital-dinheiro, capital-mercadoria – composto de mercadorias para venda – e capital produtivo – composto de meios de produção (meios, objetos e força de trabalho), mercadorias que serão consumidas no processo de produção. O ciclo de reprodução do capital, produção e realização contínuas do valor, que se define como unidade das esferas da produção e da circulação, demanda a recorrente metamorfose do capital de uma a outra dessas três formas.

Uma vez que a finalidade capitalista é a ampliação meramente quantitativa da propriedade original de valor, a expansão do capital fundamenta-se e responde à reprodução da forma privada da propriedade. Isto impõe a multiplicidade como condição de existência do capital: este existe apenas como diversidade de capitais autônomos de magnitudes determinadas. O palco onde os múltiplos capitais se relacionam é o mercado e a forma geral dessa relação é a concorrência: os capitais individuais se contrapõem para atrair para si acréscimos de valor, isto é, para levar a cabo sua expansão. Com o desenvolvimento do modo de produção capitalista, as diferentes formas objetivas do capital, correspondentes às diversas funções específicas de cada fase do ciclo de sua reprodução, autonomizam-se como capitais privados independentes. O valor que se encontra "na situação ou na forma de capital produtivo", único "capital capaz de produzir valor e mais-valia" (*C, II*, p. 41), mantém-se nessa sua função específica separando-se, enquanto propriedade, das outras fases de sua realização, pertencentes à esfera da circulação. O capital-mercadoria, previamente produzido, torna-se do mesmo modo autônomo e, por sua função, faz-se capital comercial, que se efetiva pela compra e venda de mercadorias. Ademais, "todo capital novo, para começar, entra em cena, surge no mercado de mercadorias, de trabalho ou de dinheiro, sob a forma de dinheiro, que, através de determinados processos, tem de transformar-se em capital" (*C, I*, p. 177), o que também é verdadeiro para cada nova rotação do capital produtivo ou comercial; por conseguinte, a forma capital-dinheiro é necessária em todas as fases autonomizadas do ciclo de reprodução do capital. Tornando-se propriedade privada independente, o capital-dinheiro desenvolve sua função específica de migrar de um investimento de capital a outro, possibilitada pela progressiva necessidade de ampliação do capital produtivo (e, consequentemente, também do capital comercial). Por essa sua função específica, efetivada pelo empréstimo ou aluguel de dinheiro, o capital-dinheiro faz-se capital a juro.

Todo capital individual, em qualquer uma de suas formas, desempenhando uma fase parcial do ciclo de reprodução, traz em si a capacidade de expandir-se, e o acréscimo de valor para o proprietário é alcançado por meio de diferentes processos. O capital a juro, forma mais pura e desenvolvida do capital, cobra um preço pelo aluguel do dinheiro – o próprio juro – regulado por uma taxa geral, ou seja, porcentagem referente à magnitude do valor emprestado. Sem outra ação no mercado senão o próprio empréstimo, e sem outra mediação que não a do tempo, o dinheiro retorna a seu proprietário ampliado, valoriza-se. Esse acréscimo de valor ao capital singular original, atraído por meio do empréstimo, faz com que o dinheiro funcione como capital. O processo de valorização do capital comercial se dá por meio da compra e venda de mercadorias: capital-dinheiro converte-se em capital-mercadoria e novamente em capital-dinheiro acrescido. O acréscimo, ou lucro comercial, consiste na diferença entre o preço de compra e preço de venda da mercadoria, e portanto advém da atividade da troca. O capital nessas formas, embora não seja empregado para a produção de mais-valia, apropria-se da mais-valia social sob a forma de lucro comercial ou juro, e apenas por isso pode funcionar como capital, valor que se expande. Mas tampouco os diversos capitais produtivos, que criam a mais-valia social por meio da exploração do trabalho produtivo, apropriam-se de modo direto da mais-valia que individualmente produzem. A valorização de seu capital se dá pelo acréscimo de lucro, forma transfigurada que a mais-valia assume quando as relações de mercado, sintetizadas pela concorrência, se interpõem entre sua produção e realização. Toda apropriação individual de mais-valia é sempre mediada e indireta, porque se efetiva em suas formas transmutadas de lucro e juro, que então se transformam parcialmente em renda, como na forma salário. O mercado rege a distribuição de mais-valia indiferentemente ao lócus de sua gestação, ou seja, do comando imediato de trabalho produtivo. Na forma mercantil de sociabilidade, os capitais enfrentam-se em um mercado comum pela apropriação do produto excedente social que lhe é própria. Esta concorrência estabelece uma taxa média de lucro que por si só atesta o caráter necessariamente socializado da produção capitalista, ou ainda, é a *expressão capitalista da coletivização da produção*. A própria autonomização, como propriedade, das três figuras do capital, que o cria como produtivo, comercial ou capital a juro, resulta desta progressiva socialização da produção, manifesta empiricamente no mercado cada vez mais universal. Para o entendimento da função que o trabalho improdutivo cumpre na reprodução do capital social e do capital singular que o emprega, do caráter peculiar de sua remuneração que tem origem distinta do salário do trabalhador produtivo, bem como das razões pelas quais podemos falar em exploração do trabalho que não cria valor, é fundamental a consideração do caráter socializado da produção capitalista. Começamos, pois, com o exame do nivelamento da taxa de lucro.

Capital produtivo e distribuição da mais-valia social

O ponto de partida deve ser a produção da mais-valia, o capital produtivo. A mais-valia é trabalho não-pago, valor incorporado ao produto do trabalho que excede o valor da força de trabalho, de que o trabalhador se apropria na forma de salário. O trabalhador incorpora aos meios de produção, expressão material do capital constante, quantidade de trabalho correspondente ao tempo de sua jornada, mas recebe sob a forma de salário, expressão do capital variável, apenas parte do valor que incorporou ao produto, ou seja, o valor referente a uma parte da jornada. O tempo total da jornada se divide, por isso, em trabalho necessário (para repor o valor da força de trabalho) e trabalho excedente. O valor gerado pelo primeiro repõe (ou produz) o capital variável, e o valor produzido pelo segundo é valor excedente ou mais-valia. Nas palavras de Marx:

> O segundo período do processo de trabalho, quando o trabalhador opera para além dos limites do trabalho necessário, embora constitua trabalho, dispêndio de força de trabalho, não representa para ele nenhum valor. Gera a mais-valia, que tem, para o capitalista, o encanto de uma criação que surgiu do nada (*C, I*, p. 253).

O valor previamente existente como propriedade do capitalista, transformado em meios de produção e força de trabalho consumidos no processo de trabalho produtivo, gera, também como propriedade do capitalista, um valor a mais. O valor primitivo se expande, fazendo-se capital. Essa mais-valia incorporada ao produto excedente transforma-se ela mesma em capital quando, na esfera da circulação, é transformada, primeiro em dinheiro por meio da venda do produto, depois em novos meios e força de trabalho, e então consumidos produtivamente. A inversão da mais-valia no processo produtivo permite sua reprodução em escala ampliada ao criar um capital adicional. "Sabemos precisamente como ele se originou. É mais-valia capitalizada. Desde a origem, não contém ela nenhuma partícula de valor que não derive de trabalho alheio não-pago" (C, I, p. 680). Essa capitalização repete-se incessantemente.

Como o trabalho é o fator gerador de valor, a taxa de mais-valia expressa a relação entre o trabalho excedente e o trabalho necessário, ou seja, entre a magnitude da mais-valia e a do capital variável (m/v). Assim, embora o produto do trabalho contenha o valor dos meios de produção, ou capital constante, este é transferido através da determinação concreta ou útil da atividade, necessária à incorporação quantitativa de tempo de trabalho. Mas, por ser apenas transferido, o valor do capital constante é indiferente à composição da taxa de mais-valia. Isso porque essa taxa mede a proporção entre a parcela apropriada pelo trabalhador e aquela que se configura em propriedade do capitalista no interior do *novo* valor gerado pela jornada de trabalho. A taxa de mais-valia reflete, portanto, o grau de exploração da força de trabalho.

Contudo, não é essa a taxa que mede a ampliação do capital produtivo singular, uma vez que, além da força de trabalho produtivo, o capital deve transformar-se também em meios de produção – meios de sucção de trabalho. Para o capital individual interessa medir a diferença entre o valor apropriado após a venda da mercadoria gerada no processo de produção e aquilo que se gastou para produzi-la. Distinguem-se, pois, o custo social e o custo capitalista de produção da mercadoria. O primeiro, o custo real de produção de uma dada mercadoria, é idêntico ao seu valor, isto é, ao tempo de trabalho socialmente necessário para produzi-la. Nesse tempo, incluem-se tanto o trabalho vivo que a transformou na mercadoria específica, quanto o trabalho materializado nos meios de produção (matéria-prima e instrumentos, estes na medida de seu desgaste) consumidos no processo produtivo. Mas "são duas magnitudes bem diversas o que a mercadoria custa ao capitalista e o que custa produzi-la" (*C, III*, p. 42), precisamente porque parte do trabalho vivo que compõe o valor da mercadoria – o trabalho excedente – não é pago, não encontra equivalente no capital consumido pela produção, e por isso incorpora valor que é *mais-valia*. Desse modo, enquanto o custo real da mercadoria compõe-se da soma do capital constante consumido, do capital variável adiantado e da mais-valia, o custo capitalista, ou preço de custo, compõe-se apenas da soma do capital constante e do capital variável: "O custo capitalista da mercadoria mede-se pelo dispêndio do *capital* e o custo real pelo dispêndio de *trabalho*" (*C, III*, p. 42).

Assim, os componentes do preço de custo são o capital constante e o capital variável. Esses fatores incorporam-se ao produto de modo distinto, por meio de diferentes funções do trabalho. O valor do capital constante reaparece no produto porque os meios de produção que são sua expressão material transformam-se de fato no novo produto por meio da atividade do trabalho em seu caráter concreto, mas esse valor já existia antes do processo produtivo. O valor do capital variável, por sua vez, é substituído por trabalho vivo que incorpora novo valor ao produto, em magnitude que tanto repõe o capital despendido em salário quanto gera a mais-valia:

> O trabalho vivo é sempre maior que o valor contido no capital variável e por isso configura-se em valor maior que o desse capital, valor determinado conjuntamente pelo número dos trabalhadores mobilizados pelo capital variável e pela quantidade de trabalho excedente que eles realizam (*C, III*, p. 196).

O excedente de valor gerado no processo produtivo, embora provenha especificamente do trabalho vivo não-pago e componha o custo real da mercadoria, conta para o capitalista como valorização do capital total, isto é, enquanto ganho que supera o preço de custo da mercadoria. Dado que o capital produtivo deve compor-se tanto da parte constante quanto da variável,

> Para o capitalista tanto faz considerar que adianta capital constante, para tirar lucro do variável, ou que adianta o variável para valorizar o constante; que despende dinheiro em salário, para valorizar máquinas e matérias-primas, ou que adianta dinheiro em maquinaria e matérias-primas, para explorar trabalho (C, III, p. 60).

Para o capital, o preço de custo da mercadoria compõe-se apenas da parcela de trabalho incorporado que foi paga. Mas "o valor de uma mercadoria é igual ao valor do capital constante nela contido, mais o valor do capital variável nela reproduzido, mais o acréscimo desse capital variável, a mais-valia produzida" (C, III, p. 199-200), e assim, "o lucro do capitalista provém de ter para vender algo que não pagou" (C, III, p. 60). Este consiste, pois, no excedente do preço de venda da mercadoria sobre o preço de custo. Assim, o lucro do capital produtivo individual, embora apareça "como excedente do preço de venda sobre o valor imanente das mercadorias" (C, III, p. 62), é idêntico à mais-valia, que integra o valor ou custo real delas. Sua taxa é, contudo, diferente, pois deve ser deduzida da relação da mais-valia com o capital total, e não, como na taxa de mais-valia, com referência apenas ao capital variável. A taxa de lucro, por conseguinte, é "a razão (...) que existe entre a mais-valia e a totalidade do capital" (C, III, p. 61), m/C, de modo que expressa o grau de valorização de todo o capital.[1]

---

[1] O preço de custo se define pelo valor dos meios de produção que de fato foram gastos ou incorporados na mercadoria produzida, e por isso inclui o capital fixo apenas na medida de seu desgaste, já que o restante poderá ser incorporado na produção de nova massa de mercadorias.

São dois os fatores que determinam a taxa de lucro individualmente produzida: a taxa de mais-valia, que mede a valorização do capital variável, e a magnitude desse capital com relação ao capital total, ou seja, a proporção entre o capital variável e capital constante. Essa composição do valor do capital, que Marx denomina composição orgânica, é definida, em primeiro lugar, pela relação quantitativa entre trabalho e meios de produção, determinada em cada processo específico de trabalho, e, em segundo lugar, pelo valor dos meios de produção e da força de trabalho. A proporção entre meios de produção e quantidade de trabalho, chamada composição técnica do capital, é imposta pelas condições materiais do processo de trabalho: dada quantidade de trabalho consome diferentes meios de produção em quantidades determinadas. Por isso, em determinado nível de desenvolvimento histórico das forças produtivas, é proporção necessária, tecnicamente estabelecida, dos fatores materiais do capital, isto é, das massas de trabalho e meios de produção. A composição técnica é, desse modo, extrínseca às relações de valor.

> Quantidade determinada de força de trabalho, representada por número certo de trabalhadores, é necessária para produzir determinada quantidade de produto numa jornada, por exemplo, e inclusive para pôr em movimento, consumir produtivamente quantidade certa de meios de produção, de maquinaria, de matérias-primas etc. Determinado número de trabalhadores corresponde a quantidade certa de meios de produção e, por isso, determinada quantidade de trabalho vivo, a quantidade certa de trabalho já materializado nos meios de produção. Esta relação difere muito nos diversos ramos de produção e amiúde nas diversas modalidades

---

O lucro, contudo, é calculado com relação ao capital total, inclusive a parcela do capital constante fixo cujo valor não está contido na mercadoria gerada em uma rotação. Isso porque, para a produção da mercadoria, investiu-se de fato o valor total do capital constante fixo, uma vez que a máquina inteira é necessária para a produção de cada unidade de mercadoria.

da mesma indústria, embora eventualmente possa ser a mesma ou quase, em ramos industriais muito afastados entre si (*C, III*, p. 194).

Além da composição técnica do capital, o outro fator que define a composição orgânica é o valor dos meios de produção, que perfaz a magnitude do capital constante, e da força de trabalho, expresso no capital variável. Como qualquer outra mercadoria, o valor dos meios de produção é definido pelo tempo de trabalho socialmente necessário para produzi-los. Não mantém, por conseguinte, relação intrínseca alguma com o valor da força de trabalho, definida pelo mesmo fator. Assim, quantidade definida de força de trabalho é requerida para consumir determinada magnitude de meios de produção, mas a relação de valor entre ambos, capital constante e variável, não é imediatamente determinada pela composição técnica:

> Por exemplo, certos trabalhos em cobre e ferro podem supor relação igual entre força de trabalho e massa de meios de produção. Mas, sendo o cobre mais caro que o ferro, será diferente nos dois casos a relação entre a parte variável e a constante, e, por conseguinte, a composição de valor nos dois capitais globais (*C, III*, p. 194).

Assim, a composição orgânica do capital é casual com relação ao processo individual de valorização: cada espécie de mercadoria, enquanto produto especificamente útil, demanda meios de produção com valores diversos, bem como diferentes composições técnicas. A composição orgânica se determina também pelos diversos fatores que interferem no preço dos meios de produção: o desenvolvimento no ramo de produção desses meios, que definem seu valor, e as relações mercantis de concorrência, que interferem no preço. A especificidade de cada processo de trabalho e os vários níveis de desenvolvimento das forças produtivas faz com que o capital produtivo de ramos diferentes, e também de um mesmo ramo, tenham composições orgânicas distintas. Com isso, como o capital variável, porção do valor que efetivamente se valoriza, ocorre, em cada investimento produtivo, em importâncias diferentes com relação à totalidade do capital, os capitais produtivos de igual magnitude geram, com mesma taxa de mais-valia, taxas individuais de lucro diversas:

> Como capitais em diversos ramos da produção, considerados percentualmente, ou seja, capitais de igual magnitude se repartem de maneira desigual em constante e em variável, mobilizando quantidade desigual de trabalho vivo e produzindo montante desigual de mais-valia, por conseguinte de lucro, difere neles a taxa de lucro, constituída justamente pela relação percentual entre a mais-valia e todo o capital (*C, III*, p. 199).

A taxa de lucro é calculada encontrando-se a parcela que o capital variável representa no capital total (v/C) e multiplicado-se essa razão pela taxa de mais-valia em um intervalo de tempo determinado (m' v/C), ou, como afirmado acima, dividindo a massa de mais-valia pelo capital total (m/C). Reparte-se, pois, a taxa de valorização do capital variável por todo o capital e então, embora as massas de mais-valia e de lucro produzidas individualmente tenham a mesma magnitude, a taxa de lucro é sempre inferior à taxa de mais-valia. No exemplo de Marx, para uma composição orgânica percentual do capital de 80 constante e 20 variável, a uma taxa de mais-valia de 100%, o valor da mercadoria importa em 120, massa de mais-valia ou lucro em 20, e taxa de lucro em 20% (20/100). As variações de valor dos meios de produção e do salário interferem de modo distinto nas taxas de mais-valia e de lucro. Mantendo-se as outras condições, o aumento do salário amplia a proporção do trabalho necessário com relação ao excedente no interior da jornada, reduzindo assim a taxa de mais-valia e, com ela, a de lucro. A redução do salário tem efeito contrário. O aumento do preço dos elementos que compõem o capital constante, por exemplo, da matéria-prima, reduz a taxa de lucro, bem como o montante de lucro ou mais-valia. Isso porque a mesma magnitude passará a comprar menor quantidade de meios de produção, e com isso absorverá menor tempo de trabalho vivo. Mas mantém a taxa de mais-valia. A redução do valor do capital constante decorrente da queda do preço de seus elementos materiais também não altera a taxa de mais-valia, mas aumenta a de lucro.

> Para iguais montantes de capital diferem as taxas de lucro porque, para igual taxa de mais-valia, mobilizando-se quantidades diversas de trabalho vivo, diferem as quantidades de mais-valia produzidas e por conseguinte de lucro (*C, III*, p. 197).

Assim, a formação da taxa de lucro engloba fatores que são alheios à taxa de mais-valia, mas, como lucro e mais-valia são de fato a mesma parcela do valor gerado na produção, ambas as taxas mantém estreita relação. A taxa de lucro aumenta quando aumenta a mais-valia com referência ao capital total, seja porque a massa de mais-valia ou lucro ampliou-se, ou porque o valor do capital constante reduziu-se:

> A elevação da taxa de lucro deriva sempre de a mais-valia aumentar relativa ou absolutamente, do ponto de vista dos custos de produção, isto é, de todo o capital adiantado, ou de reduzir-se a diferença entre a taxa de lucro e a de mais-valia (*C, III*, p. 186).

Enquanto a taxa de mais-valia expressa uma relação intrínseca ao processo produtivo, a saber, a que existe entre o tempo de trabalho pago e o não-pago, não há relação imanente alguma entre a mais-valia e a totalidade do capital, pois um dado tempo de trabalho, sob um determinado grau de exploração (taxa de mais-valia), pode requerer capital constante de diversos valores, dependendo do caráter útil específico da mercadoria em que deve incorporar-se e do nível de aprimoramento dos meios de produção. A taxa de lucro expressa, portanto, uma relação casual entre o capital total e a mais-valia. Por apresentar "*o capital como relação consigo mesmo*, uma relação em que, como soma inicial de valores, se distingue do valor novo por ele mesmo criado" (*C, III*, p. 66), "o lucro é forma transfigurada da mais-valia" (*C, III*, p. 66). Esse modo de relacionar quantitativamente parcelas do capital que têm origens distintas e, portanto, diferem em qualidade, pode ser caracterizada como forma transfigurada porque obscurece o elemento criador de valor e mais-valia ao apresentar o capital, em sua expansão, como relação consigo mesmo: o trabalho aparece assim como um momento ou um custo específico do capital, e não o capital como produto da expropriação de trabalho objetivado.

O que caracteriza o lucro como forma transfigurada da mais-valia não é apenas o fato de que sua taxa é calculada com referência à totalidade do capital, mas o fato de que sua apropriação se realiza com a mediação do mercado. O lucro (mais-valia) produzido no interior de cada investimento produtivo de capital, isto é, contido na mercadoria, não é o mesmo que esse capital de fato realiza no mercado. Enquanto a análise de Marx diz respeito ao capital produtivo individual, abstrai-se da relação entre os múltiplos capitais com o objetivo de isolar as categorias para explicitá-las, assumindo então que cada capital individual é um exemplar em escala diminuta do funcionamento do capital social. Sob essa dimensão de análise, o lucro é idêntico à mais-valia, e a taxa de lucro, uma forma diferente de relacionar as parcelas de valor que compõem o processo produtivo do capital, qual seja, a que corresponde à finalidade do capital. Contudo, Marx observa: "Até aí, a diferença entre lucro e mais-valia referia-se apenas à mudança qualitativa de forma, só existindo diferença quantitativa, nessa primeira ordem de transformação, entre taxa de lucro e taxa de mais-valia e não entre lucro e mais-valia" (*C, III*, p. 221).

O caráter transfigurado da mais-valia, incorporada como lucro, advém da necessidade de sua realização no mercado. A mais-valia é produzida, como exposto no Capítulo I, na forma de mercadoria, que só realiza o valor contido por meio da venda. A venda, para o capital que a produziu, é o processo de separação entre o valor e o valor de uso da mercadoria: aliena-se o valor em forma útil específica e obtém-se em troca o mesmo valor em forma adequada para tornar-se capital. A forma dinheiro é mercadoria cujo valor de uso consiste em ser meio da circulação de mercadorias;[2] essa sua propriedade permite a transformação do valor contido em capital, pois medeia a troca entre a mercadoria produzida, que contém mais-valia, e as mercadorias cujo consumo produtivo gera valor. Assim, o processo de realização da mais-valia contida nas mercadorias produzidas implica o mercado, cujas relações impõem regras próprias de distribuição da mais-valia socialmente produzida.

Quando chega ao mercado, na forma de mercadorias, a mais-valia gerada nos vários empreendimentos produtivos singulares transforma-se em mais-valia social, magnitude de valor cuja distribuição dependerá das relações de concorrência entre os diversos capitais singulares que buscam realizar o lucro. A forma transfigurada de lucro reordena a realização da mais-valia particular dos diversos ramos. Assim, no processo de circulação, os montantes da mais-valia criada e do lucro incorporado descolam-se, de modo que o valor que o capital produtivo em um ramo determinado coloca no mercado é distinto daquele que retira dele. Na realidade, pois, os montantes de mais-valia produzida e de lucro realizado em cada empreendimento não são iguais. Isso se efetiva por meio do distanciamento dos preços com relação aos valores das mercadorias. A concorrência opera esse afastamento entre preços e valores de modo a diminuir as diferenças entre as taxas de lucro particulares, isto é, a nivelá-las. Estabelece, com isso, uma taxa geral de lucro para a qual tendem as realizações de lucro dos capitais particulares. Descrevemos abaixo, de modo esquemático, como as relações concorrenciais entre os múltiplos capitais processam a uniformização da taxa de lucro e com isso a separação entre a produção e a realização particulares de mais-valia.

---

2   Esse é o valor de uso primitivo do dinheiro. No interior do modo de produção capitalista, o dinheiro, por sua propriedade de expressar o valor em forma pura e assim poder se transformar em capital, torna-se a forma adequada da mercadoria capital, comercializada por meio do empréstimo. Abordaremos adiante esse outro valor de uso do dinheiro.

Marx distingue os efeitos da concorrência entre os capitais de diferentes ramos da produção, isto é, que produzem espécies distintas de mercadorias, e entre os capitais que produzem a mesma mercadoria, isto é, de um único ramo. O nivelamento das taxas de lucro diz respeito aos diferentes ramos da produção. Supõe, no entanto, o nivelamento dos preços das mercadorias de mesma espécie produzidas por capitais concorrentes, isto é, pelos capitais singulares em um único ramo da produção. Abstraímos inicialmente, com Marx, a concorrência entre os capitais singulares no interior de cada ramo, para isolar na análise os processos que nivelam as taxas de lucro. Em seguida, abordaremos a uniformização dos preços das mercadorias de mesma espécie produzidas por capitais singulares distintos.

Para cada capital particular investido na produção, importa o lucro que consegue realizar mediante a venda da mercadoria produzida, buscando, tanto no interior do processo produtivo quanto nas relações de mercado, a maior diferença possível entre o preço de custo e o preço de venda da mercadoria. Conforme expusemos, os diferentes capitais produtivos têm diferentes composições orgânicas. Por essa razão, para a mesma magnitude de capital investido e sob igual taxa de mais-valia, produzem montantes diversos de lucro (mais-valia) embutidos nas massas de mercadorias criadas, que podem ter também, pelo mesmo motivo, diferentes valores. Assumindo igual investimento de capital, são produzidos lucros particulares de diferentes magnitudes sob mesmo preço de custo. Quando o preço de custo é critério e ponto de partida da valorização de cada capital particular, abstrai-se da composição orgânica, bem como do valor e mais-valia produzidos, e com isso se igualam, pela magnitude do investimento, capitais de diversos ramos, que empregam forças produtivas de diferentes níveis de desenvolvimento, quantidades e qualidades distintas de trabalho e que produzem diversos montantes de mais-valia. Daí Marx afirmar que "Essa igualdade dos custos constitui a base da concorrência entre os capitais investidos, e a partir daí se forma o lucro médio" (*C, III*, p. 203). Se as mercadorias com igual preço de custo fossem vendidas por seu valor, realizariam, cada uma, montantes diversos de lucro, e com isso, as especificidades concretas da mercadoria, por serem fator de determinação da composição orgânica do capital, exerceriam influência sobre a expansão individual do capital que a produz. Nesse caso, o valor de uso, por impor a composição técnica, seria fator relevante para a magnitude da expansão de cada capital produtivo particular, de modo que aqueles que produzem mercadorias com montante maior de mais-valia teriam velocidade de expansão maior que aqueles cujo produto possui menor quantidade de mais-valia.

Entretanto, o preço das mercadorias particulares não é idêntico ao seu valor. As relações entre oferta e procura concorrem para a sua determinação: quando a procura aumenta, os preços sobem; se diminui, os preços caem. Isso porque, no modo capitalista de produção, a distribuição do trabalho e do produto sociais não se dá por uma regulação coletiva pautada nas necessidades pré-definidas dos indivíduos, mas pela desregulação própria à concorrência. A procura manifesta, pois, a "necessidade social" do ponto de vista do capital, isto é, expressa o quanto de valor está disponível para cada espécie de mercadoria. Por essa razão, a quantidade de valor contida na mercadoria não determina imediatamente seu preço: este pode afastar-se do valor para mais ou para menos de acordo com a relação entre oferta e procura, fazendo o capital que as produz realizar lucro superior ou inferior ao contido.

Oferta e procura determinam-se mutuamente. É a oferta que gera o impulso inicial dessa relação de determinação mútua, uma vez que não há procura por aquilo que não existe. Assim, a criação de novas mercadorias é também a determinação da procura por essas mercadorias (e a propaganda comercial, forma de atrair maior montante de valor social para a mercadoria produzida por um capital privado específico, ou seja, de moldar a procura). Como, contudo, os capitais são concorrentes e atuam em oposição um ao outro, não controlam de modo absoluto a procura, que se movimenta com certo grau de independência no interior das possibilidades oferecidas pela produção capitalista. Essas oscilações na configuração da procura social por mercadorias impõem mudanças na oferta: impele os capitais a migrarem de um ramo a outro da produção. Assim, quando a procura por determinada mercadoria é maior que a oferta, permitindo a realização de maiores lucros, capitais de outros ramos afluem, atraídos pela existência de mercados desocupados, ampliando a oferta da mercadoria em questão e diminuindo a de outras que antes produziam. Se, em oposição, a oferta de determinada mercadoria é superior à procura, de modo a ocasionar queda no preço e, por conseguinte, na taxa de lucro, parte dos capitais que a produzem abandonam o ramo em busca de mercadorias que permitam ascensão do lucro. Essas migrações afetam continuamente a distribuição de capitais entre os diversos ramos. Nas palavras de Marx:

> A concorrência entre os capitalistas (...) consiste em retirar gradualmente capital dos ramos onde o lucro está por algum tempo abaixo da média e em fornecer gradualmente capital para os ramos onde o lucro está acima dela; ou também em repartir progressivamente capital adicional entre esses ramos, em diferentes proporções (*C, III*, p. 486).

Configurando diversamente a distribuição de capitais, estes fluxos alteram as relações entre oferta e procura em um movimento constante, influenciando os preços das mercadorias e com isso a magnitude do lucro realizado em cada ramo. A imposição da procura sobre a distribuição de capitais entre os ramos da produção se dá por meio das flutuações do preço de venda das mercadorias.[3] Essa busca concomitante de todos os capitais pelo maior lucro possível resulta em uma tendência a equilibrarem-se os ramos de produção quanto ao lucro que possibilitam: se um ramo proporciona lucro acima do médio, a afluência de novos capitais faz com que a oferta aumente, gerando decréscimo no preço e portanto na taxa de lucro; se em outro ramo a taxa de lucro está abaixo da média, parte dos capitais retira-se, fazendo decair a oferta e, com isso,

---

3 As razões pelas quais a procura acima ou abaixo da oferta gera elevação ou queda do preço das mercadorias têm relação com o caráter útil das mercadorias e serão abordadas quando tratarmos do valor de mercado.

aumentar o preço e a taxa de lucro. As taxas de lucro tendem, deste modo, a se uniformizar. Devido a esses constantes desequilíbrios pontuais os capitais – sempre atraídos pela maior lucratividade – são impelidos a migrarem, gerando novos desequilíbrios. Neste fluxo de mudanças na distribuição do capital social entre os diversos ramos movido pelos desequilíbrios entre oferta e procura, estabelece-se uma taxa média de lucro à qual todos os ramos tendem. A oferta e a procura de cada espécie de mercadorias tendem a se equilibrar de tal modo que os preços – acima ou abaixo do valor – proporcionem lucros iguais.

O valor total criado pelo capital produtivo social e contido no conjunto das mercadorias tende a ser realizado, ainda que de maneira desigual: parte das mercadorias realiza, por intermédio de preço de mercado mais alto, valor maior do que contém, e a outra parte, valor menor, em razão de seu preço de mercado mais baixo. Afastando-se dos valores para mais ou para menos, os preços de mercado das mercadorias efetivam diversas compensações que conduzem à equiparação do lucro realizado pelos capitais de ramos particulares, que produzem sob diferentes composições orgânicas e portanto originam, com mesmo preço de custo, taxas de lucro diversas. Nos termos de Marx, "as taxas diferentes de lucros, por força da concorrência, igualam-se numa taxa geral de lucro, que é a média de todas elas" (*C, III*, p. 211).

A partir, pois, da mais-valia global efetivamente produzida, as relações concorrenciais que caracterizam o mercado estabelecem uma taxa de lucro média, que se divide pelos diversos capitais particulares como partes alíquotas desse capital total. Funcionando como parte alíquota do capital social, o lucro dos capitais particulares define-se, então, por uma taxa (percentual) média que não mantém relação com a produção de mais-valia de cada ramo particular, mas que se acrescenta ao preço de custo:

> Os capitalistas dos diferentes ramos, ao venderem as mercadorias, recobram os valores de capital consumidos para produzi-las, mas a mais-valia (ou lucro) que colhem não é gerada no próprio ramo com a respectiva produção de mercadorias, e sim a que cabe a cada parte

alíquota do capital global, numa repartição uniforme da mais-valia (ou lucro) global produzida, em dado espaço de tempo, pelo capital global da sociedade em todos os ramos.(*C, III*, p. 211).

A magnitude da taxa geral de lucro se determina pela composição média do capital social, isto é, pela média entre as diferentes composições orgânicas dos capitais de ramos particulares, levando em conta a proporção que cada composição ocupa na produção social. Ou ainda, pela média das taxas particulares de lucro, sempre considerada a proporção dos capitais que geram cada uma das diferentes taxas de lucro:

> (...) a taxa geral de lucro é determinada por dois fatores: (1) pela composição orgânica dos capitais nos diferentes ramos, portanto pelas diferentes taxas de lucro dos vários ramos; (2) pela repartição do capital total da sociedade nesses diferentes ramos, portanto pela magnitude relativa do capital aplicado em cada ramo particular e, por isso, a uma taxa particular de lucro; vale dizer, pela proporção das cotas do capital total da sociedade absorvidas pelos ramos particulares da produção (*C, III*, p. 216).

O lucro real é, pois, indiferente à composição orgânica do capital em cada ramo e se define como realização de mais-valia em magnitude maior ou menor à produzida, e apenas casualmente igual. Essa coincidência ocorre quando a composição orgânica de um ramo particular aproxima-se da composição média do capital social, e portanto produz mais-valia ou lucro proporcional à mais-valia social média. Como cotas do capital social, os capitais particulares remuneram-se proporcionalmente à magnitude do capital investido (preço de custo). Isso determina a mais-valia como substância social: uma vez que se descola da materialidade da mercadoria na qual se incorporou, revelando que não é inerente às determinações concretas da mercadoria. A taxa média de lucro expressa a imbricação dos diversos capitais que funcionam em um mesmo mercado, ou seja, o caráter socializado da produção capitalista, que cria um produto excedente a ser repartido em cotas pelo mercado comum, de acordo com a magnitude do capital investido.

Como produto dos capitais em concorrência, a realização do valor das mercadorias se dá por meio de seu *preço de produção*. Se o valor das mercadorias se define pela quantidade média de trabalho socialmente necessário para produzi-las, isto é, o valor contido nos meios de produção (capital constante), nos salários (capital variável), somados à mais-valia, então o preço de produção, como magnitude de valor que a mercadoria deve realizar no mercado, constitui-se do preço de custo (capital constante e variável adiantados) acrescido do lucro médio do capital social: "Os preços que obtemos, acrescentando a média das diferentes taxas de lucro dos diferentes ramos, são os *preços de produção*" (*C, III*, p. 210). Assim, se a mais-valia (ou lucro) produzida por um ramo particular da produção for proporcionalmente superior à mais-valia média gerada pelo capital social, o preço de produção dessa espécie de mercadoria será menor que o valor que ela contém. Se, pelo contrário, um ramo da produção gera, proporcionalmente à magnitude do investimento, menos mais-valia que a média, a respectiva mercadoria terá preço de produção superior ao valor. Como explica Marx, "os preços de custo são específicos. O acréscimo de lucro ao preço de custo não depende de seu ramo particular da produção; é simples média percentual do capital adiantado" (*C, III*, p. 212).

O lucro do capital particular consiste na diferença entre o preço de custo (total de capital investido) e o preço de produção (preço de custo somado à taxa média de lucro):

> Para o capitalista industrial, a diferença entre o preço de venda e o preço de compra de suas mercadorias é igual à que se estabelece entre o preço de produção e o de custo, ou, se consideramos a totalidade do capital social, à que existe entre o valor das mercadorias e o preço de custo para os capitalistas, o que se reduz à diferença

entre a quantidade global do trabalho nelas materializado e a quantidade do trabalho nelas materializado mas pago (*C, III*, p. 381).

O valor total do conjunto das mercadorias é realizado por meio de seus preços de produção: "se uma mercadoria tem mais-valia demais, outra a tem de menos, e, por isso, os desvios do valor apresentados pelos preços de produção das mercadorias se compensam reciprocamente" (*C, III*, p. 214). O lucro do capital total é idêntico à mais-valia socialmente produzida, mas reparte-se uniformemente pelos diversos ramos da produção, e não de acordo com as taxas desiguais de lucro que produzem. Esse nivelamento das taxas de lucro particulares se efetiva, pois, na realização de cada espécie de mercadoria, em seu preço de produção.

A transformação dos valores em preços de produção requer a existência prévia da taxa geral de lucro. Essa média implica a generalização do modo capitalista de produção a tal ponto que os capitais particulares possam migrar de um ramo a outro, como atos de concorrência e em resposta aos desequilíbrios conjunturais entre oferta e procura de mercadorias, e assim produzir o nivelamento das taxas particulares de lucro. Os preços de produção pressupõem, portanto, que a produção social seja majoritariamente realizada sob as relações sociais do capital. Nessas condições, o próprio preço de custo das mercadorias não é quantitativamente idêntico ao valor total das mercadorias necessárias ao processo produtivo, mas à soma dos preços de produção dessas mercadorias. Isso se aplica tanto ao capital constante como ao capital variável: não expressam o valor dos meios de produção e da força de trabalho, mas seu preço de produção.

Abordamos até aqui os diferentes ramos da produção abstraindo a concorrência existente no interior de cada ramo, ou seja, assumindo que cada espécie de mercadoria é produzida por um único capital que concorre apenas com os capitais de outros ramos. Por isso, o preço de produção foi identificado ao preço de venda das mercadorias. O preço de produção não é, contudo, idêntico ao preço pelo qual as mercadorias são de fato vendidas, pois a taxa geral de lucro não é a única mediação entre valor e preço levada a cabo pela concorrência. A concorrência opera o nivelamento das taxas de lucro dos diversos ramos da produção, mas pressupõe a uniformização dos preços das mercadorias produzidas por capitais concorrentes no interior de um mesmo ramo: "a existência da taxa geral de lucro (...) supõe que as taxas de lucro consideradas de per si em cada ramo particular de produção já estejam reduzidas a outras tantas taxas médias" (*C, III*, p. 210).

Do conjunto de capitais que produzem a mesma espécie de mercadoria, pode haver – e de fato há – empreendimentos singulares de diversas composições orgânicas. Isso faz com que cada unidade da mercadoria produzida sob essas diferentes condições tenham valores, preços de custo e mais-valia ou lucro contidos diversos: uma mesma magnitude de capital com composição orgânica superior (mais capital constante e menos variável) lança mão de mais alto nível de desenvolvimento das forças produtivas e por isso alcança maior produtividade do trabalho. Por conseguinte, produz maior quantidade de mercadoria com determinado tempo de trabalho do que um capital de composição orgânica inferior. Assim, o tempo de trabalho contido em mercadorias da mesma espécie varia conforme as condições sob as quais são produzidas, sendo em geral menor em composições orgânicas superiores. Entretanto, o valor das mercadorias não é definido empiricamente pelo tempo de trabalho específico contido, mas pelo tempo de trabalho médio socialmente necessário. O tempo de trabalho requerido para a produção de certa mercadoria depende dos meios e da forma como é produzida, ou seja, resulta do nível de desenvolvimento das forças produtivas e da organização do trabalho, e portanto varia historicamente. Sob a forma social do capital, mercadorias de mesma espécie são produzidas sob condições distintas *concomitantemente*: o desenvolvimento das forças produtivas no âmbito privado acarreta a coexistência de capitais com diversas composições orgânicas de capital oferecendo suas mercadorias de mesma espécie em um mercado único. Mercadorias de mesma espécie podem conter, pois, diferentes quantidades de tempo empírico de trabalho. Não obstante, uma vez que o valor das mercadorias é determinado pelo tempo médio de trabalho socialmente necessário para sua produção, todos os exemplares de mercadorias da mesma espécie têm o mesmo valor. Independentemente das condições de sua produção, em um mesmo mercado, têm seu valor determinado pelo tempo de trabalho *socialmente necessário*, ou necessário *em média*. Ou seja, pelo tempo de trabalho requerido para produzi-la de acordo com a força produtiva média para dada espécie de mercadoria. Esse valor que uniformiza as mercadorias de mesma espécie, abstraindo das composições orgânicas específicas sob as quais os diversos capitais individuais desse ramo produzem, Marx denomina *valor de mercado*. O valor é, pois, substância social, e por isso não se define empiricamente pelos tempos de trabalho realizados de fato sob um ou outro capital singular. Por conseguinte, um montante determinado de valor pode requerer mais ou menos tempo de trabalho real para ser produzido, dependendo das condições em que se produz, isto é, se o grau de aprimoramento técnico das forças produtivas que utiliza é inferior, superior ou igual ao médio. O valor é resultado de um modo de produção em que as forças produtivas são sociais, coletivizadas, e não pode ser o produto do trabalho cuja técnica não rompeu os limites individuais.

A uniformização do valor das mercadorias de mesma espécie em valor de mercado impele os capitais individuais a uma corrida pela redução dos preços de custo da produção,[4] a fim de realizar lucro acima do médio:

---

[4] A corrida pela redução dos custos de produção impõe a necessidade de ampliação da produtividade do trabalho. Assim, o motor do desenvolvimento contínuo das forças produtivas, que distingue o modo de produção do capital do conjunto dos modos de produção anteriores, é a concorrência. Embora ele mesmo seja produto de um salto qualitativo de forças produtivas, o modo capitalista de produção distingue-se por se alimentar do desenvolvimento produtivo, mantendo e aprofundando as relações sociais de produção que o determinam, ao contrário dos outros modos de produção, em que o salto qualitativo das forças produtivas implica a degeneração das relações sociais sob as quais a produção ocorre e a consequente transformação do próprio modo de produção. Contudo, Marx afirma (*Grundrisse*, p. 582-600) que o desenvolvimento capitalista é contraditório. Esta forma

produzindo com preço de custo menor que o médio, engendram-se mercadorias com custo menor que o de mercado. Por meio da redução do preço, custo mais baixo que o médio possibilita a apropriação da mais-valia gerada por capitais concorrentes que produzem igual mercadoria com preço de custo mais elevado, ou mesmo a dominação do mercado de capitais concorrentes. O valor de mercado permite aos capitais individuais que produzem com menor custo realizar lucro superior ao médio, e com isso avançar sobre os mercados de outros capitais do ramo. Esses capitais são em geral os pioneiros em tecnologia, que alcançam maior produtividade do trabalho, mas também aqueles que empregam força de trabalho com salários mais baixos.[5] A taxa de lucro dos capitais singulares que, inversamente, produzem sob custo mais elevado, é inferior à taxa geral. Quando as melhores condições de produção se generalizam, o valor de mercado do correspondente produto diminui, isto é, menor quantidade de trabalho passa a ser socialmente necessária, em média, para produzi-lo.

A existência do capital como multiplicidade de capitais que se relacionam pela concorrência origina a taxa geral de lucro e faz com que o valor da mercadoria se configure, pela intermediação do mercado, em preço de produção. O valor de mercado é, pois, o preço de produção médio das mercadorias de mesma espécie. Os reais preços de produção da mesma espécie de mercadoria

---

privada de apropriação que determina a concorrência como relação central consiste também em empecilho para a expansão das forças produtivas, mais significativo conforme se desenvolve o capital. Isso se explicita em acordos entre empresas concorrentes de mesmo ramo para retardar o emprego de novas tecnologias na produção até que a antiga tenha rendido determinado lucro, ou na ausência de desenvolvimento tecnológico em atividades para as quais a oferta de força de trabalho é abundante, ou ainda, na impossibilidade de aplicação de tecnologia já existente na produção de novos valores de uso, que substituiriam ramos da produção onde hoje se empregam grandes volumes de capitais, como no caso da energia. Abordaremos esta contradição no capítulo III.

5   Quando a concorrência entre os trabalhadores torna possível a superexploração do trabalho, isto é, a redução dos salários a níveis inferiores aos do valor da força de trabalho, mesmo com composição orgânica inferior pode-se alcançar preço de custo mais baixo.

produzida por diferentes capitais singulares variam conforme se distinguem os preços de custo. Desse modo, a incorporação da taxa geral de lucro ao preço de custo médio implica empiricamente em taxas individuais de lucro diferentes para mesmo investimento de capital. Se, por exemplo, um capital singular produz determinada espécie de mercadoria com custo mais elevado que a média, não é possível, de fato, acrescentar a taxa média de lucro ao preço de custo individual, pois o custo que conta socialmente para o valor de mercado de cada tipo de mercadoria também é médio. Assim, parte do valor que no preço de produção médio consiste em lucro deve ser gasta nesse empreendimento específico para pagar os custos mais altos da produção. Por conseguinte, nesse caso, a taxa individual de lucro é menor do que a média. Se, ao contrário, os custos de produção são mais baixos, o acréscimo da taxa média de lucro proporcional ao custo médio implica em taxa individual de lucro superior à média, porque parte do valor gasto em custos no preço de produção médio é, nesse caso, incorporada como lucro.

Contudo, o valor de mercado, ou preço de produção médio, não determina ainda diretamente o preço de mercado das mercadorias, isto é, o preço pelo qual são efetivamente vendidas. É o preço de mercado que determina a magnitude da realização efetiva do lucro individual. Na realidade, esse preço só expressa o valor de mercado quando a relação entre oferta e procura se equilibra. O preço de mercado aproxima-se e afasta-se do valor de mercado devido ao desequilíbrio na relação entre oferta e procura. Como já foi mencionado, a procura é, sob o modo de produção do capital, expressão da "necessidade social" e, por conseguinte, o critério social de definição da utilidade. A procura determina, ainda que *a posteriori*, o tempo de trabalho socialmente necessário para a produção de cada espécie de mercadoria. Como mercadoria é em primeiro lugar valor de uso, apenas a quantidade socialmente útil, ou seja, que responde à demanda efetiva, pode realizar-se como mercadoria; portanto, se a oferta exceder a procura, apenas o valor representado pela quantidade de mercadoria que efetivamente se realiza existe como valor de uso social. O restante das mercadorias e, portanto, do tempo de trabalho que sua produção consumiu não é útil para a sociedade: não pode existir como mercadoria e como valor. Quando a procura é menor que a oferta, o valor das mercadorias em quantidade correspondente à procura deve dividir-se com as demais: o preço de mercado de cada exemplar da mercadoria se torna inferior ao valor de mercado, e parte pode permanecer invendável. Se a procura excede a oferta, ocorre o oposto: há socialmente mais valor disponível para essa mercadoria do que ela de fato contém, e seu preço de mercado torna-se mais alto que o valor de mercado. Cada exemplar dessa espécie de mercadoria, além do valor de mercado, passa a mobilizar um valor adicional referente à quantidade dessa mercadoria que, sendo definida pela procura como socialmente necessária, não se produziu. A venda da mercadoria cuja oferta é reduzida com relação à procura realiza desse modo valor social incorporado em outras mercadorias, cuja oferta é superior à procura. O preço de mercado das mercadorias se situa, pois, acima ou abaixo de seu valor de mercado. No primeiro caso, os capitais do ramo que produzem em condições mais produtivas realizam lucro superior ao médio e, no segundo, aqueles que produzem em condições inferiores podem chegar a não realizar sequer o preço de custo.

Desse modo, a taxa geral de lucro é uma lei que representa uma tendência geral, mas não pode ser entendida como uma divisão igualitária e fixa de lucro na proporção do investimento de cada capital singular. Ela vale, de modo geral, para o nivelamento dos lucros nos diferentes ramos da produção capitalista: origina-se da concorrência que, ao mesmo tempo em que uniformiza as taxas de lucro – precisamente por essa razão – gera tanto o superlucro quanto a derrocada de capitais singulares. Ou seja, esse nivelamento geral da realização da mais-valia social é resultado de inúmeros desníveis, pontualmente observáveis, que a concorrência produz em seu movimento contínuo.

A oposição entre os capitais de diversos ramos é condição para que capitais de um mesmo ramo concorram, porque os próprios capitais produtivos demandam, por um lado, os meios de produção que têm de ser produzidos como mercadorias e, por outro, força de trabalho. Esta deve ser reproduzida, o que requer diversas espécies de valores de uso produzidos como mercadorias, já que a própria força de trabalho é assalariada, e por isso não produz seus meios de vida, devendo encontrá-los no mercado. Se há, pois, capitais concorrentes em um único ramo, é porque já se estabeleceu a concorrência entre capitais de diversos ramos, que produzem os meios de produção e os de reprodução da força de trabalho. Os capitais produtivos representam, no mercado, tanto a oferta da mercadoria que produzem quanto a procura por outras mercadorias que compõem o processo produtivo. No mercado, a procura, tanto para consumo produtivo quanto individual, determina a quantidade de mercadoria de cada espécie que se deve produzir e estabelece, por conseguinte, a quantidade de trabalho social a ser despendida para a produção de cada valor de uso. Entretanto, como a procura é privada e se expressa apenas no mercado, ela é sempre posterior à produção, no sentido de que a produção não se define pela necessidade social previamente estabelecida.

    Todo o valor produzido socialmente realiza-se por meio do preço das mercadorias. Esse preço é o próprio valor transfigurado pelos diversos processos que intermedeiam produção e circulação do valor. Os preços de mercado das mercadorias efetivam compensações que garantem que a mais-valia social seja integralmente realizada, mas não de acordo com a magnitude de sua produção individual ou particular (nos diversos ramos). As realizações desiguais de lucro conferem à mais-valia, pois, o seu caráter de substância social. A concorrência em suas múltiplas determinações, forma da distribuição das forças produtivas objetivas e subjetivas no modo de produção capitalista, é a mediação necessária entre produção e realização de lucro. Nesse movimento de mediação, o valor individualmente produzido manifesta-se como produto social e o capital singular como parte alíquota do capital social homogêneo. Socialmente, a quantidade de mais-valia de que o capital se apropria é idêntica ao total da mais-valia produzida; mas, individualmente, os fatores que determinam a magnitude da mais-valia produzida em cada investimento de capital não definem o montante que cada capital individual incorpora como lucro. Assim, os preços de venda realizam o valor das mercadorias, mas não na magnitude que de fato contêm: parte delas realiza valor menor que o contido, deixando de realizar uma fração de seu valor, enquanto a outra parte realiza o seu valor acrescido de um valor extra que não contém. A determinação do montante de realização individual de mais-valia é extrínseca ao processo produtivo e própria à esfera da circulação, com suas relações específicas.

Deste modo, o produto excedente (mais-valia) que o trabalho produtivo gera nos múltiplos processos de produção não é imediatamente incorporado pelo capital singular sob cujo comando as mercadorias são criadas. Inversamente, com a mediação do mercado, parcelas da mais-valia total são incorporadas como lucro pelos múltiplos capitais indiferentemente à propriedade primitiva das mercadorias. Esta não implica diretamente a propriedade do montante determinado de mais-valia que contêm. Por conseguinte, a exploração direta de um coletivo definido de trabalhadores produtivos não se reverte em incorporação imediata do produto excedente gerado, que passa a ser alvo da concorrência entre os capitais. Desse modo, o caráter social que a mais-valia adquire com a mediação das relações próprias à esfera da circulação é também o caráter social da exploração do trabalho produtivo pelo conjunto dos capitais produtivos. O trabalho produtivo social é, portanto, explorado pelo capital produtivo social.

Essa mediação que o mercado realiza, enquanto lócus do intercâmbio social, entre produção e realização do capital, fazendo com que os capitais se valorizem pela taxa geral de lucro, é também o que permite que capitais particulares funcionem como capital sem, contudo, explorar diretamente o trabalho produtivo e gerar valor. Permite, em suma, a exploração do trabalho produtivo pelo capital improdutivo, que abordaremos em seguida.

Capital mercantil ou socialmente improdutivo[6]

O capital mercantil é desdobramento do capital produtivo e se define, em oposição a este, como capital que não se retira da esfera da circulação, permanecendo sempre retido no mercado. Existe em duas formas distintas, como capital comercial e capital a juro, que se distinguem pela especificidade da atividade que os valoriza, bem como pela relação que estabelecem com o conjunto do capital social. Partimos do ciclo de reprodução do capital produtivo, forma em que o capital social engendra a substância de sua valorização, e que por esse motivo fundamenta a reprodução específica de ambas as variedades do capital mercantil. O ciclo de reprodução do capital industrial, produtivo, tem início no mercado, onde, na forma de dinheiro, compra mercadorias que são meios de produção, tanto objetivos quanto a força de trabalho, meio subjetivo de produção; e termina no mercado, com a venda da mercadoria produzida, transformando-se novamente em dinheiro o valor empregado em meios de produção e o valor excedente gerado na produção da mercadoria. Assim, o ciclo de reprodução do capital produtivo envolve diversas mudanças de forma do capital: de início, tem de existir como capital-dinheiro para adquirir, no mercado, meios de produção e força de trabalho; transforma-se então em capital produtivo, isto é, passa a existir em mercadorias cujo consumo é produtivo de valor; após seu consumo, na esfera da produção, o capital produtivo transforma-se em capital-mercadoria. Por meio da venda da mercadoria, esse capital toma novamente a forma de capital-dinheiro. Quando o capital produtivo se faz

---

6   Utilizamos neste item as expressões *capital produtivo* e *capital industrial* como sinônimos. Por capital industrial entendemos não apenas o capital investido na produção fabril, mas o conjunto dos capitais empregados na produção de valores de uso, isto é, na indústria no sentido amplo do termo, que abrange diversos ramos: "(...) espécie particular de capital industrial, como, por exemplo, a mineração, a agricultura, a pecuária, a manufatura, a indústria de transportes etc., que, em virtude da divisão social do trabalho, constituem ramificações determinadas e, por conseguinte, esferas especiais de aplicação do capital industrial" (*C, III*, p. 433). O capital mercantil define-se por realizar todas as atividades que lhe são próprias no interior do mercado; caracteriza-se, portanto, por ser não-industrial, ou, o que é o mesmo, improdutivo.

capital-mercadoria, não ocorre apenas uma mudança de forma, mas altera-se também a magnitude do valor. Esse acréscimo de valor, que começa com uma operação mercantil de compra de meios de produção e por fim realiza-se com outra operação mercantil, deve-se à atividade produtiva para a qual o capital se recolhe entre uma e outra dessas operações: "As mercadorias compradas pelo capitalista industrial, antes de serem lançadas ao mercado para a venda, percorrem o processo de produção, onde se produz a parte de seu preço a realizar-se depois como lucro" (*C, III*, p. 381).

Essa retirada do mercado que o capital em sua forma produtiva realiza consiste no tempo de gestação do valor, na objetivação de trabalho abstrato por meio da criação concreta do produto. Nesse processo opera-se a função de capital do valor. O trabalho produtivo multiplica o valor transformando as mercadorias compradas em mercadorias de forma útil distinta. Mas a mais-valia incorporada em valor de uso específico faz-se substância da expansão do capital apenas quando é separada de sua forma útil, isto é, quando a mercadoria é vendida; quando se transmuta de capital-mercadoria em capital-dinheiro. Esta última forma é necessária para que o capital reinicie seu ciclo de reprodução, no mercado, com nova compra de meios de produção e força de trabalho, ou seja, para fazer-se novamente capital produtivo acrescido do valor excedente previamente gerado. Conforme afirmamos acima, mercadoria invendável deixa de existir como valor, pois um produto só é mercadoria, veículo de valor, por sua capacidade de ser socialmente útil. A realização da mercadoria é o retorno do capital para o proprietário em sua forma pura, passível de investimento.

> (…) a existência do capital como capital-mercadoria e a correspondente metamorfose por que passa na esfera da circulação, no mercado – transformação que se reduz a compras e vendas, ou seja, conversão de capital-mercadoria em capital-dinheiro e vice-versa – constituem fase do processo de reprodução do capital industrial e, por conseguinte, de todo o seu processo de reprodução (*C, III*, p. 362).

As operações de venda de mercadoria por parte desses capitais são compra de meios de produção para outros; para os primeiros é realização da mais-valia gestada na produção, para os últimos, início de um novo ciclo de reprodução. Para todos, as metamorfoses que ocorrem na esfera da circulação, por meio das operações mercantis, não geram valor, mas são movimentos inescapáveis do ciclo de reprodução do capital. Por isso, uma fração do capital social existe sempre no mercado, seja como capital-dinheiro, prestes a se transformar em meios de produção e força de trabalho, ou capital-mercadoria em estoque no mercado. É importante ressaltar que parte do capital-mercadoria social permanece retido no mercado, mas os objetos nos quais se incorpora, isto é, as formas úteis específicas das mercadorias, mudam num movimento contínuo, em que o mercado é mediação entre os valores de uso advindos da esfera produtiva e retirados para a esfera do consumo:

> (...) para cada capital em particular, a existência como capital-mercadoria e a metamorfose como tal constitui apenas uma fase transitória que ora desaparece ora se renova, um estádio efêmero na continuidade de seu processo de produção. Por isso, os elementos do capital-mercadoria que se encontram no mercado estão sempre mudando; continuamente se retiram do mercado e a ele voltam como novo produto do processo de produção (*C, III*, p. 362).

Independente do caráter transitório das mercadorias, parte do capital social produtivo permanece sempre encerrado no mercado na forma de capital-mercadoria e capital-dinheiro. Como o capital produtivo precisa manter sempre uma fração do capital adiantado para a produção como capital-dinheiro, reserva monetária que servirá de meio de compra, assim como uma fração do capital na forma de produtos no mercado, capital-mercadoria em vias de transformar-se, essa parcela retida na esfera da circulação não se valoriza, mas, como custo improdutivo, deve ser adiantada para que a outra parte se valorize. Com isso, quanto maior o capital necessário às operações mercantis, menor é a valorização do capital total, isto é, a taxa de lucro. A redução da magnitude destinada aos processos de circulação influi, portanto, diretamente na ampliação da taxa de lucro. A autonomia do capital de circulação com relação ao capital produtivo responde a essa necessidade do capital.

Todo capital-mercadoria toma de fato a forma de capital-dinheiro quando o valor de uso das mercadorias que o compõem separa-se do valor por meio da venda e adentra a esfera do consumo individual ou produtivo. Se o capital produtivo não vende diretamente o conjunto de suas mercadorias para o consumidor, mas para outro capitalista que intermedeia o processo de circulação, com a finalidade de valorizar seu próprio capital, o capital-mercadoria egresso da produção torna-se capital comercial. Em outros termos, o capital-mercadoria tornado autônomo que, por meio de sua função de realizar a mais-valia gerada na produção, valoriza o capital particular daquele que se ocupa apenas das operações de compra e venda, faz-se capital comercial:

> Quando essa função do capital que está no processo de circulação adquire autonomia como função particular de um capital particular, tornando-se, em virtude da divisão do trabalho, função própria de determinada categoria de capitalistas, converte-se o capital-mercadoria em capital comercial (*C, III*, p. 361).

O comerciante é um capitalista que valoriza seu capital sem que este seja empregado na produção de valor, mas por meio de sucessivas compras e vendas de mercadorias dos capitalistas industriais, mantendo seu capital cativo da esfera da circulação. Assim, efetiva o processo de valorização no mercado, em que, dispondo de capital na forma de dinheiro, compra mercadoria para em seguida revendê-la por preço superior. O capitalista comercial

(...) repete constantemente essa operação de comprar para vender, D – M – D', a forma simples do capital, por inteiro encerrada no processo de circulação, sem interromper-se pelo intervalo do processo de produção, que se situa fora do movimento e da função que dela são próprios (C, III, p. 363).

Para o capitalista produtivo, a venda da mercadoria é a realização da mais-valia gerada na produção, isto é, a transformação do capital-mercadoria em capital-dinheiro, M' – D'; para o capitalista comercial é a primeira das duas operações necessárias à valorização de seu capital, D – M. Mas para o capital-mercadoria, essa operação é apenas uma transferência de propriedade, pois, uma vez que não foi vendida ao consumidor, permanece no mercado. Essa transferência não realiza a metamorfose que o fará capital-dinheiro. Desse modo, o capital-mercadoria que existe no mercado como propriedade do comerciante é o capital produtivo em sua forma transitória de mercadoria, percorrendo o processo de circulação que possibilita sua transformação em dinheiro. O capitalista comercial antecipa, *para o capitalista produtivo*, o processo de circulação, embora o capital-mercadoria ainda não tenha circulado de fato.

> O capital comercial, portanto, nada mais é do que o capital-mercadoria que o produtor fornece e tem de passar por processo de transformação em dinheiro, de efetuar a função de capital-mercadoria no mercado, com a diferença apenas de que essa função, em vez de ser operação acessória do produtor, surge como operação exclusiva de variedade especial de capitalistas, os comerciantes, e adquire autonomia como negócio correspondente a um investimento específico (C, III, p. 364-5).

Ainda nas palavras de Marx, "parece ter ocorrido apenas uma mudança das pessoas que detêm esse capital" (C, III, p. 369). Mas, de uma função acessória do capital produtivo, que não cria valor e implica custo, a metamorfose do capital-mercadoria em capital-dinheiro, efetivada pelo processo de compra e venda das mercadorias, torna-se atividade que proporciona valorização de um capital autônomo:

> Assim, o capital-mercadoria, quando capital comercial, toma a figura de uma espécie autônoma de capital, por adiantar o comerciante capital-dinheiro que só se valoriza e funciona como capital, ocupando-se exclusivamente em propiciar a metamorfose do capital-mercadoria, a função do capital-mercadoria, sua transformação em dinheiro, o que faz por meio de compra e venda contínuas de mercadorias (*C, III*, p. 368).

O comércio pode consistir em negócio autônomo porque é atividade que possibilita ao capital investido funcionar como capital, ou seja, expandir-se. O que permite ao comércio, que como função do capital produtivo social implica custo, tornar-se atividade que valoriza o capital particular do comerciante, é sua autonomização. Quando a fração do capital social que deve manter-se na circulação se torna propriedade dos capitalistas comerciantes, estes passam a dispor de um capital próprio, que investem com vistas à valorização. Contudo, a atividade comercial não muda sua natureza por alterar-se seu agente, isto é, não passa a gerar valor ao se tornar função de uma classe particular de capitalistas. Assim, por um lado, a autonomia do capital de circulação com relação ao produtivo não faz com que este engendre de fato uma nova valorização, social, antes inexistente, mas, por outro, permite-lhe atrair para si magnitudes de valor na forma de lucro. O que o advento do capital comercial acarreta, como autonomia da função do capital-mercadoria social, é uma transformação na relação entre o capital produtivo e o capital de circulação. Se o último era antes apenas função do primeiro, custo necessário de sua realização, ao separarem-se enquanto propriedade, isto é, ao tornarem-se propriedade de capitalistas distintos, passam a se relacionar da mesma forma que quaisquer capitais particulares autônomos: tornam-se concorrentes.[7] É no mercado, por meio das relações de concorrência tanto no interior do próprio ramo (comércio) quanto com os capitais investidos na produção, que o capital comercial atrai para si o lucro comercial, forma de sua valorização.

Como variedade do capital mercantil, o capital comercial se valoriza no interior da esfera de circulação, especificamente por meio da compra e da venda de mercadorias. Assim, a magnitude do lucro comercial consiste, de modo geral, na diferença entre o preço de compra e o de venda das mercadorias. Como as transmutações formais das mercadorias não geram valor, o lucro de que o comerciante se apropria é parte da mais-valia socialmente produzida. Esta é criada apenas sob o capital produtivo, mas o que se apresenta no mercado é um conjunto diverso de capitais que se valorizam independente de serem empregados em atividade produtiva ou comercial. *É a própria valorização que confere a determinada magnitude de valor a função de capital*, e não o contrário: "Dinheiro – considerado aqui expressão autônoma de certa soma de valor, exista ela em dinheiro ou em mercadorias – pode na produção capitalista transformar-se em capital, quando esse valor determinado se transforma em valor que acresce, que se expande" (*C, III*, p. 453). Embora do ponto de vista social esta expansão se dê apenas pelo consumo produtivo do trabalho, devido à autonomização de funções esta não é a única forma de valorização para o capital individual.

---

7 O capital comercial é, historicamente, muito anterior ao capital produtivo, ou seja, ao modo capitalista de produção. Ao tratar do capital comercial, Marx aborda a conjuntura histórico-social em que, tendo se generalizado a produção como produção de capital, e por conseguinte a condição assalariada do trabalho, o conjunto da mercadoria comercializada é resultado da produção capitalista: "Só quando se implanta o modo capitalista de produção e o próprio produtor se torna comerciante, o lucro mercantil se reduz à parte alíquota – da mais-valia global – que cabe ao capital mercantil, por sua vez parte alíquota do capital global ocupado no processo social de reprodução" (*C, III*, p. 385) Antes disso, o comerciante valoriza seu capital individual por meio de trocas desiguais: "É evidente que o lucro comercial puro, independente, não pode aparecer quando os produtos se vendem por seus valores. Comprar barato para vender caro é a lei do comércio. Não se trata, portanto, de trocar equivalentes" (*C, III*, p. 440).

Como afirmado acima, parte do capital produtivo retém-se no mercado para realizar o processo de circulação. Quando essa parcela do capital se autonomiza da produção, o capital produtivo social deve pagar sua valorização na mesma proporção de qualquer parte alíquota do capital, isto é, o capital comercial deve expandir-se de acordo com a taxa média de lucro, caso contrário não poderia se constituir como um investimento capitalista autônomo. Desse modo, para que o capital produtivo lance mão do comerciante para os processos de realização de seu capital, essa intermediação deve gerar uma redução dos custos de reprodução do capital. A concorrência produz uma divisão do trabalho de produção e circulação do valor entre os capitalistas que, não obstante a necessária valorização do capital comercial, reduz os custos sociais de reprodução do capital produtivo. Isso acontece mediante a minimização da parcela do capital social que permanece retida na esfera da circulação. Assim, parte maior do capital social pode ser empregada em atividade produtiva e, uma vez que a parte improdutiva se reduz, a taxa geral de lucro aumenta.

Há quatro razões centrais pelas quais a autonomia do capital da circulação contribui para a redução da parcela do capital social que necessariamente não se valoriza. Em primeiro lugar, o comerciante realiza, com mesmo desembolso de capital, as rotações de vários capitais produtivos: compra e revende mercadorias de diversos produtores antes que lancem nova remessa de mercadorias no mercado. Essa reserva, quando tornada capital comercial, dinamiza o movimento de circulação porque se liberta dos limites de uma produção isolada. Assim,

> (...) ao servir em diferentes rotações, para converter em dinheiro sucessivamente diferentes capitais-mercadoria, comprando-os e vendendo-os um depois do outro, efetua como capital-dinheiro, em relação ao capital-mercadoria, a mesma função que o dinheiro com seus movimentos perfaz num período dado em relação às mercadorias (*C, III*, p. 371-2),

ou seja, realiza muitas vezes o equivalente a seu valor. Com isso, considerando-se o capital social, o capital comercial reduz a reserva monetária destinada aos processos de circulação. Essa redução se acentua quando o dinheiro assume a função de meio de pagamento, em que se compra capital-mercadoria para pagamento futuro. Se o comerciante vende a mercadoria antes do prazo em que deve o retorno em dinheiro para o produtor, não é preciso adiantamento algum de capital para a compra. O desenvolvimento dessa função do dinheiro também reduz a necessária parcela do capital social cativa da esfera da circulação.

Em segundo lugar, "converte-se a mercadoria mais rapidamente em dinheiro para o respectivo produtor" (*C, III*, p. 370), pois adianta para ele o capital-dinheiro, permitindo prontamente novo investimento na produção; além disso, de fato converte sua mercadoria em dinheiro em menos tempo, pois se dedica exclusivamente a essa atividade: "o próprio capital-mercadoria efetua mais prontamente sua metamorfose do que o faria nas mãos do produtor" (*C, III*, p. 370). Portanto, em termos relativos (para o produtor, cujo retorno em dinheiro é adiantado) e em termos absolutos (considerando-se a realização do capital-mercadoria social), o capital comercial reduz o tempo de circulação do capital produtivo. Como a rotação do capital industrial constitui-se do tempo de produção e do tempo de circulação, a redução deste último é também a do tempo de rotação. "Ao encurtar o tempo de circulação, [o capital mercantil] aumenta a proporção da mais-valia com o capital adiantado, portanto, a taxa de lucro" (*C, III*, p. 375) do capital produtivo.

Além da redução tanto do tempo de circulação quanto da reserva monetária destinada aos processos de circulação, a divisão de trabalho que concentra as atividades mercantis em um grupo particular de capitalistas acarreta uma diminuição dos custos adicionais de circulação que se somam ao capital necessário para a compra de mercadorias, ou seja, da quantidade de meios e força de trabalho necessários para operar o comércio.[8] Ao concentrar

---

8   Nesses custos de circulação propriamente ditos, distintos da reserva monetária necessária à compra e venda de mercadorias, inclui-se o salário do trabalhador improdutivo do comércio, de que trataremos adiante, no terceiro item deste capítulo.

as operações envolvidas na metamorfose de capitais-mercadorias de produtores diversos, utiliza menos força de trabalho e meios objetivos do que todos os produtores teriam de empregar se cada um realizasse por si mesmo suas atividades mercantis. Há economia também de custos de circulação que consistem em "atividades reais", processos produtivos que continuam na esfera da circulação, "como estocagem, expedição, transporte, classificação, fracionamento de mercadorias" (*C, III*, p. 380), tanto nos meios como na força de trabalho requerida. Como o afirma Marx, um depósito grande custa menos que vários pequenos, assim como o tempo de trabalho necessário à contabilidade que lida com números grandes é o mesmo que o que lida com números pequenos: "Quanto ao tempo que se gasta, tanto faz calcular com números grandes quanto com números pequenos" (*C, III*, p. 394).

O capital comercial, fazendo das atividades mercantis seu único negócio, por meio do qual concorre com os demais capitais do ramo para expandir-se, impele ao desenvolvimento da produtividade de tais atividades como qualquer outro capital, isto é, à redução dos custos, não de produção, mas, analogamente, de circulação. Investe, pela mesma razão, na ampliação do mercado ou criação de novos mercados. A ampliação dos mercados permite ao capital industrial produzir em maior escala e assim "favorece a produtividade do capital industrial e a respectiva acumulação" (*C, III*, p. 375).

Em resumo, "trata-se de duas formas de existência diferentes, distintas do mesmo capital. Parte do capital total da sociedade encontra-se sempre no mercado nessa forma de existência de capital de circulação, em via de metamorfosear-se" (*C, III*, p. 362). É essa parte do capital que se torna propriedade dos capitalistas comerciantes, que autonomamente realizam suas funções próprias. "Essa fração encontra-se agora reduzida nas mãos do capitalista comerciante" (*C, III*, p. 374), pois, ao se tornar autônomo, o capital comercial impõe a concorrência capitalista no interior do ramo. Se "o capital mercantil não cria valor nem mais-valia" (*C, III*, p. 375), caracterizando-se como socialmente improdutivo, pode ser indiretamente produtivo, uma vez que a redução dos custos e do tempo de circulação aumenta a proporção do capital aplicado na produção, e a ampliação dos mercados a expande. Contribui, desse modo, para aumentar a escala em que o capital produz, expandindo e aprofundando o modo capitalista de produção, e "pode indiretamente contribuir para aumentar a mais-valia produzida pelo capital industrial" (*C, III*, p. 375). O capital comercial é, pois, um modo da divisão social do trabalho que torna menos custoso e por isso mais produtivo para o capital social o necessário processo de circulação do capital industrial. Mas mantém-se como um momento da reprodução do capital produtivo, que consiste na função do capital-mercadoria.

A participação na concorrência capitalista que a autonomia do capital comercial possibilita gera a produtividade indireta que este confere ao capital social. Também por meio da concorrência, esse capital de circulação se remunera de acordo com a taxa média de lucro:

> (...) o capital que funciona de maneira autônoma no processo de circulação tem de proporcionar, como o que opera nos diversos ramos da produção, o lucro médio anual. Se o capital mercantil fornecesse lucro médio percentual maior que o capital industrial, parte deste se converteria em capital mercantil. Se o lucro médio fosse menor, haveria o processo oposto (*C, III*, p. 380).

Se a atividade comercial, improdutiva, valoriza-se como capital autônomo, "é claro que a mais-valia que lhe cabe, na forma de lucro médio, constitui parte da mais-valia produzida pelo capital produtivo" (*C, III*, p. 380). Também os capitais particulares investidos nos diferentes ramos da produção apropriam-se da mais-valia criada pelo capital produtivo social, na mesma forma de lucro médio, isto é, remuneram-se como partes alíquotas do capital social. É evidente o modo como os capitais produtivos atraem para si essa parcela da mais-valia social, a saber, por meio da venda das mercadorias que produzem. "Mas como consegue o capital mercantil puxar para si essa cota de mais-valia ou lucro?" (*C, III*, p. 380)

A atividade do capital comercial é "efetuar a venda iniciada pelo capitalista produtivo", por meio da qual esse último realiza o lucro. Como essa é sua única atividade, "o objetivo do comerciante é não só realizar, mas, antes de mais nada, gerar o lucro na circulação e por meio dela" (C, III, p. 381), especificamente, na diferença entre o preço de compra e o preço de venda da mercadoria. Para o capital produtivo, essa diferença é a que existe entre o preço de custo e o preço de produção, custo acrescido do lucro médio, forma transfigurada da mais-valia. Para que parte da mais-valia produzida aflua para o comerciante, o capital produtivo deve deduzir do preço de produção, pelo qual vende a mercadoria para o capital comercial, o lucro do comerciante. Este compra a mercadoria abaixo de seu preço de produção – ou, considerando-se o conjunto das mercadorias produzidas, abaixo de seu valor – e vende-as para o consumidor por seu preço de produção integral. Quando a mercadoria é por fim vendida ao consumidor, realizando seu valor total, o comerciante incorpora a parcela não paga para o capital produtivo, e nisso consiste o lucro que valoriza o capital comercial. No exemplo de Marx (C, III, p. 383), supõe-se um capital social (adiantado em um ano) de 1000, do qual 90% é produtivo e 10% comercial. Assume-se que a composição orgânica média do capital produtivo (900) é 720 capital constante e 180 capital variável, funcionando com taxa média de mais-valia de 100%. Assim, o produto total, ou capital-mercadoria social, contém um valor de 1080 (720c+180v+180m). Nessas condições e considerando-se apenas o capital produtivo, a taxa média de lucro é de 20% (180/900), e o preço de produção da mercadoria social é de 1080 (para o produto total, valor e preço de produção são iguais). Entretanto, o capital comercial é "um capital que participa do lucro, sem participar de sua produção" (C, III, p. 383), de modo que a mais-valia ou lucro social de 180 deve repartir-se não apenas pelo capital produtivo de 900, mas pelo capital total de 1000 e, assim, incluir o lucro comercial. Desse modo, a taxa geral de lucro reduz-se para 18% (180/1000). Para que o capital comercial de 100 se aproprie de taxa de lucro de 18% (18), o capital produtivo deve abater essa magnitude do preço de produção, vendendo o produto total por 1062 (1080 – 18). Ou, o que dá no mesmo, acrescentar 18% de lucro ao preço de custo do produto social (900 + 162 = 1062). Ao vender a mercadoria para o capital comercial, o capital produtivo realiza apenas uma parcela da mais-valia contida no produto social. Com a venda final, o comerciante realiza de fato o valor total da mercadoria e se apropria da mais-valia restante, que não pagou ao capital produtivo, e que consiste na diferença entre o preço de compra (1062) e o de venda (1080). Essa diferença perfaz 18% do total do capital comercial adiantado de 100, lucro que se realiza por meio de compras e vendas sucessivas efetuadas por esse capital. Com a participação do capital comercial na formação da taxa de lucro, o preço de produção das mercadorias particulares também se reduz: se antes constituía-se do preço de custo acrescido de 20% de lucro, soma-se agora 18% ao custo, proporção que o lucro médio assume ao ser repartido com o capital comercial. Assim, o valor total do produto social compõe-se da soma do preço de custo com o lucro médio – preço de produção – mais o lucro comercial.

O capital comercial constitui o capital social e por isso está incluído na formação da taxa geral de lucro, como parte alíquota do capital social. Por isso, influi no sentido de reduzir a taxa média de lucro. Em outras palavras, se a taxa média de lucro é determinada pela soma das diversas magnitudes de mais-valia produzidas por cada parte alíquota do capital, que então se divide pelo número de partes alíquotas, constituindo uma média, o capital comercial é parte alíquota do capital social que contribui com uma magnitude de mais-valia igual a zero. Produz o lucro comercial na circulação, ao comprar a mercadoria social por valor inferior ao que contém e vendê-lo por seu valor, apropriando-se da diferença. Há, entretanto, entre a compra e a venda da mercadoria, custos de circulação: para que a atividade mercantil se efetive, são necessários meios (escritórios etc.) e força de trabalho. A circulação requer, portanto, capital constante e variável, que ultrapassa a magnitude do valor necessário para a compra das mercadorias. Entre os custos pagos por esse capital adicional, encontra-se o salário do trabalhador improdutivo do comércio, e por isso interessa especialmente compreender de que modo o capital social paga esses custos.

Antes, porém, de abordar os custos do capital comercial, especificamente o trabalho improdutivo, cumpre examinar os meios pelos quais o capital a juro, que como forma do capital mercantil não produz valor nem mais-valia, atrai para si uma parcela da mais-valia social.

O capital a juro é a função de valorização do capital financeiro. Do mesmo modo que o capital comercial, o capital financeiro é anterior ao modo de produção capitalista, mas trataremos de sua função social no interior desta forma específica de sociabilidade. O processo de reprodução do capital social exige que sejam efetivados movimentos técnicos do dinheiro, que consistem em pagamentos e recebimentos diversos. A contínua necessidade de realizar operações com o dinheiro exige que parte do capital industrial e comercial permaneça sob essa forma, na esfera da circulação, reservado especificamente para cumprir tais funções: "Parte do capital industrial, e também do capital comercial, na forma dinheiro, existiria sempre não só como capital-dinheiro em geral, mas como capital-dinheiro empenhado apenas nessas funções técnicas" (*C, III*, p. 421).

O valor, na forma de dinheiro, que permanece reservado para a efetivação das operações técnicas que o processo de reprodução do capital exige consiste em tesouro, mas tesouro capitalista, ou seja, capital-dinheiro potencial:

> Parte determinada do capital deve existir constantemente como tesouro, como capital-dinheiro potencial: reserva de meios de compra, reserva de meios de pagamento, capital vadio na forma dinheiro à espera de aplicação; e, nessa forma, parte do capital reflui sem cessar. Além dos recebimentos, pagamentos e contabilidade, torna-se necessária a guarda do tesouro, que por sua vez é uma operação particular. Ela se caracteriza de fato pela transformação constante do tesouro em meios de circulação e em meios de pagamento e pela restituição dele com o dinheiro obtido com as vendas e com os pagamentos vencidos (*C, III*, p. 422).

Quando a efetivação dessas operações técnicas com o dinheiro bem como a guarda do tesouro tornam-se funções de um capital particular, por meio das quais esse capital se valoriza, estabelece-se o capital financeiro. Do mesmo modo que o capital comercial consiste em autonomização ou desdobramento de uma função determinada do capital produtivo, também o capital financeiro é a propriedade autônoma da parte do capital que socialmente deve permanecer na forma de dinheiro para a realização das operações técnicas. Essas operações requerem trabalho e meios de trabalho, ou seja, custo para o capital, que compõe os custos de circulação. Esses se reduzem quando concentrados como função de um capital particular, e é precisamente a redução dos custos de circulação requeridos pelas funções técnicas do dinheiro que impulsiona a autonomia do capital que se constitui como financeiro nessa autonomização. Ao tornarem-se função própria de uma espécie particular de capital e concentrarem-se, as operações técnicas do dinheiro originam o comércio de dinheiro: "As diferentes operações que, ao se tornarem autônomas convertidas em negócio especiais, dão origem ao comércio de dinheiro resultam das diversas destinações do próprio dinheiro e de suas funções, que também o capital na forma de capital-dinheiro tem de exercer" (*C, III*, 423). O comércio de dinheiro constitui o capital a juro como forma própria de valorização do capital financeiro:

> Quando, nessa mediação técnica da circulação de dinheiro, o capital-dinheiro for adiantado por categoria especial de capitalistas – um capital que representa, reduzindo a escala, o capital adicional que, não fora essa ocorrência, os próprios comerciantes e os capitalistas industriais teriam de adiantar para esse fim –, temos, também aí, a forma geral do capital D – D'. Ao adiantar D, quem o desembolsa obtém D + ΔD (*C, III*, p. 429).

Examinemos, então, como se dá a valorização do capital na forma de capital a juro. Ao relacionarem-se no mercado, por meio da concorrência, os capitais produtivos e comerciais constituem para si mesmos a taxa geral de lucro.

Assim, realizam igual lucro percentual, e apropriam-se, portanto, da mesma proporção da mais-valia social. A distribuição da mais-valia realiza-se pelas relações concorrenciais no interior da esfera da circulação, e é indiferente à incorporação de mais-valia o ramo da produção ou da circulação em que o capital é investido. Também o capital a juro atrai para si parte da mais-valia produzida socialmente por meio da concorrência, mas não participa da formação da taxa geral de lucro, nem se remunera por meio dela. Por isso, sua valorização não toma a forma de lucro, mas de juro. A atividade por meio da qual o capital a juro se valoriza é o empréstimo ou aluguel de capital, mais precisamente, de dinheiro por sua possibilidade de se fazer capital. O dinheiro, que em si mesmo é "expressão autônoma de certa soma de valor" (*C, III*, p. 453), surge historicamente para desempenhar a função de meio de circulação de mercadorias, sendo esse seu valor de uso primeiro. No modo de produção do capital, o dinheiro, sem despojar-se desse valor de uso, mas antes, com base nele, desenvolve e generaliza outra utilidade, que consiste em sua capacidade de funcionar como capital.

Dinheiro é capital quando o valor determinado que expressa "se transforma em valor que se acresce, que se expande" (*C, III*, p. 453). O desenvolvimento social desse valor de uso específico do dinheiro advém da generalização das relações sociais capitalistas de produção, em que a forma geral do trabalho livre assalariado capacita "o capitalista a extrair dos trabalhadores determinada quantidade de trabalho não-pago – produto excedente e mais-valia – e dela apropriar-se" (*C, III*, p. 453). Esse é, pois, o valor de uso do dinheiro quando investido pelos capitais produtivo e comercial. Ambos levam seu dinheiro ao mercado e acrescentam à magnitude primitiva de seu capital-dinheiro a taxa média de lucro. Para que o capital comercial se valorize, são necessárias metamorfoses de seu capital-dinheiro em capital-mercadoria e vice-versa; para a valorização do capital produtivo, além das metamorfoses realizadas na esfera da circulação, é necessária a retirada para a esfera da produção, que gesta o lucro do capital social. Mas, independente das atividades necessárias à sua efetivação, o valor de uso do dinheiro "consiste agora justamente no lucro que produz, uma vez transformado em capital (*C, III*, p. 453-4).

A especificidade do capital a juro, sua atividade própria, é a de transformar o dinheiro, por sua função de fazer-se capital ou, mais precisamente, o capital em mercadoria. O dinheiro, "nessa qualidade de capital potencial, de meio de produzir lucro, torna-se mercadoria, mas mercadoria de gênero peculiar. Vale dizer – o capital como capital se torna mercadoria" (*C, III*, p. 454). O proprietário que pretende alcançar a valorização de seu capital na forma de juro aliena-o para um terceiro por prazo determinado, em cujo termo deve ser reembolsado da mesma magnitude de valor acrescida de juro. Assim, o dinheiro, expressão de valor, se faz mercadoria por sua potencial condição de capital ou valor que se expande. Seu valor de uso consiste em ser valor e, como tal, trazer em si a possibilidade de gerar lucro para aquele que o emprega como capital:

> (...) é o valor-de-uso que o dinheiro adquire por converter-se em capital, poder funcionar como capital e assim produzir em seu movimento determinada mais-
> -valia, o lucro médio (o que está acima ou abaixo deste considera-se aqui fortuito), ao mesmo tempo conservando a magnitude primitiva do valor (*C, III*, 467).

O capital a juro faz do capital *em si* mercadoria porque vende, ou aliena, esse seu valor de uso específico. Mas uma mercadoria peculiar, pois, por meio do consumo do valor de uso, ao contrário das outras mercadorias, não apenas mantém seu valor, como o acresce, por meio da incorporação dos juros. Por isso, tal mercadoria não é vendida. Se isso ocorresse, o capital não seria alienado *como capital*, mas trocado por dinheiro ou mercadoria de valor equivalente: consistiria, então, em um ato de circulação simples, e o capital alienado não se valorizaria. Além disso, o valor não se teria alienado: como qualquer outra mercadoria vendida, teria apenas transmutado sua forma útil, mantendo o valor. No entanto, sendo a mercadoria capital, não há outro valor de uso a alienar que o próprio valor. Nesse sentido, a venda, que implica equivalência de valor, seria irracional, porque impediria a alienação de seu valor de uso específico. O modo específico de realização da mercadoria capital é "o empréstimo de dinheiro como capital – a cessão condicionada à restituição após determinado prazo", e a contrapartida da troca é o efetivo retorno do dinheiro tendo levado a cabo sua função de capital, isto é, expandido. O acréscimo que retorna conjuntamente com o capital emprestado é o juro: "(...) o capital de empréstimo, embora categoria absolutamente diversa da mercadoria, torna-se mercadoria *sui generis*, e seu preço é o juro" (*C, III*, p. 486). Mas, uma vez que não é o empréstimo ou sua restituição que fazem do dinheiro emprestado capital, o capitalista que tomou emprestado deve ser ativo, isto é, empregar de fato o dinheiro como capital produtivo ou comercial e reavê-lo acrescido do lucro médio relativo a determinado tempo. O juro é parte do lucro, porcentagem que deve então ser cedida ao prestamista como pagamento pelo empréstimo do capital, além da restituição do valor primitivo. Como parcela do lucro realizado por esse capital, "o juro exprime a valorização do capital-dinheiro e aparece por isso como o preço que por esse capital se paga ao prestamista" (*C, III*, p. 471).

A atividade própria do capital a juro restringe-se ao empréstimo e ao retorno, mediados apenas pelo tempo: "Cessão, empréstimo de dinheiro por determinado prazo e devolução do dinheiro com juros (mais-valia) é a forma toda do movimento próprio do capital a juros como tal" (*C, III*, p. 464). No intervalo, o dinheiro emprestado, investido na produção ou na circulação, funciona de fato como capital e realiza todo seu ciclo de reprodução. Assim:

> O mesmo capital aparece sob duplo aspecto, como capital de empréstimo nas mãos do prestamista e como capital industrial ou comercial nas mãos do capitalista-empresário. Mas, uma vez só, funciona e produz lucro. No processo de produção, o capital na qualidade de capital de empréstimo não desempenha papel algum (*C, III*, p. 483-4).

Como se torna realmente capital apenas por meio da atividade do capitalista ativo, as atividades próprias ao capital a juros "sucedem antes e depois do movimento efetivo do capital, sem ter com ele relação". (*C, III*, p. 464)."O movimento efetivo como capital do dinheiro emprestado é uma operação que transcende as transações entre prestamistas e prestatários" (*C, III*, p. 464). O que distingue o capital a juro dos capitais ativos "é a forma externa do retorno, dissociada do ciclo mediador" (*C, III*, p. 463) que produz esse retorno. Por conseguinte, o movimento do capital a juro não integra o ciclo de reprodução desse capital, não participa do processo que leva à sua valorização, e por essa razão não toma parte na composição da taxa geral de lucro. O juro que cada capitalista deve pagar pelo empréstimo deduz-se de seu lucro individual, e não altera, de modo imediato, as relações de seu capital ativo com os outros capitais.

A magnitude da taxa de juros, isto é, a porcentagem do lucro que deve retornar ao proprietário do capital emprestado a juro não se determina pelas leis econômicas que regem o movimento dos capitais. Essas leis expressam formas de atividade e relação necessárias ao capital, intrínsecas à sua natureza. Assim, por exemplo, o movimento pela redução dos custos de produção e circulação é uma lei, pois se predica da necessidade constante de expansão do capital; também o é a do nivelamento da taxa de lucro, que incessantemente redistribui o capital social entre os múltiplos ramos. Ao contrário, a magnitude média da taxa de juros não se define por lei econômica, e por conseguinte não é necessária:

> A taxa média de juros dominante num país – distinta das taxas de mercado, sempre oscilantes – não é determinável por lei alguma. Não existe essa espécie de taxa natural de juro, no sentido em que os economistas falam de uma taxa natural de lucro e de uma taxa natural de salário (*C, III*, p. 482).

Contudo, ela deve se limitar pela magnitude do lucro social médio, do qual é parte. São as relações entre oferta e procura por capital como mercadoria que determinam, em conjunturas sociais específicas, a taxa de juros. Mas, quando oferta e procura se equilibram, anulando sua ação sobre a taxa de juros, não dão lugar a outra relação necessária entre os múltiplos capitais que possa delimitá-la. "E por que não se pode inferir de leis gerais os limites da taxa média de juro? A resposta está simplesmente na natureza do juro: não passa de parte do lucro médio" (C, III, p. 483).

Essas relações de oferta e procura, por sua vez, são condicionadas por diversas outras circunstâncias econômicas, como o momento do ciclo do capital industrial: "verificamos que, em regra, a baixa do juro corresponde aos períodos de prosperidade ou de lucros extraordinários; a alta do juro, à transição da prosperidade para o reverso dela, e o máximo do juro até o extremo limite da usura, à crise" (C, III, p. 478-9). Na realidade, diversas relações conjunturais concorrem para determinar a taxa de juros, e ela pode inclusive ultrapassar momentaneamente a taxa de lucro. É possível obter a taxa média de juros examinando as reais taxas de lucro em intervalo de tempo determinado: "Para achar a taxa média do juro, é necessário calcular (1) a taxa média de juros correspondente às variações observadas nos grandes ciclos industriais e (2) a taxa de juros em investimentos em que o capital é emprestado por prazo longo" (C, III, p. 482). Mas, "nos casos em que a concorrência como tal decide, a determinação em si mesma é casual, meramente empírica" (C, III, p. 482).

Em sua forma de capital a juro, o capital se separa dos processos que o tornam capital de fato, estabelecendo

> a relação do capital consigo mesmo, na qual se representa – quando consideramos o processo capitalista de produção em sua totalidade e unidade – e na qual é dinheiro que gera dinheiro, a ele passa a incorporar-se pura e simplesmente, sem o movimento mediador, como característica e vocação próprias (C, III, p. 460).

No juro, a valorização do capital se separa do ciclo efetivo de reprodução, "passa a incorporar-se pura e simplesmente, (...) como característica e vocação próprias", e é isto que a autonomia do capital-dinheiro significa. O desenvolvimento desta autonomização – que é o desenvolvimento do capital a juro – responde à necessidade de progressiva dinamização dos fluxos de capitais. Acompanha, pois, a expansão da produção capitalista. Quando se torna possível a cada capital singular ser empregado a juro, o dinheiro se faz capital--dinheiro em si, ou seja, a função de capital passa a compor a natureza do dinheiro. E isto é devido à subsunção do conjunto da produção ao capital:

> Dinheiro e mercadoria são em si capital potencial – como a força de trabalho – pelas seguintes razões: (1) o dinheiro pode transformar-se em elementos da produção e é, como dinheiro, mera expressão abstrata deles, a existência deles em valor; (2) os elementos materiais da riqueza possuem a propriedade de já serem capital potencial, pois o contrário que os complementa, o que faz deles capital – o trabalho assalariado – existe no regime de produção capitalista (*C, III*, p. 472).

A constituição do modo de produção baseado no trabalho assalariado faz do dinheiro – expressão de valor – capital-dinheiro em si, cujo potencial se atualiza tão logo integre a produção social. É porque o conjunto da produção é capitalista, e em consequência o conjunto do trabalho empregado na produção é produtivo de mais-valia, que o capital pode generalizar socialmente sua forma de capital a juro: o valor carrega em si a possibilidade de apropriar-se de trabalho não pago porque, ao consistir em propriedade privada do produto do trabalho social, repõe continuamente a condição assalariada do trabalho. A apropriação privada dos meios de produção e de vida confere a esses mesmos meios a condição de capital, isto é, a possibilidade de comandar trabalho alheio. Com isso, transforma a própria força de trabalho em capital. Capital é, pois, um modo social específico de domínio sobre o trabalho: o capital comanda o trabalho privando seus agentes de meios de produção e de vida, e transformando-os com isso em "trabalhadores em sua nudez", ou classe trabalhadora. Quanto maior a produção de riqueza realizada pelos trabalhadores, maior é o domínio da propriedade privada sobre o trabalho, pois mais ampla é sua privação:

> Os meios de produção aos quais se incorpora a força de trabalho adicional e os meios de subsistência com os quais se mantém essa força não são mais do que elementos integrantes do produto excedente, do tributo que a classe capitalista anualmente extrai da classe trabalhadora (*C, I*, p. 680).

A propriedade privada dos meios de produção confere ao proprietário o direito à apropriação do trabalho excedente daqueles que são privados de meios de vida. Cada nova valorização do capital, posto que consiste em incorporação de novo produto do trabalho social, aprofunda a relação de domínio sobre o trabalho ao ampliar sua privação relativamente à riqueza criada, isto é, à magnitude dos meios objetivos de dominação.[9] Todo capital é meio de produção de capital e, por isso, nas formas objetivas que assume de dinheiro e mercadoria, o capital traz em si a capacidade de expandir-se:

> A predestinação social antinômica da riqueza material – sua oposição ao trabalho na condição de trabalho assalariado – já se expressa, dissociada do processo de produção, no direito mesmo de propriedade do capital. Esse aspecto particular, isolado do próprio processo capitalista de produção, deste sendo resultado constante e, como tal, condição permanente, revela-se na circunstância de o dinheiro e a mercadoria serem em si mesmos capital latente, potencial, de poderem ser vendidos

---

[9] Marx já afirmara: "A aplicação prática do direito humano de liberdade é o direito da *propriedade privada*. (...) Esta liberdade individual e a respectiva aplicação formam a base da sociedade civil. Leva cada homem a ver nos outros homens, não a *realização*, mas a *limitação* da sua própria liberdade" (*A Questão Judaica*, p. 57).

como capital e nessa forma comandarem trabalho alheio, darem direito ao ato de apropriarem-se de trabalho alheio, sendo, portanto, valor que se expande. Está claro que esses elementos é que constituem o título e o meio de apropriar-se de trabalho alheio, e não trabalho algum efetuado pelo capitalista (*C, III*, p. 472).

O meio de apropriar-se do trabalho alheio e o título de propriedade sobre esse trabalho consistem na mera propriedade do capital, isto é, de dinheiro e mercadoria que, na condição de resultado de um modo de produção baseado no trabalho assalariado, adquirem a condição de capital latente, potencial. Podem ser vendidos como capital e *nessa forma* comandam trabalho alheio, não sendo necessária a exploração imediata do trabalho produtivo para obterem essa qualidade, pois "o que faz deles capital – o trabalho assalariado – existe no regime de produção capitalista". Todo capital, como propriedade privada de produto social, independente de empregar-se na exploração direta do trabalho produtivo, é resultado dessa exploração. Mas é também ponto de partida, na medida em que constantemente renova, aprofundando, o modo de produção social que se baseia nesse tipo específico de comando sobre o trabalho.

Nesse sentido, o capital a juro expressa de forma pura as relações capitalistas de produção porque manifesta o poder de comandar trabalho alheio por meio da mera propriedade do capital, dissociada do comando efetivo da força de trabalho (capital produtivo) ou de seu produto concreto (capital comercial):

> O juro em si expressa justamente que as condições de trabalho existem como capital, em oposição social ao trabalho (...). Representa a nua propriedade do capital como meio de apropriar-se de produtos do trabalho alheio. Mas representa esse caráter do capital como algo que lhe cabe fora do processo de produção e que não provém de maneira alguma da

destinação especificamente capitalista do próprio processo de produção (*C, III*, p. 506).

Mas uma vez que a propriedade de capital é em si mesma o direito de comandar o trabalho, todo capital, seja empregado na produção, no comércio, ou emprestado efetivamente como capital a juro, torna-se capital portador de juros em si. Se, na realidade, o dinheiro se faz capital-dinheiro em si pela possibilidade efetiva de ser empregado na produção de mais-valia, o que a atividade do capital a juro apresenta é o inverso: autonomia para produzir juro, ou valorizar-se externamente ao processo de reprodução do capital. Essa não é apenas a aparência do capital a juro, mas um fato empírico: na realidade, empresta-se capital a juro, cuja taxa é determinada juridicamente antes da produção e realização do lucro do qual é parte: "É que a taxa de juro – embora dependa da taxa geral de lucro – é determinada de maneira autônoma e, além disso, se revela – como o preço de mercado das mercadorias – relação fixa, uniforme e sempre dada, apesar de todas as oscilações" (*C, III*, p. 500). Se o lucro realizado com o capital emprestado superar em muito a taxa média, ou se esse não for sequer empregado como capital, deve-se a mesma taxa de juros pré-definida ao proprietário do dinheiro. Assim, por um lado, a magnitude da valorização do capital-dinheiro é estabelecida socialmente de forma jurídica, dissociada dos processos que a levam a cabo. Por outro, os capitalistas ativos que operam com capital emprestado devem deduzir os juros do lucro que realizam, e, por isso, parte desse lucro aparece como valorização própria ao capital-dinheiro emprestado. Não apenas aparece, mas de fato flui para o prestamista como rendimento de seu capital-dinheiro. O lucro do capitalista ativo se divide, desse modo, em duas parcelas originárias de funções distintas do capital: o juro, valorização própria ao capital-dinheiro emprestado, e, em oposição, o lucro do empresário, valorização alcançada pelo emprego ativo do capital. E porque o lucro se manifesta assim dividido, para todo proprietário de capital apresenta-se a possibilidade de empregá-lo ativamente na produção ou na circulação, ou como capital a juros. Por conseguinte, "as duas partes se cristalizam e se tornam independentes uma da outra, como se a origem de uma fosse essencialmente diversa da origem da outra, e essa circunstância impõe-se então necessariamente à totalidade da classe capitalista e do capital" (*C, III*, p. 498). É evidente, em primeiro lugar, que se todos os proprietários de capital quisessem emprestá-lo a juros, a queda na procura por capital como mercadoria obrigaria parte deles a empregá-lo novamente na produção e no comércio porque, em segundo lugar, o juro mantém-se como parte do lucro que o capital alcança no processo ativo de reprodução, que o valoriza por meio da extração de mais-valia. A opção de valorizar o capital-dinheiro apartado dos processos ativos, contudo, é verdadeira para cada capitalista isolado, já que não apenas ocorre empiricamente, como também a taxa dessa valorização – o juro – é um dado jurídico permanente, um fato econômico socialmente instituído, ainda que de magnitude variável. Dessa maneira,

> (...) continua valendo para o capitalista isolado o que é verdadeiro apenas para ele. Mesmo quando emprega capital próprio, necessariamente considera a parte de seu lucro médio – igual ao juro médio – como fruto de seu capital de per si, fora do processo de produção; e, contrastando com essa parte autônoma que é o juro, considera o restante do lucro bruto como puro lucro do empresário (*C, III*, p. 501).

Essa divisão real entre juro e lucro do empresário produz uma diferença qualitativa entre essas partes do lucro bruto, em que uma é produto do capital-dinheiro em si, outra da atividade do capitalista em empregá-lo. Com essa autonomia do capital-dinheiro, todo capital faz-se portador de juros em potencial, e por essa razão a repartição do lucro bruto entre juro e lucro do empresário estende-se à totalidade do capital. Marx afirma:

> O capital produtor de juros só se sustém como tal na medida em que o dinheiro emprestado se converte

efetivamente em capital, produzindo um excedente de que o juro é fração. Mas isso não exclui que, fora do processo de produção, nele se insira a qualidade de render juros (*C, III*, p. 505).

As relações sociais de produção determinam também a finalidade social da produção e de cada um dos seus elementos. A função social constitui atributo dos elementos da produção, não em sua existência imediata, mas em sua existência socialmente determinada. Assim, o dinheiro não produz juros espontaneamente, mas, ao se tornar mercadoria, assume a função social de capital a juro. A capacidade de render juros, de multiplicar-se, mantém-se como atributo do dinheiro mesmo fora do processo ativo de reprodução capitalista. Nesse sentido, Marx compara o capital a juros com a força de trabalho:

> A força de trabalho, por sua vez, só revela a propriedade de criar valor se atua e se realiza no processo de trabalho; mas isso não veda que seja, em si, potencialmente, como capacidade, a atividade geradora de valor, e nessa qualidade não provém do trabalho, sendo antes condição prévia dele. É adquirida pela capacidade de criar valor (*C, III*, p. 505).

Assim como é possível comprar força de trabalho para a realização de atividades diversas da produção de mais-valia ou de lucro, por exemplo, para serviços domésticos, mediante pagamento de salário, também se pode tomar dinheiro emprestado para consumi-lo como renda, contanto que o juro seja pago: "O que ele paga, nos dois casos [utilizando ou não o dinheiro como capital], é a mais-valia em si, virtualmente contida na mercadoria capital" (*C, III*, p. 505). No modo de produção em que a forma social do trabalho é assalariada, a propriedade de dinheiro identifica-se com a propriedade de mais-valia em si e, por conseguinte, lucro potencial. Daí o capital a juro ser a forma mais desenvolvida do capital, a expressão mais pura de sua natureza.[10]

O capital traz em si a necessidade de contínua expansão, e isso impele o desenvolvimento tanto da produtividade do trabalho quanto das relações entre os múltiplos capitais, ou seja, da concorrência: "(...) a mais-valia que os capitalistas, individualmente, realizam depende do logro recíproco como da exploração direta do trabalho" (*C, III*, p. 61). Todo capital individual participa na circulação, que se efetiva no mercado. Assim, se o capital impele à redução dos custos de produção por meio do aumento da produtividade do trabalho, também impõe a ampliação de mercados e o desenvolvimento da circulação de mercadorias para realizar a produção expandida. Essa imposição se efetua pelas relações de concorrência que separam as funções específicas do capital produtivo e do capital-mercadoria no processo de reprodução, desdobrando-as em capital produtivo e capital comercial. Do mesmo modo, a concorrência que incita a todos concomitantemente à busca por maiores lucros exige a dinamização das alocações de capital, isto é, ao desenvolvimento das formas de

---

[10] Capital é trabalho morto empregado na função de expandir-se por meio do comando de trabalho vivo. Para cumprir essa finalidade, o produto do trabalho social deve assumir a forma de riqueza abstrata, quantidades de valor capazes de transmutarem-se em qualquer produto útil. Porque é riqueza na forma própria a essa abstração, o capital-dinheiro que se valoriza sem deixar de existir como dinheiro é a expressão mais pura da natureza do capital: riqueza abstrata em contínua expansão. Mas é a renda da terra que demonstra que, a despeito da necessária forma abstrata da acumulação, o poder que o capital detém de comandar o trabalho vivo repousa na propriedade dos meios de produção enquanto *valores de uso*. É a privação dos objetos úteis necessários à reprodução da vida – e não a privação de *valor* – que obriga os produtores ao assalariamento e, por conseguinte, confere aos proprietários direito sobre o produto social, perpetuando a propriedade privada. A renda da terra o explicita na medida em que é a propriedade da terra, um valor de uso que não tem valor porque não foi criado pelo trabalho humano, que garante o direito a participar do produto social. Terra não é capital, mas um valor de uso necessário à reprodução da vida. Contudo, funciona como capital por meio do direito à renda. A contínua expansão de valor (riqueza abstrata) é levada a cabo a partir da mera propriedade de um valor de uso, sem investimento algum de capital. A renda da terra explicita que o capital é destinação necessária da propriedade privada.

transferência de capital de um investimento a outro.[11] É, portanto, o necessário desenvolvimento da concorrência, síntese das relações de distribuição do capital social, que o desdobra em produtivo, comercial e financeiro. Essas figuras do capital continuam a se desenvolver conforme o exige a contínua expansão do capital social: assim como a relação mercantil é intrínseca ao capital, é inerente ao desenvolvimento capitalista a complexificação dos capitais mercantis, resultado da própria expansão produtiva.[12]

A mais-valia é a substância da valorização de qualquer capital isolado, mas a efetiva incorporação de lucro se realiza no mercado: as atividades requeridas pela esfera da circulação são complemento necessário para que o trabalhador produtivo, na acepção geral, se constitua efetivamente como produtivo de capital. Se os capitais mercantis dependem da mediação do capital produtivo, que explora diretamente o trabalho produtivo e lança no mercado a mais-valia social na forma de mercadoria, também o capital produtivo depende da mediação dos capitais que realizam a mais-valia. O conjunto da reprodução do capital, em que estas figuras aparecem autonomi-zadas, define o capital. Para seu

---

11 "Nessa forma de produção de mercadorias, em que a economia se torna mais exponencialmente globalizada e financeirizada, os capitais passam a exigir maior mobilidade e, assim, maior liberdade de ação para investir ou desinvestir em qualquer ramo da economia, esteja este dentro ou fora de suas fronteiras de origem" (TEIXEIRA, F. "Marx ontem e hoje". In: TEIXEIRA, F.; FREDERICO, C. *Marx no século XXI*. São Paulo: Cortez, 2008, p. 113).

12 "Recorde-se de que, na cooperação simples e na manufatura, as formas de existência do capital (capital-dinheiro, capital produtivo e capital mercadoria) formavam um todo homogêneo e indiferenciado; vale dizer: cada capitalista era, a um só tempo, financiador, comerciante e produtor. Com o advento da grande indústria, aquela unidade é quebrada e, assim, seus diferentes momentos são autonomizados e ossificados como ramos particulares de produção de mercadorias: comércio, indústria, serviços e bancos. O que era uno multiplica-se, divide-se em muitos outros uns; se se preferir, as formas de existência do capital são petrificadas pela divisão do trabalho e transformadas em atividades concretas, com existências autônomas e separadas umas das outras. Nessas condições, a *unidade imediata* das diferentes formas de existência do capital se torna *mediata*, isto é, só pode ser apreendida no movimento de socialização dos capitais, ou seja, como totalidade, que não se manifesta de forma direta e imediatamente" (TEIXEIRA, *op. cit.*, p. 109-10).

processo vital, nenhuma das formas produtiva ou improdutiva é predominante, já que são funções parciais de um mesmo processo,[13] e não há capital que, para si mesmo, seja improdutivo. Deste modo, não apenas os capitais produtivos exploram em conjunto o trabalho produtivo, ao repartirem a mais-valia social por intermédio dos capitais mercantis, mas também os capitais mercantis, com a mediação do capital produtivo social, explora o trabalho produtivo ao apropriarem-se de fração da mais-valia. Por conseguinte, se exploração é apropriação gratuita do produto excedente do trabalhador, o capital social, como um todo orgânico, explora o conjunto do trabalho produtivo.

O capital emprega também trabalho assalariado nas funções mercantis. Estas, se inicialmente são levadas a cabo pelos próprios capitalistas ou por poucos empregados qualificados e bem remunerados – quantitativamente irrelevantes no cômputo do trabalho social – se ampliam em conformidade com a expansão produtiva, e passam a requerer massas de assalariados. O trabalho na esfera da circulação se proletariza. Tratamos em seguida do trabalho assalariado improdutivo e da exploração capitalista desta forma de trabalho.

Trabalho improdutivo e exploração do trabalho

Como todo capital toma ativamente parte no mercado, há força de trabalho empregada pelo capital produtivo, comercial e financeiro executando funções na esfera da circulação. O capital em suas três formas emprega trabalho improdutivo para realizar as atividades próprias a essa esfera. O capital financeiro requer força de trabalho para realizar as duas espécies de operações mercantis que deve cumprir: para sua função técnica de operar os movimentos com o dinheiro alheio, bem como para as funções de crédito que o fazem funcionar como capital a juro. O capital comercial concentra as atividades de compra e venda de mercadorias, sua função própria. Essas operações mercantis requerem meios e força de trabalho. O capital produtivo, ainda que não efetue

---

13 "Capital, portanto, nem pode originar-se na circulação nem fora da circulação. Deve, ao mesmo tempo, ter e não ter nela sua origem" (*C, I*, p. 196).

a venda final da mercadoria que produz para o consumidor, vende-a para o comerciante, e compra meios de produção e força de trabalho, funções de circulação que requerem agentes específicos. Além das atividades de circulação, todo capital individual deve ser administrado para funcionar como capital, o que inclui o controle geral do processo coletivo de trabalho que efetiva as atividades próprias a cada um dos três tipos de capital, bem como a contabilidade privada. Essas atividades necessárias de gerência do capital não se realizam na esfera da circulação, isto é, nas relações com outros capitais, mas são exigências do funcionamento interno do capital singular. Assim, cada capital isolado requer trabalho improdutivo para a efetivação de operações mercantis, já que todos participam na circulação, mas também para a gerência e controle do processo coletivo de realização de suas atividades próprias como capital, inclusive a administração das relações do capital com o trabalho. A força de trabalho necessária para essas atividades é improdutiva e, como funções internas a cada empreendimento capitalista, não tomam parte nas relações entre os capitais que caracterizam a esfera da circulação.

Tratamos em seguida das funções do trabalho improdutivo que se troca por capital, necessárias à reprodução de cada uma de suas formas. Interessa especificamente compreender a origem do capital que se constitui no salário do trabalhador improdutivo, em cada uma das funções em que se faz necessário, especialmente a do comércio, função improdutiva que ocupa maior tempo de trabalho social. Deixamos de abordar o trabalho improdutivo que se troca por renda, uma vez que, por um lado, não compõe o ciclo de reprodução do capital, e por outro, seu salário é deduzido de renda.

Partimos de dois fatos já considerados em pormenor nessa pesquisa. Em primeiro lugar, a magnitude do salário de qualquer trabalhador, que atua no interior do processo de reprodução do capital ou fora dele e que, consumido pelo capital, seja produtivo ou improdutivo, define-se exclusivamente pelo valor da força de trabalho. Assim, sua função, atividade concreta, bem como produto ou resultado que gera, considerado pelo ângulo do valor ou por seu caráter útil, não constituem fatores da determinação da magnitude do salário. Dada a condição geral do trabalho, livre e privado de meios de produção e de vida, a força de trabalho se transforma em mercadoria. Mercadoria subjetiva, pois existe apenas como potência do indivíduo, função de sua subjetividade, mas cujo valor é determinado pelo mesmo fator que define o valor das mercadorias objetivas. O valor das mercadorias se define pela quantidade, medida pelo tempo, de trabalho socialmente necessário para produzi-las. No caso da força de trabalho, sua produção consiste em reproduzir a vida do trabalhador, bem como de sua prole, com o fim de manter sua condição de força de trabalho de função determinada. Assim, o valor da força de trabalho constitui-se da soma do valor de todos os valores de uso necessários à subsistência e à manutenção do trabalhador em determinada condição. Esse valor varia por diversas razões: historicamente, com o desenvolvimento da produção que transforma as necessidades sociais e altera o valor das mercadorias consumidas pelo trabalhador; de acordo com as lutas de classe, por meio das quais os trabalhadores impõem necessidades ao capital; e, especialmente relevante para nossa pesquisa, varia com relação ao caráter simples ou complexo do trabalho, pois a força de trabalho complexo exige maior tempo de trabalho, valor portanto, para ser produzida, já que o processo que conforma subjetivamente o trabalhador complexo requer tempo mais longo e mais meios de produção do que os necessários à formação do trabalhador simples. Essa última determinação do valor da força de trabalho será analisada no terceiro capítulo. Mas independente das características e funções específicas que o trabalho assalariado assuma no interior das relações capitalistas de produção, a magnitude do salário é sempre definida pelo valor da força de trabalho, e esse é o primeiro fato de que partimos.

Em segundo lugar, dada a generalização do modo de produção capitalista, isto é, assumindo que toda a produção de valores de uso se realiza sob as relações sociais do capital, o trabalho produtivo é a atividade geradora do conjunto do valor social. Por conseguinte, o trabalho produtivo cria a substância não apenas de todo o capital e suas diferentes formas de valorização, como também de todas as formas de renda. Assim, o resultado do trabalho produtivo é também substância do salário do trabalhador improdutivo, em qualquer uma de suas funções. Mais precisamente, o salário do trabalhador improdutivo se constitui de uma parcela do valor excedente gerado pelo trabalhador produtivo, isto é, da mais-valia social. Contudo, parcela alguma da mais-valia flui diretamente para o trabalhador improdutivo, tampouco por meio da concorrência entre capitais, na forma de lucro ou juro, pois, na condição de trabalhador, não possui capital. A parcela da mais-valia social de que se apropria é salário, valor de troca da força de trabalho, e apenas nessa forma pode atraí-la. Como salário, é pago pelo capitalista. Nem poderia ser diferente: como a produção social de valores de uso é realizada sob a forma de mercadoria, substrato de valor e de mais-valia, o conjunto do produto social toma a forma de capital. Assim, a parcela do valor destinada a renda do trabalho é, antes, capital, ou seja, a forma *capital* é mediação necessária entre o valor como produto imediato do trabalho e a forma salário, tanto do trabalhador produtivo como do improdutivo. A mediação entre a produção do valor e a apropriação do salário, no entanto, é distinta nessas duas funções do trabalho empregado pelo capital.

É útil retomar brevemente como se constitui o salário do trabalhador produtivo para compará-lo ao do trabalhador improdutivo. O trabalho produtivo é meio de produção de valor. Engendra, sobre o valor constituído nos meios de produção, um valor novo por meio da produção de nova mercadoria. Desse modo, a mercadoria produzida contém, além do valor do capital constante, outra magnitude de valor. Esse valor novo se divide, conforme se distinguem na jornada de trabalho o trabalho necessário e o excedente, em capital variável e mais-valia. Quando a mercadoria se realiza na esfera da circulação, refluem para o capitalista produtivo, na forma de capital-dinheiro, o valor dos meios de produção anteriormente desembolsado, e parte[14] do novo valor contido na mercadoria. Em outras palavras, reflui seu capital expandido. Mas não pode apropriar-se de toda magnitude dessa valorização, pois há outros custos a serem pagos.

---

14 Apenas parte do novo valor gerado volta para o capitalista produtivo porque se considera que o capital comercial reteve uma parcela desse valor. Abstrai-se da diferença imposta pela taxa média de lucro entre magnitude da mais-valia produzida e a do lucro incorporado individualmente, ou antes, considera-se o capital produtivo social.

Esses outros custos de produção são essencialmente formados pela força de trabalho do conjunto dos trabalhadores produtivos. Parte do valor que geram retorna para eles como salário, isto é, parte do capital produzido é desembolsada pelo capitalista para pagar o custo, ou repor o valor, desse meio de produção específico, subjetivo. Essa parcela é o capital variável. Assim, o trabalho produtivo produz capital. Seu salário é uma parcela do capital que cria como propriedade do capitalista: "(...) o salário só assume a forma de renda, a renda do trabalhador, depois de ter enfrentado esse trabalhador na *forma de capital*" (*C, III*, p. 1154). De capital, nas mãos do capitalista, torna-se *renda* nas mãos do trabalhador porque é magnitude de valor necessariamente consumida.

No interior do empreendimento produtivo, são necessárias atividades que transcendem a produção de valores de uso, pois que se trata não apenas de um processo de trabalho, mas de um processo de valorização. É preciso, pois, não apenas realizar compras e vendas, pagamentos em geral e contabilidade, como também executar a administração *capitalista* do processo de produção. Já distinguimos, no primeiro capítulo, a coordenação do processo coletivo de trabalho, cuja necessidade é imposta pela natureza da cooperação, e a direção da produção requerida pela forma social capitalista da produção, isto é, o controle do conjunto dos trabalhadores, uma vez que, como assalariados, se opõem ao capital.[15] O primeiro é trabalho produtivo, pois sua atividade se incorpora no produto final do trabalho coletivo, compondo seu valor. O segundo é necessário à forma da produção em que os meios de trabalho se opõem ao produtor, e de modo algum à produção de valor de uso, e é por isso improdutivo. Do mesmo modo, a contabilidade das empresas individuais,[16] compras e vendas,

---

15 Marx afirma, como já colocado no capítulo anterior, que "(...) a direção capitalista é dúplice em seu conteúdo, em virtude da dupla natureza do processo de produção a dirigir que, ao mesmo tempo, é processo de trabalho social para produzir um produto e processo de produzir mais-valia" (*C, I*, p. 385).

16 A necessidade da contabilidade advém do caráter coletivo do trabalho, e não da forma capitalista da produção. É atividade que de qualquer modo não compõe a produção de valores de uso e portanto não gera mercadoria, sendo improdutiva para o capital. Mas a contabilidade privada, isto é, necessária a cada empreendimento capitalista isolado, inchada pela

e a administração geral do capital são atividades indispensáveis a essa forma específica da produção. Essas atividades requerem força, bem como meios, de trabalho, distintos dos meios de produção da mercadoria. Sua necessidade para o capital produtivo é indiscutível: dado o movimento inerente ao capital de redução de custos ao máximo, não compra mercadorias de que não necessite. A força de trabalho improdutivo, bem como os meios requeridos para a efetivação das atividades improdutivas, são custos de produção, que demandam capital constante e capital variável. Como esses custos improdutivos do capital industrial são pagos?

O valor novo da mercadoria – que abstrai o capital constante – gerada no processo produtivo deve ser suficiente para pagar todos os outros custos da produção e fornecer lucro. Assim, do montante deste valor que retorna para o capitalista produtivo após a realização do valor da mercadoria, uma parcela se despende com salário da força de trabalho produtivo, o capital variável também estritamente despendido na produção, e a outra consiste em mais-valia. Mas há ainda os outros custos do capital produtivo referentes às imprescindíveis atividades improdutivas. Esses se dividem em salário da força de trabalho improdutivo e preço de seus meios de trabalho, ou seja, capital variável e capital constante adicionais. A mais-valia que retorna para o capital produtivo, antes de constituir-se em lucro, deve pagar esses dois custos improdutivos centrais, além de todos os outros, como por exemplo, impostos. Assim, o trabalho improdutivo, conjuntamente com seus meios, aumentam os custos improdutivos do capital produtivo, e devem ser descontados da mais-valia que para ele retorna. São, por conseguinte, custos deduzidos do lucro. Como esses custos improdutivos são inerentes a todos os capitais produtivos individuais, compõem o capital adiantado para a produção, aumentando a parcela do capital que não se valoriza em cada capital produtivo isolado. Por isso, os custos improdutivos

---

forma da concorrência capitalista (que deve contabilizar salários, preços, juros, impostos, moedas, e tantas outras cotações complexas), é exclusiva desse modo de produção, que, ademais, confere sua forma a todas as atividades necessárias ao processo de trabalho e intercâmbio sociais.

concorrem socialmente para diminuir a taxa geral de lucro. Reduzindo a taxa de lucro médio, esses custos improdutivos dividem-se, ao repartir-se o lucro social, pelo capital social em suas partes alíquotas: o lucro médio é meio de repartir não apenas a mais-valia social, mas também os custos improdutivos diretos do capital produtivo social.

Os custos improdutivos mais significativos quantitativamente para o capital produtivo social não são, contudo, os custos diretos de cada capital isolado, mas os custos de circulação autonomizados no capital comercial, que reduzem ao mínimo as atividades improdutivas efetivadas diretamente pelo capital industrial. Como exposto acima, a autonomia do capital que indispensavelmente se retém na circulação, ao participar da concorrência, passa a gerar lucro para seus proprietários. Esse capital consiste na reserva monetária requerida para a compra de mercadorias que realiza o capital produtivo, bem como do valor social em estoque de mercadorias no mercado. Mas, para além desses, o capital comercial compreende os custos referentes aos meios e à força de trabalho necessários a suas atividades próprias. Ressaltamos novamente que esse trabalho é distinto daquele que, nas palavras de Marx, realizam as "atividades reais" (*C, III*, p. 362), de transformação de valores de uso. As atividades próprias à circulação levadas a cabo pelo capital comercial restringem-se às metamorfoses formais do capital, de mercadoria em dinheiro e vice-versa, e geram os custos referidos acima. "Nenhum desses custos se faz para produzir o valor de uso das mercadorias, mas para realizar o valor delas; são custos estritos de circulação" (*C, III*, p. 387). Esses custos demandam capital adicional, para além do capital de circulação propriamente dito. Desse modo, o capital comercial se reparte em capital principal, empregado na compra de mercadorias produzidas pelo capital produtivo (B), capital constante empregado na compra de meios requeridos pela atividade comercial (K) e capital variável destinado ao salário dos trabalhadores improdutivos do comércio (b). Marx se pergunta se esses custos expressos pelos capitais constante e variável, especialmente esse último, destinado a salário do trabalho improdutivo, são deduções do lucro comercial, ou se, ao contrário, sobre esse capital adicional incide também a taxa de lucro médio:

> A dificuldade está no seguinte: se o tempo de trabalho e o trabalho do próprio comerciante não criam valor, embora possibilitem participação em mais-valia já produzida, que sucede com o capital variável que ele desembolsa para adquirir força de trabalho comercial? É esse capital variável desembolso a ser incluído na conta de capital mercantil adiantado? (C, III, p. 393),

Ou seja, a fração do capital comercial que compra força de trabalho improdutivo valoriza-se, como a que compra mercadoria para revender, à proporção da taxa média de lucro? "A hipótese contrária parece contradizer a lei do nivelamento da taxa de lucro; que capitalista adiantaria 150 se só pudesse contabilizar 100 como capital adiantado?" (C, III, p. 393). Como capitalista autônomo, o comerciante espera valorização à taxa média de lucro do total do capital adiantado. Se o lucro médio incidisse sobre uma parcela apenas do capital comercial, excluindo-se os custos referentes a salário do trabalho no comércio e seus meios, a taxa média do lucro comercial – o lucro dividido pelo total do capital adiantado – seria inferior à taxa geral de lucro. Isso contraria a lei do nivelamento da taxa de lucro: se a taxa de lucro comercial é menor que a industrial, a concorrência impele à migração de capitais aos ramos industriais, o que nivela novamente as taxas de lucro. Assim, essas taxas referem-se sempre ao adiantamento integral dos capitais isolados, que inclui o conjunto dos custos. No caso do capital comercial, os custos expressos no capital variável despendido em salário, bem como no capital constante empregado em meios de trabalho necessários às atividades comerciais, compõem o capital adiantado, e por isso também se valorizam à taxa média de lucro. Isso significa que o comerciante lucra diretamente com o trabalho improdutivo que emprega, ou seja, invertendo capital em salário dos trabalhadores improdutivos.

Já expusemos de onde vem o valor em que consiste o lucro relativo ao capital B, diretamente empregado na compra e venda de mercadorias: o capital comercial compra a mercadoria social pelo preço de produção (preço de custo acrescido da taxa média de lucro), com o capital B. Na venda, acrescenta ao preço da mercadoria o lucro médio sobre B, ou sobre o preço de produção das mercadorias. Assim, no conjunto da produção social, atrai para si a parcela de mais-valia contida na mercadoria, mas que não compõe seu preço de produção. O capital constante e o capital variável adicionais requeridos pelas atividades comerciais são custos necessários à realização do capital produtivo, e por isso, parte do capital social de circulação deve existir sempre nessa forma – de meios de trabalho comercial e salário dos trabalhadores do comércio – para que o valor da mercadoria social se realize, independente de ser desembolsado diretamente pelo capitalista industrial, compondo o capital produtivo, ou pelo comerciante, fazendo parte do capital comercial autônomo.

Quando pagos diretamente pelo capital produtivo, os custos de circulação aumentam o desembolso improdutivo, reduzindo a taxa de lucro: "Essa parte do capital constante adiantado [relativo às atividades de circulação] concorreria para reduzir a taxa de lucro, do mesmo modo que toda a massa de capital constante aplicada diretamente na produção" (*C, III*, p. 396). O mesmo ocorre com o capital variável despendido no salário dos trabalhadores em funções de circulação:

> O que se paga a eles, embora na forma de salário, difere do capital variável empregado para adquirir o trabalho produtivo: aumenta os adiantamentos do capitalista industrial, o trabalho destinado apenas a realizar valores já criados. Como qualquer desembolso dessa natureza, diminui a taxa de lucro, por aumentar o capital adiantado sem acrescer a mais-valia. Se a mais-valia permanece constante, mas o capital adiantado C aumenta para C + ΔC, a taxa de lucro m/C será substituída pela taxa menor m/C + ΔC (*C, III*, p. 398-9).

Esse fato não se altera quando o capital de circulação se autonomiza fazendo-se capital comercial, e passa a desembolsar, além do capital de circulação propriamente, os custos de circulação em lugar do capital produtivo: o capital constante e variável que corresponde a esses custos advém, do mesmo modo, da mais-valia contida na mercadoria. O comerciante compra a mercadoria do capital produtivo por seu preço de produção, mas a diferença entre este e o preço de venda não inclui apenas o lucro médio relativo ao capital empregado na compra, mas deve repor ainda o capital adicional com que o comerciante pagou os custos de circulação e, além disso, o lucro médio referente a esse capital adicional.

A diferença que a autonomia do capital de circulação gera é a de que os custos sociais improdutivos da circulação passam a gerar lucro para o capital comercial quando esse os assume. Como já expusemos, essa condição mantém-se vantajosa para o capital produtivo porque, mesmo acrescido da taxa média de lucro, o capital de circulação torna-se proporcionalmente menor, com relação ao produtivo, quando se estabelece essa divisão de trabalho entre os capitalistas. Sobre o desembolso total do capital comercial $B + K + b$ incide a taxa média de lucro l': $Bl' + Kl' + bl'$; portanto, a diferença entre o preço de produção, pelo qual o comerciante compra a mercadoria, e seu preço de venda é igual a $Bl' + K + Kl' + b + bl'$, ou seja, o lucro médio sobre o preço de produção das mercadorias (capital principal B), somado aos capitais constante e variável com que o comerciante paga os custos de circulação e seus respectivos lucros médios. Com relação ao preço de venda da mercadoria, Marx afirma que "K acrescenta seu lucro, além de adicionar ele mesmo" (*C, III*, p. 396), e adiante:

> O capital mercantil recupera b e, além disso, recebe o correspondente lucro. Isso resulta de fazer com que lhe paguem o trabalho por meio do qual funciona como capital *mercantil* e ainda que lhe paguem o lucro, por funcionar como *capital*, isto é, por executar o trabalho que lhe é pago no lucro obtido como capital em operação (*C, III*, p. 397).

Porque se autonomiza e passa a realizar as funções sociais improdutivas da circulação como seu meio de valorização, o capital comercial alcança lucro médio sobre o total do capital adiantado, no qual se inclui o salário do trabalho improdutivo do comércio. Por conseguinte, para o comerciante, o conjunto de seu capital, socialmente improdutivo, é produtivo:

> Para o capital industrial, os custos de circulação se revelam e são custos necessários, mas não produtivos. Para o comerciante revelam-se fonte de lucro, que – suposta a taxa geral de lucro – está na proporção da magnitude deles. O desembolso a fazer nesses custos de circulação é, portanto, investimento produtivo para o capital mercantil. Pela mesma razão, o trabalho comercial que compra é para ele diretamente produtivo (*C, III*, p. 401).

O trabalhador improdutivo do comércio é diretamente produtivo para o comerciante, não apenas porque realiza a função que faz seu dinheiro capital, mas porque o capitalista lucra diretamente com o investimento que faz em salário do trabalho improdutivo.

Marx pondera, contudo, o fato de que

> (...) aquela inclusão [do capital variável investido em trabalho improdutivo] na conta do capital mercantil parece contradizer a essência desse capital, que não funciona como capital por mobilizar trabalho alheio, como o capital industrial, mas por trabalhar ele mesmo, isto é, por efetuar as funções de compra e venda, e justamente para isso e por isso transferindo para si parte da mais-valia produzida pelo capital industrial (*C, III*, p. 393).

Com efeito, a função do trabalho na esfera da circulação na produção capitalista não é, como no trabalho produtivo, a criação de valor, incorporação quantitativa de força de trabalho, mas a função concreta que cabe ao capital: realizar seus movimentos próprios. Trata-se, pois, das funções formais requeridas pela riqueza abstrata, isto é, pela *forma* social da produção. Constitui-se em função *do capital*, e não do trabalho: o trabalho produz a riqueza, e o capital, com os movimentos que caracterizam sua forma própria de sociabilidade, a saber, as relações mercantis, metamorfoseia a riqueza social em riqueza abstrata e a incorpora como lucro. Daí Marx afirmar, como citado acima, que o "capital mercantil (...) não funciona como capital por mobilizar trabalho alheio, como o capital industrial, mas por trabalhar *ele mesmo* (...)" (*C, III*, p. 393, grifo nosso). A valorização do capital comercial, a natureza do processo que o faz capital, não está ligada à exploração direta do trabalho que cria mais-valia.[17] Desse modo, valorizar-se por meio do emprego de trabalhadores comerciais parece contradizer a essência desse capital específico. Por que não o faz?

O modo como Marx explica que o emprego de trabalho assalariado nas funções mercantis não se opõe à essência desta forma do capital elucida, ao mesmo tempo, a exploração do trabalho improdutivo. Ou ainda, demonstra que a exploração é predicado de todo trabalho assalariado que se troca por capital.

Ao examinar o processo de produção do capital, Marx define a exploração do trabalho como apropriação capitalista do valor excedente gerado pelo trabalhador, isto é, do tempo de trabalho materializado que, na jornada de trabalho,

---

17 "Nas primitivas empresas capitalistas o trabalho improdutivo empregado em pequenas quantidades era, de modo geral, um estrato privilegiado, intimamente associado com o empregador e detentor de favores especiais. Os que trabalhavam com eles na realização de vendas, contabilidade, funções especulativas e manipulativas representavam para ele sócios na guarda e expansão de seu capital *enquanto capital*, distintamente daqueles na produção, que representavam seu capital apenas em sua forma temporária *como trabalho*. Os poucos que mantinham seus livros, vendiam seus produtos, negociavam em seu nome com o mundo exterior, e em geral partilhavam de seus segredos, esperanças e planos, eram de fato sócios na exploração dos trabalhadores produtivos, mesmo que fossem eles mesmos empregados. O trabalhador produtivo, por outro lado, representava as relações sociais entre o capital e o trabalho, visto que esse trabalhador era o 'meio direto de criar mais-valia'. 'Ser um trabalhador produtivo é, portanto, não uma felicidade, mas uma desgraça', escreveu Marx. Aqueles que ajudavam o capitalista na circulação de seu capital, na realização de seu lucro, e na administração de seu trabalho, obtinham privilégios, segurança e *status* na função exercida, e assim, ser um trabalhador improdutivo era em si uma felicidade que contrastava com a desgraça do trabalhador na produção" (BRAVERMAN, *op. cit.*, p. 353).

excede o tempo necessário à criação do valor da força de trabalho ou do capital variável. Assim, a relação do trabalho excedente com o trabalho necessário, do ponto de vista do trabalho operante, ou a relação entre a massa de mais-valia e do capital variável, da perspectiva do trabalho materializado, definem a exploração do trabalho: "A taxa de mais-valia é, por isso, a expressão precisa do grau de exploração da força de trabalho pelo capital ou do trabalhador pelo capitalista" (C, I, p. 254). Ao assumirmos essa definição da exploração capitalista do trabalho, apresenta-se a questão de compreender como o trabalho improdutivo, que se define justamente por não produzir valor, é explorado. Marx o afirma em diversas passagens, e é útil acompanhar a caracterização da relação entre o trabalho improdutivo e o capital que o emprega desenvolvida por Marx. De início, reafirma a subsunção do trabalho na esfera mercantil ao capital:

> Sob certo aspecto o trabalhador comercial é um assalariado como qualquer outro. Primeiro, o comerciante compra o trabalho utilizando capital variável e não dinheiro que despende como renda; assim, não o adquire para serviço pessoal e sim para valorizar o capital adiantado nessa compra. Segundo, determina-se então o valor da força de trabalho e, por conseguinte, o salário, como acontece com todos os demais assalariados, pelos custos de produção e reprodução dessa força de trabalho específica e não pelo produto de seu trabalho (C, III, p. 391).

Com isso, Marx situa o trabalho improdutivo da circulação na classe trabalhadora, que se define pela não-propriedade de meios de produção e de vida. A atividade própria ao capital mercantil, efetivada pelos trabalhadores improdutivos, não produz valor, mas permite valorização por meio da apropriação de lucro. Por isso,

> a relação que o capital mercantil estabelece com a mais-valia difere da que o capital industrial mantém com ela.

Este produz a mais-valia apropriando-se diretamente de trabalho alheio não-pago. Aquele se apropria de parte dessa mais-valia fazendo que essa parte se transfira do capital industrial para ele (C, III, p. 392).

O montante de mais-valia que o capital mercantil incorpora na forma de lucro "depende do montante de capital que pode aplicar nesse processo" (C, III, p. 392). Quanto menores os custos de circulação, maior o montante de capital que poderá despender como capital de circulação efetivamente.

Entende-se, até aqui, que a atividade concreta dos trabalhadores improdutivos torna possível a incorporação de lucro, já que efetivam as funções mercantis. É também claro que a redução do preço desta força de trabalho concorre para diminuir os custos adicionais de circulação (b), ampliando o montante empregado como capital de circulação propriamente dito (B). Mas o que Marx afirma é que a fonte de lucro mercantil é o trabalho não-pago dos trabalhadores comerciais: "O trabalho não-pago desses empregados, embora não crie mais-valia, permite-lhe apropriar-se de mais-valia, o que para esse capital é a mesma coisa; esse trabalho não-pago é, portanto, fonte de lucro" (C, III, p. 392). Ou ainda, como na sequência da argumentação: "Se o trabalho não-pago do trabalhador cria diretamente mais-valia para o capital produtivo, o trabalho não-pago dos trabalhadores comerciais proporciona ao capital mercantil participação nessa mais-valia" (C, III, p. 393). O capital comercial valoriza-se com base na extração de trabalho não-pago, ou seja, trabalho excedente. A atividade do trabalhador improdutivo cria, por conseguinte, para o capital, mais do que incorpora como salário, analogamente ao trabalho produtivo, embora não produza valor: "(...) poderá aplicar tanto mais capital em compra e venda quanto maior o trabalho não-pago que extrai de seus empregados" (C, III, p. 392).

A explicação deste trabalho não-pago dos trabalhadores que não criam mais-valia está na consideração de que o assalariamento coletivo é requisito, *conditio sine qua non*, do capital comercial. Para explorar de maneira capitalista a empresa comercial, ou seja, de modo a atrair parte da mais-valia social, é preciso, em primeiro lugar, que exista produção de mais-valia em magnitude suficiente para sustentá-la: "Em virtude apenas de sua função de realizar os valores, opera o capital mercantil no processo de reprodução como capital e, por isso, como capital que funciona, retira algo da mais-valia produzida pelo capital em seu conjunto" (*C, III*, p. 392). Além disso, é necessário que a autonomia do capital comercial represente redução dos custos de circulação para o capital produtivo. Essa redução requer a centralização das atividades de circulação. A fragmentação do comércio amplia os custos de circulação diretos do capital produtivo isolado ao impor a necessidade de relacionar-se com grande número de comerciantes, além de aumentar também os custos com as atividades produtivas requeridas pela circulação de produtos (transporte, estocagem etc.). Ademais, a descentralização na circulação implica menor produtividade do capital comercial, que nessas condições deve existir em maior quantidade para realizar um mesmo montante de capital produtivo. "Assim, perder-se-ia grande parte das vantagens da autonomia do capital mercantil" (*C, III*, p. 393-4). A autonomização é a forma própria de centralização das atividades comerciais do capital social, que responde à necessidade de reduzir os custos de circulação e expandir os mercados. É requisito desta centralização o emprego de grande quantidade de trabalho sob o capital singular, já que é o trabalhador coletivo que proporciona o aumento na produtividade dos trabalhos nas funções mercantis:

> A divisão do trabalho confinada na atividade comercial (...) economiza tempo imenso de trabalho, de modo que, no comércio em grosso, o número de trabalhadores comerciais empregados está bem longe de manter proporção com a magnitude do negócio. É o que se dá, porque no comércio, muito mais do que na indústria, a mesma função exige a mesma quantidade de tempo de trabalho, seja executada em grande ou pequena escala (*C, III*, p. 394).

O aumento da escala em que as funções mercantis se realizam é complemento necessário à expansão produtiva e reduz os custos de circulação. Tem como condição o assalariamento coletivo, por sua vez possibilitado pela ampliação da escala do capital produtivo. Ou seja, a ampliação da necessidade de trabalho nessa função improdutiva ao ponto de requerer trabalho assalariado sob o comando de capitais autônomos, ou tempo de trabalho social em proporções socialmente significativas, é resultado do desenvolvimento da produção capitalista que amplia a massa social de mais-valia e de lucro; ao contrário do trabalho produtivo, que é causa da produção de mais-valia:

> Trabalho que consiste apenas nas operações intermediárias de calcular os valores, de realizá-los, de reconverter o dinheiro realizado em meios de produção, e cuja dimensão depende dos valores produzidos e a realizar, é trabalho que por seu conteúdo não é causa, como o trabalho diretamente produtivo, mas consequência dos montantes e das massas correspondentes a esses valores (C, III, p. 399).

Uma vez que se trata de trabalho improdutivo de valor, que não repõe portanto sequer o próprio salário, empregar capital nessa espécie de atividade requer a ampliação da mais-valia e do lucro social: "O lucro é condição primordial desses desembolsos conforme evidencia, entre outras, a circunstância de, ao crescer o salário comercial, ser parte dele paga mediante participação percentual no lucro" (C, III, p. 399).

Assim, o desenvolvimento da produção capitalista, ao impor a autonomização da esfera da circulação do capital na forma de capital mercantil, estabelecida em resposta à necessidade de realizar massas crescentes de mais-valia, também possibilita e exige a realocação de tempo de trabalho social para as atividades próprias a essa esfera. Possibilita, na medida em que o desenvolvimento produtivo libera tempo de trabalho social e amplia a produção; e exige, para dar conta da realização do capital em expansão. A autonomia do capital mercantil, ademais, contribui para impulsionar, como exposto acima, nova expansão capitalista. Além disso, uma vez que a necessidade da divisão de trabalho que confere autonomia ao capital mercantil origina-se do desenvolvimento produtivo pregresso, essa necessidade tem como condição o aumento do montante do capital social, e de cada capital singular: quando o capital se estabelece como modo de produção social predominante, o investimento de dinheiro como capital só é possível se existir como propriedade autônoma em quantidade suficiente para empregar trabalho assalariado; pois capital que, por sua magnitude restrita, pode funcionar com o trabalho de um ou poucos indivíduos proprietários, ainda que em atividade comercial, não sobrevive às relações de concorrência.

O lucro comercial deve-se, pois, ao assalariamento do trabalhador coletivo: "De outro modo, a empresa comercial nunca poderia ser explorada em grande escala, nem de maneira capitalista" (C, III, p. 392). Assim como o produtivo, o capital comercial só funciona como capital na medida em que emprega trabalho assalariado. Não há, por conseguinte, contradição entre o processo de valorização do capital mercantil, a "essência desse capital", e o fato de "mobilizar trabalho alheio". Ao contrário, o que se verifica é a necessidade do capital ativo, em qualquer função, empregar o assalariamento para funcionar como capital – e deste emprego extrair lucro – porque a ampliação de escala, e portanto a centralização, pertencem à natureza do desenvolvimento capitalista. Se para existir como *capital* comercial, a atividade do comércio requer trabalho assalariado, isto é tanto mais verdadeiro quanto mais a expansão produtiva exige a centralização das funções comerciais. Por conseguinte, hoje é necessária maior quantidade de trabalho assalariado nessas funções do que quando Marx a desvendou.[18]

---

18 A proletarização do trabalho comercial – que se torna coletivo, tem suas funções simplificadas e se faz passível de substituição por maquinaria – foi prevista por Marx. Abordamos esse processo de subsunção real do trabalho improdutivo ao capital na conclusão. Os progressos da automação na esfera produtiva dissociam a ampliação da escala da produção e o emprego de quantidades crescentes de trabalho assalariado. Mas esses progressos resultam do primeiro momento de concentração de capitais que cria o trabalho coletivo. Nesse

Se o capital produtivo lucra porque tem "para vender algo que não pagou" (*C, III*, p. 60), o capital comercial tem para vender ao capital produtivo o necessário serviço de realização de suas mercadorias, que é levado a cabo pelo coletivo de trabalhadores. No entanto, do montante que o capital produtivo paga por esse serviço (e que importa na diferença entre o preço de compra e o preço de venda das mercadorias), apenas parte, descontado o capital constante adicional, reverte-se em salário do trabalho improdutivo. O trabalho não pago é, com referência ao capital comercial individual, o próprio lucro, diferença entre o capital investido e a mais-valia que o valoriza. É o fato de ser realizado por força de trabalho paga por seu valor que faz com que o trabalhador comercial efetive trabalho não pago:

> O trabalhador comercial não produz mais-valia diretamente. Mas o preço de seu trabalho é determinado pelo valor da força de trabalho, pelo que custa produzi-la, portanto, enquanto o exercício dessa força, expresso em esforço, dispêndio de energia e em desgaste, conforme acontece com os demais assalariados, não está limitado pelo valor dela. Por conseguinte, não há relação necessária entre o salário e o montante de lucro que esse trabalhador ajuda o capitalista a realizar. São magnitudes diversas o que custa e o que proporciona ao capitalista. É produtivo, para o capitalista, não por criar mais-valia diretamente, mas por concorrer para diminuir os custos de realização da mais-valia, efetuando em parte trabalho não-pago (*C, III*, p. 399-400).

---

sentido, Braverman afirma: "De posições privilegiadas que eram, nas quais se podia em pequeno grau partilhar das vantagens decorrentes do capital mediante trabalho produtivo, vieram a ser meros dentes na engrenagem total destinada a multiplicar o capital. E isto continua sendo verdade não obstante o fato de que, tecnicamente falando, todos aqueles que não produzem valores de troca devem obrigatoriamente consumir uma parcela dos valores de troca produzidos pelos demais" (*op. cit.*, p. 354).

O emprego de trabalhadores assalariados pelo capital comercial não o contradiz, ao contrário, constitui exigência para seu estabelecimento enquanto empresa capitalista autônoma, fonte de lucro. Para o capital social, o trabalhador improdutivo é também indiretamente produtivo, na medida em que responde à expansão da produção de mais-valia e à consequente concentração de capitais: amplia os mercados e possibilita economia nos custos de circulação, ou seja, redução do capital social improdutivo, não de modo absoluto, mas relativamente ao capital produtivo. O emprego de trabalhadores assalariados improdutivos na circulação é aspecto necessário das transformações da relação entre os capitais geradas por um novo patamar de desenvolvimento do capital. Marx não deixou de apontar para a tendência das atividades do trabalho improdutivo reproduzirem o desenvolvimento histórico do trabalho produtivo:

> O trabalhador comercial em sentido estrito figura entre os trabalhadores mais bem pagos entre os que efetuam trabalho qualificado, acima do médio. Entretanto, com o progresso do modo capitalista de produção, seu salário tende a cair, mesmo em relação ao trabalho médio.[19] Uma das causas é a divisão do trabalho no escritório: daí resulta um desenvolvimento apenas unilateral das aptidões de trabalho, em parte gratuito para o capitalista, pois o trabalhador torna-se competente exercendo a própria função, e tanto mais rapidamente quanto mais unilateral for a divisão do trabalho. Outra causa é a circunstância de a preparação, os conheci-

---

19 De fato, o trabalho do comércio varejista ocupa hoje parcela significativa do trabalho social. Uma ilustração disso é a rede varejista Wal Mart Stores, empresa com maior número de empregados do mundo (2.100.000 em 2010, quatro vezes mais do que a empresa que figura em segundo lugar, de acordo com o ranking da revista Fortune500). Utiliza força de trabalho simples, possivelmente menos qualificada que a média do trabalho produtivo, dada a subsunção do trabalho científico ao capital, e a complexificação que esta imprime ao trabalho direto, fatores que elevam a média da qualificação da força de trabalho.

> mentos de comércio e de línguas etc. se difundirem, com o progresso da ciência e a vulgarização científica, mais rápida, mais facilmente, de maneira geral e mais barato, quanto mais o modo capitalista de produção imprime aos métodos de ensino etc. um sentido prático. A generalização da instrução pública permite recrutar esses assalariados de camadas sociais antes à margem dessa possibilidade e que estavam habituadas a nível de vida mais baixo. Aumenta o afluxo desses trabalhadores e em consequência a competição entre eles. Por isso, ressalvadas algumas exceções, a força de trabalho dessa gente deprecia-se com o progresso da produção capitalista; o salário cai, enquanto aumenta a capacidade de trabalho (*C, III*, p. 400).

O processo de trabalho improdutivo também se complexifica e se apropria do aprimoramento com a expansão do capital, subsumindo as funções improdutivas, mas necessárias, ao seu modo próprio de produção. No desenvolvimento posterior a Marx, o trabalhador improdutivo empregado no comércio e na esfera financeira, bem como nas funções de contabilidade, faz-se passível de substituição pela máquina, como, por exemplo, pela introdução dos computadores como meios de trabalho.[20]

Assim, o capital impõe as configurações funcionais da classe trabalhadora próprias a cada um de seus momentos. O trabalho do comércio apenas pode ser produtivo de fato para o capital mercantil que o emprega, isto é, gerar não apenas o lucro relativo ao capital principal investido em mercadorias, mas relativo a seu próprio salário, porque é indiretamente produtivo para o capital social. Em outras palavras, essa configuração funcional do trabalho social, em que parcelas determinadas são alocadas para a produção e para a

---

20 Nos bancos, por exemplo, esta introdução possibilitou o chamado "autoatendimento", expulsando parte significativa dos trabalhadores e constituindo uma das causas da perda de força nas lutas trabalhistas da categoria dos bancários no país.

circulação, é necessária para o processo global de reprodução do capital no estágio de desenvolvimento em que ela ocorre. Por isso, não é apenas mais produtivo para o capital social repartir o trabalho em funções produtivas e improdutivas de valor do que destiná-lo todo para funções de produção imediata de mercadorias: é também condição para sua reprodução a partir do momento em que a expansão produtiva o impõe. Em outros termos, o modo de produção capitalista não seria possível se o conjunto do trabalho social fosse empregado na produção de mercadorias.[21]

Como o capital comercial, a função do capital a juro também resulta da autonomização do capital – dinheiro que responde à necessidade de reduzir os custos com as funções técnicas do dinheiro, de reduzir a reserva monetária do capital social e de dinamizar o fluxo de capitais, dada a progressiva universalização dos mercados. Todo o trabalho empregado diretamente pelo capital financeiro é improdutivo, pois sua atividade própria restringe-se a movimentar o dinheiro. Esse trabalho efetiva as tarefas necessárias a duas funções distintas desse capital. Essas funções são orgânicas quando o capital financeiro concentra-se

---

21 O trabalho socialmente improdutivo de gerência capitalista da empresa industrial ou comercial é produtivo para o capital individual também em um sentido específico. Quando tem a função de integrar as diversas etapas que compõem a produção ou a atividade comercial e controlar o processo de trabalho, pode aumentar a produtividade do trabalho. Por outro lado, se tem a função de efetivar a relação com outros capitais, pode tanto economizar em capital constante, quanto alcançar maior preço para a mercadoria vendida. "Em suma, dada a mais-valia correspondente a determinado capital variável, ainda depende muito da capacidade profissional do próprio capitalista, ou de seus superintendentes e empregados, expressar-se a mesma mais-valia em taxa de lucro menor ou maior, e, portanto, obter ele montante menor ou maior de lucro" (C, III, p. 183). Esse é o caso do capital produtivo, mas, adequando-se as funções, o mesmo se aplica ao capital comercial: dependendo da capacidade profissional do comerciante e seus gerentes, pode economizar em capital constante e variável, otimizar o trabalho integrando da melhor maneira as várias etapas da atividade comercial e, com isso, fazer com que mesmo valor adquirido com a venda de mercadorias expresse-se em maior taxa de lucro. Desse modo, a qualificação profissional subjetiva do trabalhador improdutivo nas funções de gerência do capital individual apresenta produtividade específica, e variável, para o capital que o emprega ao efetivar as relações com o conjunto do trabalho subordinado a esse capital, por um lado, e com os outros capitais, por outro.

nos bancos, primeira forma de autonomia do capital-dinheiro, mas distinguem-se. A primeira é a função técnica de movimentar o dinheiro alheio, capital produtivo ou comercial na forma transitória de dinheiro, ou renda do trabalho. É um serviço – operar os movimentos da renda privada – pelo qual se cobra um preço, expresso pelas taxas bancárias.[22] Essa função se efetiva por meio de uma

---

22   Esse serviço é vendido, e por isso tem um preço, embora não gere valor. A atividade de transferir a propriedade do dinheiro não é capaz de gerar valor porque não se incorpora em valor de uso social, embora seja uma necessidade no interior do modo de produção em que a apropriação do produto social é mediada pela forma de dinheiro. É uma necessidade que advém exclusivamente da forma social capitalista. Por isso, seu produto não consiste em valor de uso social. Há outros serviços que, do mesmo modo, são vendidos e consumidos individualmente, e assim têm um preço, mas não geram valor. É o caso dos serviços pessoais realizados por trabalhadores domésticos, cuidadores de crianças, acompanhantes etc. Essas atividades advêm da forma social capitalista da produção que gera um contingente de indivíduos excluídos do trabalho assalariado – que Marx denomina exército industrial de reserva – e assim a necessidade de vender serviços pessoais: "(...) a força produtiva extraordinariamente elevada nos ramos da indústria mecanizada, sincronizada com a exploração mais extensa e mais intensa da força de trabalho em todos os demais ramos da produção, permite empregar, improdutivamente, uma parte cada vez maior da classe trabalhadora e, assim, reproduzir, em quantidade cada vez maior, os antigos escravos domésticos, transformados em classe dos serviçais, compreendendo criados, criadas, lacaios etc. Segundo o censo de 1861: "(...) Se juntarmos os empregados de todas as fábricas têxteis com os da mineração de carvão e de metal, teremos 1.208.442; se juntarmos o pessoal de todas as fábricas têxteis com o das usinas e manufaturas metalúrgicas, obteremos o total de 1.039.605. Cada uma das somas é menor do que o número dos modernos escravos domésticos [1.208.648]" (*C, I*, p. 508-9). Além dos serviços consumidos individualmente, há também mercadorias e serviços sem valor consumidos pelo capital. Esses são comprados apenas pelo próprio capital, mas, ao contrário dos meios de produção, não são socialmente necessários, e sim inerentes apenas a essa forma específica de sociabilidade. É o caso das peças publicitárias, dos serviços jurídicos e de segurança. Assumem a forma de mercadoria por conta da autonomização dos capitais sob os quais essas mercadorias ou serviços são gerados, mas seriam de qualquer modo necessárias ao processo de reprodução do capital, e comporiam sempre o custo de produção dos capitais que as consomem. A incapacidade do trabalho de criar valor, em todos esses casos, provém da ausência de utilidade social, ou de existência enquanto valor de uso social para além da utilidade restrita à forma de sociabilidade do capital, do produto que geram. Quando realizado sob o comando do capital,

divisão do trabalho, de modo que diferentes atividades concretas compõem sua realização: inclui desde as atividades mais mecânicas até os serviços jurídicos necessários e a gerência. A concentração de dinheiro permite a função que o torna *capital*-dinheiro, isto é, empregar o dinheiro como capital a juro. Daí o caráter orgânico de ambas as funções. Essa segunda função que expressa a forma particular de atividade do capital financeiro requer trabalho improdutivo para a realização dos empréstimos e alocações do capital a juros. A autonomia do capital-dinheiro impulsiona progressivas complexificações da esfera financeira, criando múltiplas mediações entre o ciclo reprodutivo do capital e a incorporação de juros. São formas necessárias do desenvolvimento do capital. Do mesmo modo que o capital comercial, a concentração do capital financeiro também requer quantidades maiores de trabalho para operar suas funções, de sorte que passa a demandar o assalariamento. As atividades próprias à esfera financeira se efetivam sob uma divisão de trabalho que abrange funções de diversos níveis de complexidade, englobando serviços jurídicos, de análise de mercado, operações de bolsas de valores etc. É relevante distinguir as funções do capital financeiro pois elas têm diferentes fontes de remuneração que explicam a origem do salário dos trabalhadores que emprega. A função técnica cobra um preço pelo serviço financeiro, analogamente à venda de mercadorias. Como no capital comercial, o trabalho não pago dos trabalhadores assim empregados consiste na diferença entre o preço de custo, que inclui o salário, e o preço de venda desses "serviços", expresso nas taxas bancárias.[23]

---

      as empresas capitalistas que empregam esse trabalho improdutivo gerador de mercadorias ou serviços sem valor tomam parte na distribuição da mais-valia social de modo análogo, embora não idêntico, ao capital comercial: ao vendê-los, apropriam-se da taxa média de lucro proporcional ao capital desembolsado para sua produção, incorporando mais-valia contida em outras mercadorias. "Vendem" um serviço necessário para os capitais singulares, autonomizados, como meio de redução desses custos para o conjunto do capital social. A autonomia desses "ramos" permite que funcionem como capital, remunerando-se pela taxa média de lucro.

23   Hoje, essa é a forma de repartir o custo primordialmente com o trabalho social, e não com o capital, dado que os serviços são pagos com renda.

A segunda é função de capital que se valoriza por meio do juro. O salário do trabalhador empregado nas funções do crédito é parte do juro e essa dedução é particular a cada empreendimento. Mas no capital a juro, o trabalho não-pago em que consiste sua valorização própria não provém da força de trabalho que diretamente emprega. Expusemos acima o caráter externo dessa forma do capital com relação ao ciclo de reprodução do capital social: remunera-se pela incorporação de juro, que é parte do lucro. Por este caráter externo que determina sua forma juridicamente regulamentada, o emprego a juro de capital faz com que parte do lucro social flua necessariamente para seu proprietário ainda que não tenha rendido lucro algum no movimento real de reprodução. O capital a juro explora, pois, de forma mediada pelo capital social ativo, o conjunto do trabalho assalariado social cuja atividade compõe o ciclo de reprodução do capital social, na medida em que incorpora, como substância de sua valorização, parte do lucro social efetivamente realizado. Sua capacidade de comandar o trabalho social implica mediação mais complexa entra a exploração dos trabalhadores e a valorização.

Todo o produto social é gerado na forma de capital, e por isso, com uma mediação ou outra, o salário é dedução de capital, custo necessário com força de trabalho. O trabalho assalariado no interior do modo de produção capitalista tem, em seu conjunto, a função de reproduzir o capital social, por meio da produção e realização da mais-valia. Desse modo, embora empregados pelo capital mercantil em funções relativas à circulação, os trabalhadores do comércio participam na distribuição de capital apenas como trabalho: são remunerados por sua força de trabalho, e operam em função da distribuição do produto social apenas enquanto efetivam a realização da mais-valia para o capital, que então incorpora o lucro. O capital, ao determinar as funções que o trabalho deve realizar e impor o assalariamento, realiza a distribuição tanto do tempo de trabalho social quanto de seu produto. É o poder de determinar a distribuição que o define como classe oposta ao trabalho. O lucro global, como produto coletivo dos trabalhadores assalariados, constitui a parcela não paga do trabalho social e expressa a contínua expropriação da força de trabalho. Não há, pois, ambiguidade entre classe e função social dos trabalhadores improdutivos. Com diferentes mediações determinadas pela forma produtiva ou improdutiva do capital que diretamente o emprega, o trabalho social valoriza o capital social.

A relação de classe se mostra ainda mais determinante da exploração quando se considera que o conjunto dos capitais ativos remunera-se pela taxa geral de lucro. Ou seja, a valorização dos capitais ativos singulares se realiza na *proporção do capital investido*, o que demonstra que a esfera em que o capital é investido, produtiva ou de circulação, bem como o ramo da atividade, é indiferente à incorporação de mais-valia (na sua forma transfigurada). O necessário caráter socializado da produção capitalista expresso pela taxa média de lucro produz ainda a capacidade autoexpansiva do capital *em si*: na medida em que o assalariamento é a forma dominante do trabalho social, o capital adquire o poder de render juros, como uma determinação de sua natureza. A valorização do capital se torna, para seu proprietário, um direito, regulamentado na esfera política. O real conteúdo de todo capital é, pois, mais-valia capitalizada.[24] Assim, se exploração se define como extração de mais-valia, a mera propriedade de capital implica a exploração do trabalho.

Para que essa valorização aconteça, deve haver uma proporção entre o trabalho na esfera produtiva e na de circulação correspondente à distribuição de capitais nestas duas esferas, que se determina pelas relações de concorrência. Se para empregar trabalho produtivo de valor é necessário que se empregue também trabalho nas funções improdutivas, este é um limite imposto pela própria natureza do processo de valorização. Limite porque implica uma restrição à produtividade do trabalho social: para que a sociedade produza, parte da força de trabalho disponível deve se manter improdutiva. Se, além disso, a proporção do trabalho empregado na esfera da circulação aumenta, com relação ao trabalho produtivo, conforme os mercados se expandem e a esfera financeira se complexifica, isso significa que esta restrição à produtividade do trabalho social torna-se paulatinamente mais significativa com o desenvolvimento capitalista.

---

24 "Sabemos precisamente como ele se originou. É mais-valia capitalizada. Desde a origem, não contém ela nenhuma partícula de valor que não derive de trabalho alheio não-pago" (*C, I*, p. 680).

É também da natureza do desenvolvimento do modo de produção do capital aprofundar este limite à produtividade, condenando parcelas crescentes do trabalho social à atividade formal improdutiva.

Levando em consideração o percurso histórico do modo de produção capitalista que Marx apresenta, examinamos, no capítulo seguinte, as transformações no caráter concreto do trabalho assalariado, especificamente as categorias de trabalho material e imaterial, simples e complexo. Os objetivos são, em primeiro lugar, expor a conexão entre as fases da produção e o caráter que a atividade individual assume na divisão do trabalho e, em seguida, apontar para as contradições que envolvem o aprimoramento da produtividade do trabalho, isto é, para o amadurecimento das condições que fazem da forma capitalista, além de impulso, também um entrave à produtividade do trabalho social e ao desenvolvimento da atividade individual.

CAPÍTULO III

Coletivização da produção, desenvolvimento produtivo e trabalho complexo

NOS DOIS CAPÍTULOS ANTERIORES, analisamos a categoria de trabalho produtivo em seus delineamentos conceituais, isto é, a partir do exame dos nexos próprios às relações de produção capitalistas, de suas determinações nucleares. Assim, examinamos o processo de valorização como forma social capitalista do processo de trabalho; o valor como forma social específica do produto do trabalho neste modo de produção e determinante do trabalho produtivo; o mercado como forma de circulação própria ao produto social que existe como valor, e cuja atividade caracteriza o trabalho a um só tempo improdutivo e necessário à reprodução capitalista; o capital improdutivo como desdobramento necessário do capital produtivo, ou seja, a autonomização das três figuras do capital como processo imposto por sua natureza; demonstramos, conseguintemente, a falsa oposição entre trabalho produtivo e improdutivo para o capital, que em conjunto efetivam as atividades necessárias à reprodução capitalista e identificam-se pela classe social. Centramo-nos, pois, nas determinações que caracterizam o trabalho produtivo no modo capitalista de produção em sua plenitude, conceituando as categorias que perfazem esta forma social sem considerar seu processo de consolidação, ou as transformações concretas impostas historicamente ao trabalho produtivo no interior deste modo de produção. Tratamos, pois, das velhas questões conceituais relativas ao tema.

Contudo, as recentes transformações na atividade produtiva decorrentes do aprimoramento técnico da produção social, em especial a chamada "informatização" que, a partir da década de 1970, passou paulatinamente a permear grande parte da produção e das atividades requeridas pela reprodução social do capital, suscitaram questionamentos relativos às categorias centrais do capital expostas por Marx.

De fato, diferentemente das indústrias mais modernas que se ofereciam à analise de Marx, e mesmo daquelas que se apresentavam como as mais desenvolvidas aos pesquisadores marxistas, digamos, até meio século atrás, o trabalho qualificado ocupa lugar de destaque na produção atual. Não podemos mais assumir como, por exemplo, Paul Sweezy, que, "no que se relaciona com a grande maioria dos trabalhadores produtivos, o talento especializado não é de grande importância; as qualidades que fazem um bom trabalhador – força, destreza e inteligência – não diferem grandemente de uma ocupação para outra".[1] O trabalho qualificado ou intelectual ganhou espaço no âmbito da produção global não apenas devido à ampliação da pesquisa científica e tecnológica realizada pelas (grandes) empresas (e como fator determinante na concorrência), mas também nas atividades produtivas diretas, por meio de máquinas cuja operação requer qualificação. Pois, se é verdade que, como afirma Sweezy, em termos da quantidade de trabalhadores produtivos, também hoje a maioria é empregada em funções não-qualificadas, não é menos verdadeiro que o trabalho qualificado tem papel cada vez mais central na produção capitalista, e assume diversas funções de grande importância no trabalho produtivo.[2]

A partir do reconhecimento destas mudanças concretas no trabalho social, alguns autores no interior do debate marxista contemporâneo consideram que foram transformadas, em consequência, as próprias relações de produção típicas do capitalismo clássico analisado por Marx. O desenvolvimento técnico teria engendrado transformações nas próprias relações de produção, redefinindo ou questionando a categoria de valor, e portanto também a definição do trabalho

---

[1] SWEEZY, P. *Teoria do Desenvolvimento capitalista – Princípios de economia política marxista*. Rio de Janeiro:Zahar, 1976, p. 72; publicado pela primeira vez em 1942.

[2] Além da expansão nas funções produtivas, o trabalho qualificado ocupa espaço cada vez mais significativo nas funções improdutivas necessárias à reprodução global do capital: movimentos e metamorfoses formais do valor (atividades financeiras e comerciais), publicidade e mídia, entre outras.

produtivo como aquele que cria mais-valia. Defendem esta posição pesquisadores de orientação marxista que desenvolveram teorias a respeito do que denominam trabalho imaterial, e que têm como principais representantes André Gorz, de um lado, e Antonio Negri, Maurizio Lazzarato e Michael Hardt, de outro.

O intuito desses últimos pesquisadores – indicaremos a posição de Gorz em seguida – é o de compreender as novas formas do trabalho e as consequentes transformações nas relações de produção. A partir da expansão do trabalho imaterial, estes autores consideram que se engendrou um novo modo de produção, que se define pela especificidade de sua força produtiva central – o trabalho científico –, impassível de subsunção real ao capital.[3] Um novo modo de produção estaria sendo constituído com base em uma forma nova do trabalho social (forma concreta de atividade), que se caracteriza por ser imaterial, intelectual e qualitativamente superior. Essas novas determinações do trabalho concreto reduziriam a possibilidade de o capital subsumir o conjunto das atividades do trabalho assalariado, implicando com isso relações sociais de produção novas. O advento do trabalho científico como força produtiva central transformaria as relações de produção ao ponto de dissolver a subsunção material do trabalho, uma vez que sua forma concreta, ao fazer-se imaterial, deixaria de ser adequada à subsunção real ao capital. Mantém-se a subsunção formal, na medida da venda da força de trabalho, mas, em termos reais, materiais, o capital não seria capaz de subsumir a atividade. Para Negri e Hardt, a cooperação passa então a ser determinada por outros fatores sociais alheios ao comando capitalista, e com isso, a atividade do trabalho ganha potencial para tornar-se livre em

---

[3] "A característica fundamental do novo modo de produção parece consistir no fato de que a principal força produtiva vem a ser o trabalho técnico e científico, na medida mesmo em que este é uma forma mais compreensiva e qualitativamente superior de trabalho social. Em outras palavras, o trabalho vivo se manifesta acima de tudo como trabalho abstrato e imaterial (com relação à qualidade), como trabalho complexo e cooperativo (com relação à quantidade) e como trabalho continuamente mais científico e mais intelectual (com relação à forma)" (HARDT, M.; NEGRI, A. *Labor of Dionysus – A critique of the State-Form*. Minnesota Press, 1994, p. 279. *Apud*: PRADO, E. F. S. "Pós-grande indústria: trabalho imaterial de fetichismo". Disponível em paje.fe.usp/~mbarbosa/dpi/eleuterio2.pdf).

sua atividade, a despeito da subsunção formal.[4] Estaríamos diante, pois, de um novo patamar do desenvolvimento produtivo, a "informatização", cuja determinação básica é ter como centro os serviços e os fluxos de informação,[5] livres, por sua determinação material, da subsunção real ao capital, o que caracterizaria relações de produção distintas da forma de sociabilidade do capital.

Não se pode deixar de observar que, para esta teoria do trabalho imaterial, trata-se mais de uma superação histórica da configuração social que permitiu a Marx desenvolver suas categorias econômicas centrais, do que de uma refutação de seu pensamento. Seus expoentes partem do fato empírico que consiste no aumento, não apenas quantitativo, mas da importância das funções enquadradas no trabalho imaterial para a reprodução social, para então analisar os efeitos desta nova configuração da atividade do trabalho sobre as relações sociais capitalistas de produção. Entre estes efeitos está a superação da definição de valor como incorporação de quantidade de trabalho, medida pelo tempo, ao lado, por exemplo, da dissolução das categorias de

---

[4] "(...) o aspecto cooperativo do trabalho imaterial não é imposto e organizado de fora, como ocorria em formas anteriores de trabalho, mas a cooperação é totalmente imanente à própria atividade laboral. Esse fato põe em questão a velha noção (comum à economia clássica e à economia política marxista) segundo a qual a força de trabalho é concebida como 'capital variável', isto é, uma força ativada e tornada coerente apenas pelo capital, porque os poderes cooperativos da força de trabalho (particularmente da força de trabalho imaterial) dão ao trabalho a possibilidade de se valorizarem. Cérebros e corpos ainda precisam de outros para produzir valor, mas os outros de que eles necessitam não são fornecidos obrigatoriamente pelo capital e por sua capacidade de orquestrar a produção. A produtividade, a riqueza e a criação de superávits sociais hoje em dia tomam a forma de interatividade cooperativa mediante redes linguísticas, de comunicação e afetivas. Na expressão de suas próprias energias criativas, o trabalho imaterial parece, dessa forma, fornecer o potencial de um tipo de comunismo espontâneo e elementar" (NEGRI, A.; HARDT, M. *Império*. Rio de Janeiro: Record, 2001, p. 315).

[5] "Podemos chamar a transição do segundo paradigma para o terceiro, da dominação da indústria para a dominação dos serviços e da informação, de processo de pós-modernização econômica, ou melhor, de informatização" (HARDT e NEGRI, 2001, p. 301).

trabalho produtivo e improdutivo;[6] ou seja, a dissolução dos fundamentos da teoria marxista do valor.

Para Gorz, a questão é também a transformação produtiva que questiona objetivamente a forma capitalista das relações de produção, examinada por Marx. Considera do mesmo modo que o trabalho imaterial, especificamente a atividade cognitiva, não é passível de subsunção real ao capital. Mas as relações que o caracterizam não se dissolvem pelo mero advento do conhecimento como força produtiva principal. Quando a força produtiva central é imaterial,[7] as relações sociais de produção se mantêm capitalistas, mas de modo, por assim dizer, "artificial", pois a forma capital se impõe extrinsecamente.[8] Gorz encontra a razão da impossibilidade de a atividade produtiva de conhecimento se subsumir ao capital na inadequação de sua determinação concreta – trabalho qualificado e imaterial – à forma abstrata do trabalho.[9] Sem deixar de conceber o valor como incorporação de trabalho

---

6   "(...) com efeito, trabalho produtivo não é mais 'o que diretamente produz capital', mas o que reproduz a sociedade – desse ponto de vista, a separação do trabalho improdutivo está completamente deslocada" (NEGRI, A. "Twenty theses on Marx – Interpretation of class situation today". In: MAKDISI, S.; CASARINO, C.; KARL, R. E. (eds.) *Marxism beyond marxism*. Londres: Routledge, 1996, p. 157).

7   "O trabalho abstrato simples, que, desde Adam Smith, era considerado como a fonte do valor, é agora substituído por trabalho complexo. O trabalho da produção material, mensurável por unidades de produto por unidades de tempo, é substituído por trabalho dito imaterial, ao qual os padrões clássicos de medida não podem mais se aplicar" (GORZ, A. *O imaterial – conhecimento, valor e capital*. São Paulo: Annablume, 2005, p. 15).

8   "(...) essa irredutibilidade dos conhecimentos [à forma valor – VC] será uma fonte de dificuldades, de incoerências, de trapaças e de fantasias econômicas. O capital não pode deixar de tratar e de fazer funcionar o conhecimento *como* se ele fosse um capital. O problema, para o capital, é o de se apropriar, valorizar e subsumir uma força produtiva que, em si mesma, não se deixa devolver às categorias da economia política" (GORZ, 2005, p. 31, grifado pelo autor).

9   "O conhecimento, diferentemente do trabalho social geral, é impossível de traduzir e de mensurar em unidades abstratas simples. Ele não é redutível a uma quantidade de trabalho abstrato de que ele seria o equivalente, o resultado ou o produto. Ele recobre e designa um conjunto de atividades heterogêneas, ou seja, sem medida comum, entre as quais o

abstrato, cuja medida é o tempo, questiona a relação da atividade do conhecimento – nova força produtiva central – com a criação de valor.

Assim, as recentes transformações nas formas concretas do trabalho têm sido em geral consideradas a partir de pressupostos teóricos distintos das determinações que, de acordo com Marx, fundamentam o modo capitalista de produção. Marx não deixou, contudo, de abordar as atividades hoje chamadas de *trabalho imaterial* – como o trabalho da ciência, do conhecimento em geral – e analisou-as em sua relação com as principais categorias econômicas do modo de produção do capital. Examinou o trabalho complexo, distinguindo-o do trabalho imaterial, e o fez com relação à produção de valor, ou seja, com o objetivo de compreendê-las no interior do modo capitalista de produção. Abordou ainda o tema da subsunção da ciência ao capital e do papel cada vez mais abrangente do conhecimento como força produtiva, assim como os efeitos deste processo de desenvolvimento para a reprodução do capital. No entanto, também no debate acerca da obra e das posições de Marx, o tema do trabalho imaterial e do trabalho complexo é objeto de polêmica. Esta polêmica converge precisamente para o questionamento da capacidade de os trabalhos imaterial e complexo produzirem valor, assumindo-se as definições de Marx. A seguinte exposição volta-se, pois, para o trabalho produtivo, como trabalho que cria valor, em suas configurações concretas novas, ou seja, com atenção central para o trabalho qualificado.

Neste capítulo não pretendemos, contudo, levar a cabo uma análise empírica das atuais configurações do trabalho produtivo e, tampouco, desenvolver o debate com pesquisadores marxistas, mas, coerentemente com o escopo desta pesquisa, examinar a concepção do próprio Marx a respeito das categorias que hoje estão em foco devido ao aprimoramento técnico da produção. Examinamos, primeiramente, a conceituação de Marx a respeito do trabalho imaterial, e em seguida a categoria de trabalho complexo. Após esta delimitação conceitual, expomos o papel do trabalho simples e do trabalho complexo

---

julgamento, a intuição, o senso estético, o nível de formação e de informação, a faculdade de aprender e de se adaptar a situações imprevistas (...)" (GORZ, p. 29).

nos diferentes momentos históricos de consolidação do capital como modo de produção. As transformações históricas no caráter concreto da atividade produtiva, as diferentes exigências que o nível de desenvolvimento técnico faz à atividade produtiva em cada momento, desenvolvendo a própria divisão do trabalho, transformaram também a função e o lugar dos trabalhos simples e complexo no processo histórico de consolidação do capital. Estas transformações, conforme Marx as descreve e analisa, podem lançar luz sobre esta última mudança significativa no trabalho produtivo que coloca em destaque o trabalho complexo, particularmente o trabalho científico, na produção social do capital, e que Marx apontara como tendência em algumas passagens de sua obra. São estas as novas questões relativas à conceituação marxiana do trabalho produtivo que abordamos em seguida.

A definição acessória de trabalho produtivo: trabalho material e imaterial

No primeiro volume de *Teorias da mais-valia*, Marx menciona uma segunda definição de trabalho produtivo, enunciada como "Definição acessória de trabalho produtivo: trabalho que se realiza em riqueza material" (*TMV*, I, p. 403). Afirmamos no primeiro capítulo que as características particulares dos valores de uso produzidos são irrelevantes à determinação do trabalho produtivo, pois este predicado refere-se apenas ao caráter abstrato do trabalho. Assim, sustentamos, com Marx, a irrelevância da distinção entre os serviços – trabalhos cujo produto é a própria atividade – e trabalhos que geram produto distinto de sua atividade, fixando-se em uma mercadoria vendável, bem como da diferença entre trabalho material e trabalho imaterial. Com efeito, com referência à definição de trabalho produtivo como aquele que produz mais-valia, essa distinção é inessencial, pois, que o capitalista "invista seu capital numa fábrica de ensinar, em vez de numa de fazer salsicha, em nada modifica a situação" (*C, I*, p. 578; qualquer um dos dois investimentos é capaz de gerar mais-valia.

Decerto, esta é a definição geral. À primeira vista, a definição acessória parece contradizer a geral ao estabelecer como critério de determinação do trabalho produtivo um atributo concreto do produto. Para compreendê-la é mister levar em consideração o desenvolvimento histórico do trabalho produtivo que se expressa particularmente na distinção entre subsunção formal e subsunção real do trabalho ao capital. Marx não pretende fazer da definição acessória um desenvolvimento ou caso específico da definição geral, mas propõe, por meio dela, um exame histórico do trabalho produtivo que explicita uma tendência do desenvolvimento concreto do modo de produção do capital. A definição acessória afirma que é produtivo o trabalho que se realiza em riqueza material. Isso não significa que o trabalho que resulta em produto imaterial é improdutivo, mas que *toda* a produção material tende a ser realizada por trabalho produtivo. Pela definição geral, que trata de uma relação, existe a possibilidade de produtos materiais do trabalho humano não serem criados por trabalho produtivo, pois não é esta determinação concreta do produto que define o trabalho que o gerou como produtivo ou improdutivo para o capital. O que Marx ressalta com a definição acessória é a tendência própria às relações capitalistas de produção de abrangerem a totalidade da produção social:

> Ao observar as relações essenciais da produção capitalista podemos portanto supor que o mundo inteiro das mercadorias, todos os ramos da produção material – da produção da riqueza material – estão sujeitos (formal ou realmente) ao modo de produção capitalista (pois essa tendência se realiza cada vez mais, e é, por princípio, o objetivo, e só com aquela sujeição se desenvolvem ao máximo as forças produtivas do trabalho). De acordo com esse pressuposto, que denota o limite e assim tende a ser cada vez mais a expressão exata da realidade, todos os trabalhadores ocupados na produção de mercadorias são assalariados, e todos os meios de produção os enfrentam, em todas as esferas, na qualidade de capital. Pode-se então caracterizar os *trabalhadores produtivos*, isto é, os trabalhadores que produzem capital, pela

circunstância de seu trabalho se realizar em *mercadorias*, em produtos do trabalho, em riqueza material. E assim ter-se-ia dado ao trabalho produtivo uma segunda definição, acessória, diversa da característica determinante, que nada tem a ver com o *conteúdo do trabalho* e dele não depende (*TMV, I*, p. 403).

O texto acima é a passagem integral em que Marx desenvolve sua definição acessória. Nosso autor aborda apenas a produção material, que não aparece contraposta a uma suposta produção imaterial ou aos serviços. Não afirma que há trabalhos realizados sob as condições capitalistas de produção que são improdutivos por não se configurarem em riqueza material; ao contrário, o sentido de sua argumentação é precisamente a abrangência crescente do trabalho produtivo de valor (ou das relações de produção capitalistas, que o definem): "o mundo inteiro das mercadorias" ou "todos os trabalhadores ocupados na produção de mercadorias são assalariados, e todos os meios de produção os enfrentam, em todas as esferas, na qualidade de capital". Uma vez que a expansão é própria à natureza do capital, tendente a subordinar a si toda a produção social, o que Marx sustenta é que – no limite – *toda* essa produção pode ser vista como resultado de trabalho produtivo, ou que isto "tende a ser a expressão cada vez mais exata da realidade". De fato, o texto imediatamente anterior a essa definição acessória diz respeito ao movimento de generalização das relações capitalistas de produção para toda a esfera da produção material:

> (...) e o artesão e o camponês, que produz com seus próprios meios de produção, ou se transformará pouco a pouco num pequeno capitalista, que também explora trabalho alheio, ou perderá seus meios de produção (de início, isso pode ocorrer, embora permaneça proprietário *nominal*, como no sistema de hipotecas) e se converterá em trabalhador assalariado. Esta é a tendência na

forma de sociedade onde predomina o modo de produção capitalista (*TMV, I*, p. 403).

Marx destaca que não existe em quantidade socialmente significativa, ou tende a desaparecer, a produção de mercadorias levada a cabo por pequenos proprietários de meios de produção que são também produtores diretos, e daí, trabalho que se realiza em riqueza material ser exclusivamente resultado de "*trabalhadores produtivos,* isto é, os trabalhadores que produzem capital": com a expansão capitalista, o conjunto do trabalho produtivo de valor de uso paulatinamente se transforma em trabalho assalariado do capital. Ao explicitar esta tendência histórica do capital de transformar todos os produtores em trabalhadores produtivos de valor, Marx reafirma a definição geral. Então, assumindo-se o pressuposto de que toda a produção material se realiza sob as relações sociais capitalistas, trabalho produtivo pode-se definir por trabalho que se realiza em riqueza material.[10]

Marx tem razões, contudo, para não incluir, em uma abordagem do trabalho produtivo fundada na tendência de desenvolvimento histórico do modo de produção capitalista, o trabalho imaterial: dado o movimento de expansão crescente do capital, Marx poderia ter proposto uma definição acessória de trabalho produtivo como aquele que se realiza em mercadoria, e assim abarcar nessa definição prática o serviço e o trabalho cujo produto é imaterial. Não o fez. Sem caracterizar o trabalho imaterial como improdutivo, tendo antes afirmado em várias passagens que se configura em trabalho produtivo de valor quando realizado sob as relações capitalistas de produção, Marx confere à produção material um lugar preponderante no que diz respeito à determinação desta categoria. Há, pois, na concepção marxiana uma diferença entre o trabalho que se realiza em riqueza material e aquele que se realiza em mercadoria

---

10 I. I. Rubin confirma esta análise: "sobre a base destes dois supostos, isto é: 1) que a produção material como um todo esteja organizada sobre princípios capitalistas, e 2) que a produção não-material esteja excluída de nossa análise, pode-se definir o trabalho produtivo como trabalho que produz riqueza material" (RUBBIN, I. I., *op. cit.* p. 285).

não-material. Antes de explicitar no que consiste esta diferença, é importante esclarecer o que Marx denomina trabalho imaterial.

As categorias de trabalho material e imaterial não dizem respeito à atividade do trabalhador individual, e não se referem diretamente, por conseguinte, à distinção entre trabalho manual ou mecânico e trabalho espiritual ou intelectual. Trabalho material e imaterial são, em Marx, categorias que se referem ao produto do trabalho; assim, trabalho material é aquele que se objetiva em produtos materiais, e trabalho imaterial é aquele que se objetiva em produto não-material, como os trabalhos puramente intelectuais, sejam artísticos, científicos, filosóficos, ou ainda, como a educação, a comunicação, a propaganda e diversas espécies de serviços que não ocorrem sobre objeto material. Esses produtos imateriais são indubitavelmente objetivos, e sua exteriorização se dá por meio da linguagem em suas várias formas. Não se pode esquecer que, ainda que o produto do trabalho imaterial seja cristalizado na matéria – em discos, livros, filmes, computadores – sua objetividade própria continua sendo a linguagem; o suporte material é produto de trabalho distinto, de modo que não se pode confundir o trabalho material que gera o CD, ou o livro, com o trabalho imaterial que cria o *software* ou o texto.

Dado que trabalho material e imaterial distinguem-se pela especificidade de seu produto, é necessário retomar o caráter coletivo da produção. No modo de produção capitalista, o produto é gerado por um trabalhador coletivo, isto é, um conjunto de trabalhadores individuais com funções distintas que cooperam em uma organização do trabalho que os antecede, e lhes é imposta externamente, de modo que cada trabalhador cumpre uma parcela da produção previamente arquitetada. O produto resulta deste trabalhador coletivo organizado pelo capital, que demanda produtores individuais com funções diversas – intelectuais, técnicas, mecânicas, acessórias etc. Os produtos individuais de cada trabalhador também diferem, mas têm em comum o fato de serem parciais. O produto social destes trabalhadores individuais é, portanto, comum, e resulta de sua produção coletiva. Assim, os indivíduos que contribuem para a produção de um objeto material, desempenhando uma atividade cujo resultado individual é imaterial – por exemplo, intelectual –, *realizam trabalho material*, pois sua atividade só existe em função do produto material coletivo. É o caso, por exemplo, do engenheiro de produção: o produto específico de seu trabalho individual – o projeto – é imaterial, mas como fração do trabalhador coletivo que em conjunto gera o produto material final, em função do qual sua atividade ocorre, seu trabalho é material. Todo trabalho individual que compõe a produção capitalista coletiva de produtos materiais é parte de um mesmo processo de trabalho e conta como trabalho material, pois o que o define é o produto do processo total, não a atividade individual. Se, em qualquer trabalho, o resultado existe antes na cabeça do produtor, quando o trabalho é coletivo, as diversas etapas realizadas por um único trabalhador na produção individual – artesanal, por exemplo – são dividas entre indivíduos e, particularmente, separam-se o momento da pré-ideação e da criação material. Mas o valor de uso final não passa a prescindir por isso de nenhuma das etapas de sua produção. No primeiro volume de *Teorias da mais-valia*, em um item denominado "O problema do trabalho produtivo visto do ângulo do processo global da produção material", Marx explica e exemplifica a relação do trabalho coletivo com o trabalho imaterial:

> Com o desenvolvimento do modo de produção especificamente capitalista, onde muitos trabalhadores operam juntos na produção da mesma mercadoria, tem naturalmente de variar muito a relação que seu trabalho mantém diretamente com o objeto da produção. Por exemplo, os serventes de fábrica mencionados antes, nada têm a ver com a transformação da matéria-prima. Estão a maior distância os trabalhadores que supervisionam os que estão diretamente empenhados nessa transformação; o engenheiro tem por sua vez outra relação e em regra trabalha apenas com a mente etc. Mas o *conjunto desses trabalhadores* que possuem força de trabalho de valor diverso, embora a quantidade

> empregada permaneça mais ou menos a mesma, produz resultado que, visto como *resultado* do mero processo de trabalho, se expressa em *mercadoria* ou num *produto material*; e todos juntos, como órgão operante, são a máquina viva da produção desses *produtos*; do mesmo modo, considerando-se o processo global de produção, trocam o trabalho por capital e reproduzem o dinheiro do capitalista como capital, isto é, como valor que produz mais-valia, como valor que acresce (*TMV, I*, p. 404).

Assumindo-se, então, que toda atividade individual que compõe o processo de trabalho coletivo, produtor de riqueza material, configura-se socialmente como trabalho material, restringe-se o trabalho de fato imaterial àquele que não faz parte do trabalhador coletivo produtor de valores de uso materiais. Destacamos em mais de um momento, contudo, que o conteúdo concreto do trabalho é irrelevante para a determinação do trabalho como produtivo, e, portanto, que qualquer atividade pode ser produtiva para o capital se, situada na esfera produtiva, é consumida sob as relações capitalistas de produção. Há, todavia, uma diferença, importante para o caráter produtivo do trabalho, entre o trabalho material que, coletivo, demanda variadas funções produtivas parciais, e o trabalho imaterial, produtor de objeto imaterial. Esta diferença reside mais na forma social em que este último trabalho se realiza do que na particularidade do produto, mas esta forma social é, em grande parte, determinada pela natureza imaterial do produto. O texto que se segue à definição acessória de Marx em *Teorias da mais-valia*, sob o título de "Presença do capitalismo no domínio da produção imaterial", pode ser ponto de partida para a compreensão desta questão.

Nesse capítulo, Marx afirma que o produto imaterial, segundo sua determinação concreta, pode ser de dois tipos. O primeiro

> (...) resulta em *mercadorias*, valores de uso, que possuem uma forma autônoma, distinta dos produtores e consumidores, quer dizer, podem existir e circular no

intervalo entre produção e consumo como *mercadorias vendáveis*, tais como livros, quadros, em suma, todos os produtos artísticos que se distinguem do desempenho do artista executante (*TMV, I*, p. 403).

Esse primeiro tipo de valor de uso imaterial, caracterizado por sua forma de produto autônomo com relação à atividade produtiva, estabelece duas formas distintas de relação com o capital expostas por Marx como se segue:

> A produção capitalista aí só é aplicável de maneira muito restrita, por exemplo, quando um escritor numa obra coletiva – enciclopédia, digamos – explora exaustivamente um bom número de outros. Nessa esfera, em regra, fica-se na *forma de transição* para a produção capitalista, e desse modo os diferentes produtores científicos ou artísticos, artesãos ou profissionais, trabalham para um capital mercantil comum dos livreiros, uma relação que nada tem a ver com o autêntico modo de produção capitalista e não lhe está ainda subsumida, nem mesmo formalmente. E a coisa em nada se altera com o fato de a exploração do trabalho ser máxima justamente nessas formas de transição (*TMV, I*, p. 403).

A primeira relação social sob a qual se produzem mercadorias imateriais se efetiva como forma de transição para a produção capitalista: "Nessa esfera, em regra, fica-se na *forma de transição* (...)". Consiste em *transição* porque o trabalho não se subsume, nem mesmo formalmente, ao capital, o produtor realiza seu trabalho conforme a finalidade de criar valores de uso determinados. Contudo, estes assumem a forma de mercadorias, vendidas para o capital comercial que as adquire como meios para a acumulação de riqueza que é capital potencial. O capital comercial as compra para vendê-las mais caro, e assim, "Transforma, de fato, dinheiro em capital, arrancando ao produtor direto trabalho não pago, trabalho excedente". Por essa razão, Marx afirma que a exploração é máxima nessas formas de transição. "Mas, não se imiscui no próprio processo de produção, o qual (...) se desenvolve à margem dele". Deste modo, "o produtor direto mantém-se sempre como vendedor de mercadorias, e ao mesmo tempo como *usuário de seu próprio trabalho*" (*Cap. In.*, p. 54, grifo nosso). Assim, embora sirva como elemento da concentração de riqueza que se faz capital latente, não se subsume ao capital por não se realizar como sua função. Esta é, pois, uma relação característica da forma de transição, e não pode ser ainda categorizado como produtivo ou improdutivo. Marx exemplifica essa relação de transição em que o trabalhador "se mantém como usuário de seu próprio trabalho", ou seja, em que a atividade responde diretamente à sua necessidade, conquanto seu resultado se torne mercadoria e, por meio desta forma, componha o processo de constituição do capital:

> Milton, por exemplo, que escreveu o *Paraíso Perdido* por 5 libras esterlinas, era um *trabalhador improdutivo*. Ao revés, o editor que fornece à editora trabalho como produto industrial é um trabalhador produtivo. Milton produziu o *Paraíso Perdido* pelo mesmo motivo porque o bicho-da-seda produz seda. Era uma atividade própria de *sua* natureza. Depois vendeu o produto por 5 libras (*TMV, I*, p. 396).

A outra forma das relações de produção de valor de uso imaterial que constituem mercadorias separadas da atividade da produção mencionada nessa passagem é a subsunção formal do trabalho ao capital, que se dá, por exemplo, "quando um escritor numa obra coletiva – enciclopédia, digamos – explora exaustivamente um bom número de outros". Nesse caso, embora tanto os meios quanto a organização do trabalho sejam próprios ao trabalhador, a produção tem o propósito de incorporar valor e só existe na medida em que cumpre aquela finalidade. Assim, o capital – do livreiro, por exemplo – determina a produção desta mercadoria e emprega o trabalho coletivo ("um bom número de outros" escritores) para, sobre seu produto, completar a produção de mercadorias – neste caso, livros – e gerar mais-valia. Este trabalho imaterial é subsumido formalmente ao capital na medida em que existe sob a finalidade capitalista de gerar valor e é por isso produtivo. Marx exemplifica o trabalho imaterial subsumido formalmente ao capital:

> Mas o *proletário intelectual* de Leipzig, que sob a direção da editora produz livros (por exemplo, compêndios de economia), é um trabalhador produtivo; pois, desde o começo, seu produto se subsume ao capital, e só para acrescer o valor deste vem à luz (*TMV*, I, p. 396, grifo nosso).

Deste modo, conquanto o trabalho esteja subsumido ao capital, mesmo que esta subordinação seja apenas formal, este trabalho é produtivo, independente da forma material ou imaterial do valor de uso em que resulte. O trabalho, por outro lado, que não se realiza desde o princípio sob a finalidade capitalista, ainda que seu produto se configure em elemento da acumulação de riqueza comercial, não pode ser tomado por produtivo. Isso porque, indiferentemente ao caráter material ou imaterial da mercadoria, o trabalho excedente, neste caso, é apropriado por meio de uma relação que se situa na esfera da circulação, ao passo que a produção, inclusive em sua finalidade, se realiza de modo tradicional ou pré-capitalista: o produtor "se mantém como usuário de seu trabalho".

Até aqui, abordamos o primeiro tipo concreto de mercadorias imateriais, a saber, as que possuem forma autônoma "vendável". A outra espécie de produto imaterial a que se refere Marx no capítulo acima citado são os serviços imateriais, ou aquela em que "a produção é inseparável do ato de produzir, como sucede com todos os artistas executantes, oradores, atores, professores, médicos, padres etc". (*TMV*, I, p. 404). Marx distingue esses dois tipos de produção imaterial do ponto de vista concreto, isto é, conforme a peculiaridade do valor de uso. Este segundo tipo de produção imaterial diferencia-se do primeiro porque o produto "é inseparável do ato de produzir", ou seja, configura-se em serviço. Do ponto de vista das relações sociais de produção, os trabalhos descritos por Marx na passagem supracitada se efetivam na forma da subsunção formal do trabalho ao capital:

> Também aí o modo de produção capitalista só se verifica em extensão reduzida e, *em virtude da natureza dessa atividade*, só pode estender-se a algumas esferas. Nos estabelecimentos de ensino, por exemplo, os professores, para o empresário do estabelecimento, podem ser meros assalariados; há grande número de tais fábricas de ensino na Inglaterra. Embora eles não sejam trabalhadores produtivos em relação aos alunos, assumem essa qualidade perante o empresário. Este permuta seu capital pela força de trabalho deles e enriquece por meio desse processo. O mesmo se aplica às empresas de teatro, estabelecimentos de diversão etc. O ator se relaciona com o público na qualidade de artista, mas perante o empresário é trabalhador produtivo (*TMV*, I, p. 404, grifo nosso).

Marx explicita, em primeiro lugar, que devido à "natureza da atividade", isto é, sua determinação concreta, é possível ao modo capitalista de produção estabelecer-se apenas "em extensão reduzida", ou seja, de modo limitado; só pode, portanto, subsumir formalmente as atividades cujos produtos são serviços imateriais. Em segundo lugar, Marx ressalta que, não obstante a limitação que o caráter concreto do trabalho impõe ao capital, as atividades que criam serviços como educação e peças teatrais são produtivas.

Em sua "definição acessória" e no capítulo sobre a "presença do capitalismo no domínio da produção material", Marx aponta que a produção material tende a ser cada vez mais amplamente realizada na forma da subsunção real do trabalho ao capital, por conseguinte, sob o modo de produção efetivamente capitalista. Marx afirma também, entretanto, que o produto imaterial do trabalho, configurado em mercadoria ou serviço, permaneceria majoritariamente, "por sua própria natureza", sob as relações sociais de produção próprias à subsunção formal, ou ainda, à forma de transição. A natureza a que se refere Marx é a determinação intelectual da atividade, que faz com que o produto imaterial que dela resulta se produza primordialmente pelo trabalho individual, ao menos no período em que Marx escreveu. A produção material, por outro lado, é mais facilmente coletivizada. O trabalho coletivo é determinação necessária à subsunção real ao capital e, por isso, é o trabalho produtivo para o capital por excelência. Marx não deixa de indicar, contudo, a possibilidade de coletivização do trabalho imaterial quando subordinado ao capital: "A produção capitalista só é aí aplicável de maneira muito restrita, por exemplo, quando um escritor numa *obra coletiva* – enciclopédia, digamos – explora exaustivamente *um bom número de outros*" (*TMV*, I, p. 403, grifo nosso). E destaca, na mesma passagem, que a produção imaterial não está "ainda subsumida" ao capital. O trabalho imaterial não é, pois, improdutivo em princípio. Ao contrário, como explicitam as passagens acima citadas do texto de Marx, se subsumido ao capital, mesmo que formalmente, é produtivo, pois ocorre nas relações sociais que fazem do trabalho criador de valor de uso, produtor de mais-valia. A definição acessória do trabalho produtivo como aquele que se realiza em riqueza material não é, pois, excludente, e não diz respeito a uma suposta oposição entre produção material e imaterial, mas distingue entre subsunção formal e real ao capital. Os trabalhos, materiais ou imateriais, sob as relações capitalistas de produção, são produtivos, mas, se subsumidos formalmente ao capital, não são *plenamente* produtivos pois não se realizam sob o modo de produção plena, material ou efetivamente capitalista. O que Marx destaca é que as produções imateriais dos trabalhadores *individuais* não são passíveis de subsunção real ao capital e que, ao contrário, a produção material *coletiva* tende a ser de modo cada vez mais amplo subsumida realmente ao capital. É o caráter individual do trabalho que, por não possibilitar a ampliação da produtividade própria à produção coletiva, ou seja, à produção que mobiliza a força produtiva social, consiste em forma concreta inadequada ou insuficiente à criação de capital. Daí Marx afirmar, a respeito do produto imaterial, que "a produção capitalista aí só é aplicável de maneira muito restrita", ou ainda, que "todas essas manifestações da produção capitalista nesse domínio, comparadas com o conjunto dessa produção, são tão insignificantes que podem ficar de todo despercebidas" (*TMV, I*, p. 103-4).

Para compreender a relação entre o caráter individual ou coletivo do trabalho e sua subsunção formal ou real ao capital, é necessário examinar, ainda que em linhas gerais, o processo histórico que estabelece o capital como forma determinante das relações sociais de produção. É este mesmo processo que transforma o trabalho produtivo de valor de uso, isto é, o trabalho produtivo em sua acepção geral, em trabalho produtivo de valor ou produtivo para o capital. O exame histórico do desenvolvimento do modo capitalista de produção se faz ainda mais importante quando observamos que, de fato, o capital deu conta de subsumir realmente parte significativa da produção imaterial. Assim, nem toda produção imaterial é, "por sua própria natureza", impassível da subordinação real ao capital. Para citar alguns exemplos, as indústrias de diagnósticos médicos, de produção de softwares, do cinema e a ciência natural são produções imateriais subsumidas realmente ao capital. Seus meios técnicos foram e são constantemente revolucionados lançando mão das forças produtivas sociais, assim como a organização do trabalho é coletiva e continuamente aprimorada. Esses ramos da produção imaterial são, portanto, tão plenamente produtivos para o capital quanto a produção material. Por outro lado, uma gama de processos produtivos de valores de uso imateriais se comporta do modo como Marx os descreveu: as características concretas do produto o fazem pouco suscetível – até hoje – à subsunção real, especificamente aqueles levados a cabo pelo trabalhador individual. Podemos citar, por exemplo, serviços, como a educação, e produtos artísticos, como o teatro. Estas atividades, de fato, não têm o mesmo caráter produtivo do processo de trabalho coletivo cuja organização e meios materiais assumem a forma da produção especificamente capitalista e cujas transformações técnicas e organizacionais são empreendimentos do capital. Por essa razão permanecem, como Marx observou, no limite da subsunção formal ao capital.

Além disso, é preciso distinguir entre o caráter material ou imaterial da atividade individual e do produto coletivo. Os trabalhos material e imaterial do ponto de vista do produto são, no modo de produção plenamente capitalista, caracteristicamente coletivos e envolvem atividades individuais de diferentes qualidades concretas, efetivadas pelos trabalhadores parciais que os compõem. A produção material dispõe de atividades individuais imediatamente imateriais cujas funções são, por exemplo, a criação de tecnologia específica, a pesquisa científica que se dá no âmbito privado, a organização das diversas operações que constituem o processo de trabalho e, no caso da produção automática, a vigilância do processo de funcionamento das máquinas. Nos ramos em que a produção se automatiza, a própria operação das máquinas, que para o operário fabril da indústria que Marx examina exigia atividade mecânica, de manipulação direta do meio de produção, passa a ser realizada por intermédio da informatização, e com isso torna-se atividade individual de caráter imaterial. Assim, sob os níveis mais desenvolvidos da força produtiva, a produção material passa mesmo a requerer maior quantidade de trabalhos parciais imateriais, do que materiais. Seu produto não deixa, entretanto de ser material, e o processo coletivo de trabalho que o criou, trabalho material. Inversamente, a produção imaterial, coletiva que se subsume realmente ao capital exige um conjunto de atividades materiais. Assim, na indústria do cinema, por exemplo, cada filme, produto imaterial final, exige a construção de estúdios e operação de aparelhos de iluminação, áudio e filmagem, atividades parciais de caráter material. Independente do trabalho necessário à criação dos meios de produção do cinema, bem como à reprodução do filme, como cópias e salas de projeção, a produção especificamente imaterial do filme exige um conjunto de atividades materiais individuais que compõem sua produção coletiva. Outro exemplo de produção imaterial que demanda atividades materiais parciais é a indústria de diagnósticos médicos, os laboratórios. O produto consiste em um conjunto de informações, mas o processo coletivo de trabalho necessário à produção dessas informações inclui o manejo de instrumentos e operação de máquinas para a coleta de material biológico, que então será materialmente tratado e analisado por outros trabalhadores parciais. Desse modo, por um lado, tanto a produção material exige atividades parciais imateriais, quanto, por outro lado, a produção imaterial requer atividades individuais de caráter material. A determinação material ou imaterial das múltiplas atividades que participam da produção coletiva de cada mercadoria não guarda, portanto, relação necessária com o caráter material ou imaterial do produto. Por essa razão, Marx não aborda as diferenças entre as atividades parciais dos trabalhadores por sua determinação material ou imaterial; mas examina-as por seu grau de complexidade, ou seja, por meio das categorias de trabalho simples e trabalho complexo. No interior do processo coletivo da reprodução capitalista, que envolve tanto o trabalho produtivo quanto o trabalho improdutivo da circulação e direção, as atividades parciais dos trabalhadores distinguem-se quanto ao nível de qualificação, podendo ser simples ou complexas.

Deste modo, expomos na sequência, em traços gerais, as categorias de trabalho simples e complexo conforme Marx as define. Por fim, abordamos as determinações centrais do desenvolvimento histórico em que o capital subsume progressivamente o conjunto da produção humana, atentando especialmente para o modo como os trabalhos simples e complexo aparecem em cada estágio de desenvolvimento do capital. O objetivo é localizar essas determinações da atividade individual no processo de consolidação do capital, que coincide com o processo de socialização ou complexificação da produção.

A definição marxiana de trabalho complexo

Por trabalho simples Marx entende a atividade que pode ser realizada pela capacidade comum de trabalho. É o conjunto das formas em que a força social média de trabalho pode ser despendida sem que seja necessária qualquer formação subjetiva especial prévia, isto é, atividades em que a força de trabalho se forma na própria prática do trabalho. Essa capacidade média de trabalho muda historicamente ao transformarem-se, com o desenvolvimento produtivo, as atividades concretas da produção que moldam a conformação subjetiva média dos indivíduos sociais.[11] Com isso, varia também o conjunto das atividades que se caracterizam como trabalho simples. Nas palavras de Marx:

> Trabalho humano mede-se pelo dispêndio da força de trabalho simples, a qual, em média, todo homem comum, sem educação especial, possui em seu organismo. O *trabalho simples médio* muda de caráter com os países e estágios de civilização, mas é dado numa determinada sociedade (C, I, p. 66).

Assim, o trabalho simples se define como trabalho *social* médio, historicamente determinado. Uma vez que é condicionado pelas formas concretas da produção, apresenta-se empiricamente em cada sociedade. O trabalho simples em geral se caracteriza por ser realizado pela força de trabalho que determinado modo de produção social espontaneamente gera, ou seja, que recebe a educação comum a dada forma de sociabilidade e que pode ser imediatamente empregada na produção, durante a qual se forma como força de trabalho de função específica. A força de trabalho simples pode ser despendida em múltiplas atividades concretas, sem dificuldade de passar de uma função a outra, já que à realização dos trabalhos denominados *simples* basta a educação comum, a educação que a média dos indivíduos recebe.

O trabalho complexo, superior ou qualificado é definido com relação ao trabalho simples, pelo caráter especial de sua atividade concreta, e portanto também da força de trabalho que a efetiva. A força de trabalho qualificada, diversamente da que realiza trabalho médio, não é formada espontaneamente pelo modo de vida comum em determinada sociedade, mas requer educação especial prévia à realização da atividade.

---

11 Essa conformação subjetiva abrange inclusive a conformação física dos trabalhadores. Marx menciona a condição física do trabalhador produtivo da indústria, condicionada pela prática do trabalho nessa forma: "Onde, por exemplo, a substância física da classe trabalhadora está enfraquecida e relativamente esgotada, como nos países de produção capitalista desenvolvida (...)"(C, I, p. 231).

As categorias de trabalho simples e complexo não são fixas, e comportam diversas gradações. Assim, por exemplo, um separador de retalhos na indústria têxtil realiza trabalho simples em comparação com o de um motorista, que requer formação específica. Este, por sua vez, efetiva atividade menos complexa que a de um professor, cuja formação é mais longa e custosa. Desse modo, a atividade do trabalho individual é considerada simples ou complexa em cada formação social determinada de acordo com sua especificidade concreta e em comparação com o conjunto dos trabalhos sociais. É essa determinação da atividade que deve ser levada em conta para que seja classificada como trabalho simples ou complexo: o trabalho simples envolve todas as atividades concretas que podem ser realizadas de modo imediato pelos indivíduos sociais, ao passo que o trabalho complexo abrange aquelas que demandam produção especial da força de trabalho, ou em outros termos, mais tempo de trabalho social para sua formação. Na medida em que não são categorias fixas, conjunturas sociais específicas desempenham importante papel na determinação das atividades concretas como simples ou complexas. Marx afirma que

> A diferença entre trabalho superior e simples, entre trabalho qualificado e não qualificado decorre, em parte, de meras ilusões, ou pelo menos de distinções que cessaram de ser reais, mas sobrevivem convencionalmente, por tradição; em parte, se origina também da situação precária de certas camadas da classe trabalhadora, situação que as impede, mais que as outras, de reivindicarem e obterem o valor de sua força de trabalho. Circunstâncias fortuitas desempenham, no caso, papel tão importante que esses dois gêneros de trabalho chegam a trocar de posição. Onde, por exemplo, a substância física da classe trabalhadora está enfraquecida e relativamente esgotada, como nos países de produção capitalista desenvolvida, os trabalhos brutais que exigem muita força muscular são considerados superiores a muitos trabalhos mais refinados, que são

rebaixados ao nível de trabalho simples. Na Inglaterra, um pedreiro ocupa uma posição superior à de um tecedor de damasco; já o trabalho de um aparador de veludo é considerado simples, embora exija grande esforço físico e seja nocivo à saúde (*C, I*, p. 231, nota 18).

No modo de produção capitalista, que faz do processo produtivo um processo de valorização, os trabalhos simples e complexo distinguem-se pelas diferentes magnitudes de valor que incorporam ao produto. Do mesmo modo, nessa forma social em que a força de trabalho se torna mercadoria, as forças de trabalho simples e de trabalho complexo se diferenciam pelas diversas magnitudes de valor que contêm. Essas duas distinções quanto à magnitude de valor que, de um lado, as atividades simples e complexa incorporam ao produto e, de outro, que as forças de trabalho simples e qualificadas contêm como mercadorias específicas decorrem de fatores diversos, embora vinculados, e por isso, de início, as abordamos separadamente. Tomemos inicialmente a variação no valor da força de trabalho simples e complexa:

> Observamos anteriormente que não importa ao processo de criação de mais-valia que o trabalho de que se apossa o capitalista seja trabalho simples, trabalho social médio, ou trabalho mais complexo, de peso específico maior. Confrontado com o trabalho social médio, o trabalho que se considera superior, mais complexo, é dispêndio de força de trabalho formada com custos mais altos, que requer mais tempo de trabalho para ser produzida, tendo, por isso, valor mais elevado que a força de trabalho simples (*C, I*, p. 230).

A força de trabalho complexo é mercadoria que demanda maior tempo de formação e mais meios de produção do que a força de trabalho simples. Enquanto o valor da força de trabalho simples é determinado pela soma dos valores das mercadorias e serviços que bastam à reprodução física e à educação média do trabalhador e de sua família, o valor da força de trabalho complexo se define pela soma das mercadorias e serviços necessários não apenas à sua reprodução física e educação média, mas também à sua qualificação como força de trabalho especial. Assim, a produção desta força de trabalho peculiar requer meios de produção adicionais, bem como tempo de trabalho de outros trabalhadores que concorrem para sua qualificação, além de tempo do próprio trabalhador investido em sua formação. Custa, ademais, tempo maior e maior volume de recursos para se reproduzir, ou manter-se, como força de trabalho especial. Por isso, o valor da força de trabalho complexo é maior que a de trabalho simples.

Como mercadorias específicas, as forças de trabalho de diversos níveis de complexidade têm diferentes valores e, por conseguinte, são remuneradas por salário de magnitudes distintas. As variações no salário dos trabalhadores qualificados e sem qualificação especial são uma consideração importante para a compreensão da flexibilidade das categorias de trabalho simples e complexo. A força de trabalho é mercadoria subjetiva cujo valor de uso só existe enquanto atividade. Assim, medem-se as diferenças de valor das forças de trabalho singulares de acordo com a atividade específica que são capazes de realizar. O salário, na medida em que é preço da força de trabalho, não é imediatamente idêntico ao valor: conjunturas mercantis e políticas específicas definem sua magnitude em cada momento e localidade, em dado ramo e função. Se o salário desce a uma soma inferior ao mínimo necessário para que o indivíduo se mantenha como trabalhador de função específica, então é possível que este trabalhador perca a capacidade de efetivar sua função. Sobre o efeito da variação do salário sobre o valor da força de trabalho, Marx afirma:

> O limite último ou mínimo do valor da força de trabalho é determinado pelo valor da quantidade diária de mercadorias indispensável para que o portador da força de trabalho, o ser humano, possa continuar vivendo, ou seja, pelos meios de subsistência fisicamente imprescindíveis. Se o preço da força de trabalho baixa a esse

mínimo, baixa também seu valor, e ela só pode vegetar e atrofiar-se (*C, I*, p. 203).

Isso não ocorre com as mercadorias objetivas: independente de seu preço estar acima ou abaixo do valor, este último se determina no processo produtivo.[12] No caso da força de trabalho, mercadoria subjetiva ou ativa, a reprodução é parte integrante de sua produção, e portanto do valor; ou ainda, em outros termos, o valor da força de trabalho depende da manutenção de sua capacidade de ser ativa, e, ademais, de realizar a atividade concreta determinada pela qual é paga. Assim, se um trabalhador que realiza atividade simples tem seu salário reduzido a magnitude inferior à mínima para a manutenção de sua condição física, deixa de ser capaz de realizá-la pelo tempo integral da jornada, por exemplo, ou não é mais capaz de efetivar o trabalho na intensidade social média. Com isso, seu valor diminui:

> Se um trabalhador utiliza mais tempo na produção de uma mercadoria do que o socialmente exigido, (...) não poderá seu trabalho ser aceito como trabalho médio, nem sua força de trabalho, como força de trabalho média. Esta não se vende ou apenas se vende abaixo do valor médio da força de trabalho (*C, I*, p. 377).

Como requisito para a manutenção da capacidade do trabalhador de realizar função determinada, o preço da força de trabalho condiciona a magnitude

---

12 No caso da superprodução de mercadorias, o preço pode ser indicativo de que a quantidade de valor socialmente disponível para determinada espécie de mercadoria é inferior ao tempo de trabalho social de fato despendido. O valor unitário da mercadoria aparece abaixo do tempo de trabalho incorporado porque o valor socialmente disponível se divide entre os exemplares existentes. A queda no preço não reduz o valor da mercadoria, apenas expressa a superprodução, ou oferta acima da demanda. Para um novo ciclo de produção, mantém-se o valor unitário da mercadoria, embora se imponha uma retirada de capital deste ramo para outro. O mesmo vale, em sentido inverso, para a subprodução de mercadorias.

de seu valor. A força de trabalho tem diferentes valores em função de seus diferentes custos de produção. É o acesso a meios de produção e reprodução da força de trabalho que compõe seu custo de produção, que possibilita a aquisição e manutenção de capacidades de trabalho: se o salário da força de trabalho simples, a que Marx se refere, não é suficiente para sua subsistência, sua capacidade de produzir se reduz. O mesmo se dá com o trabalhador que realiza atividade complexa: se o salário do trabalhador qualificado não possibilita a apropriação dos meios, sejam mercadorias ou serviços, necessários à sua reprodução, a força de trabalho perde a capacidade de atuar *em sua função*. Se não pode efetivá-la na qualidade média de sua função específica, não se vende como força de trabalho média desta função. Assim, por exemplo, se a remuneração de um médico é insuficiente para que se mantenha como médico, para que, digamos, aproprie-se do conhecimento novo necessário à sua atividade, então deixa de ser capaz de atuar como médico, e pode ser reduzido a trabalhador de função específica menos complexa.[13] Desse modo, sua força de trabalho passa a conter menor valor. O preço da força de trabalho atua, pois, no sentido de transformar seu valor ao alterar as determinações concretas de sua capacidade ativa: com a redução do salário, tanto o trabalhador simples pode "vegetar e atrofiar-se", quanto a força de trabalho complexo pode ser reduzida à de trabalho mais simples.

Na forma de sociabilidade do capital, os trabalhos simples e complexos distinguem-se, primeiramente, pelo valor de suas respectivas forças de trabalho. Essa primeira determinação é comum ao trabalho produtivo e improdutivo: para ambas as funções do trabalho que compõem o ciclo de reprodução do capital, tanto na esfera da produção quanto na da circulação, o trabalho coletivo inclui atividades parciais simples e complexas levadas a cabo por trabalhadores

---

13 No interior de cada qualificação específica, também há níveis de complexidade da atividade. No caso da medicina, há trabalhadores cuja atividade demanda custos de reprodução mais altos dada a necessidade de incorporação de novos conhecimentos e técnicas, como os cirurgiões; e outros cuja atividade é menos qualificada e quase não demanda custos específicos de reprodução, como os médicos empregados por clubes para diagnosticar doenças dermatológicas contagiosas nos frequentadores de piscinas, por exemplo. Nestes casos, a própria remuneração define o grau de qualificação da atividade.

assalariados. Assim, há variação no valor da força de trabalho e, por conseguinte, nos salários do trabalho produtivo e improdutivo.

Além de distinguirem-se pelo valor da força de trabalho, os trabalhos simples e complexos caracterizam-se pelas diferentes magnitudes de valor que incorporam ao produto. Na medida em que apenas o trabalho produtivo, definido como produtor de mercadorias, incorpora valor, essa segunda determinação se restringe à função produtiva do trabalho. Marx a apresenta:

> Trabalho complexo ou qualificado vale como trabalho simples *potenciado* ou, antes, *multiplicado*, de modo que uma quantidade dada de trabalho qualificado é igual a uma quantidade maior de trabalho simples. A experiência demonstra que essa redução sucede constantemente. Por mais qualificado que seja o trabalho que gera mercadoria, seu valor a equipara ao produto do trabalho simples e representa, por isso, uma determinada quantidade de trabalho simples (*C, I*, p. 66).

Marx insere nesse ponto uma nota: "Repare o leitor que não se trata aqui de salário ou do valor que o trabalhador recebe por seu tempo de trabalho, mas do valor da mercadoria no qual se traduz seu tempo de trabalho (...)" (*C, I*, p. 66, nota 15). Trabalho complexo é atividade que incorpora ao produto valor maior do que o trabalho simples *durante o mesmo intervalo de tempo*.

A razão pela qual a força de trabalho qualificada tem maior valor é incontroversa no debate marxista: vale mais porque sua reprodução tem custo mais alto, ao requerer o consumo de diversos objetos e serviços para se manter enquanto força de trabalho qualificado, desnecessários à força de trabalho simples ou médio. Contudo, as razões pelas quais o trabalho qualificado incorpora maior valor que o trabalho simples, em mesmo tempo de dispêndio, são alvo de controvérsias e polêmicas. O trabalho complexo já foi identificado com trabalho de maior produtividade, intensidade ou habilidade individual, e assim justificada sua capacidade de incorporar valor multiplicado.

Alguns autores consideram que a capacidade de produzir maior valor é devida ao fato de o trabalho complexo ser mais produtivo, isto é, produzir maior quantidade de produtos em mesmo tempo.[14] Por produzir em quantidade maior do que a média, acaba por significar maior quantidade de trabalho incorporado e daí produção multiplicada de valor. Refuta-se facilmente esta concepção a partir da definição de produtividade para Marx, segundo a qual esta se refere especificamente ao trabalho concreto, e, por conseguinte, a cada espécie de atividade em particular, e se define pela relação entre tempo de trabalho e quantidade de produto. O aumento da produtividade média de um dado ramo da produção não aumenta o valor do produto total (de um dia, por exemplo), mas mantém sua

---

14 Louis B. Boudin afirma: "Trabalho qualificado é, independente de a qualificação ser pessoal, adquirida por estudo e treinamento, ou impessoal, devido ao uso de melhores ferramentas, mais produtivo. (...) O ponto a ser lembrado, no entanto, é o de que enquanto a medida do trabalho simples [ordinário] é o tempo durante o qual ele é despendido, *a medida do tempo despendido em qualquer mercadoria particular é a quantidade de produto gerado por este dispêndio*. Em outras palavras, o valor de uma mercadoria não depende do tempo individual despendido em sua produção, mas do trabalho social necessário à sua reprodução, como já foi afirmado acima. Quando, portanto, compreendido apropriadamente, o fato de o produto do trabalho qualificado ser mais valioso que o produto do trabalho simples não é mais objeção ou exceção à nossa teoria do valor do que o fato de que o trabalho não qualificado de um homem produz mais valor que o trabalho não qualificado de outro devido a uma diferença de intensidade em sua aplicação" (BOUDIN, L. B. *The Theoretical System of Karl Marx in the Light of Recent Criticism*. Chicago: Charles H. Kerr, 1907, p. 117-8). Boudin entende o trabalho qualificado como trabalho mais produtivo, sendo este aumento da produtividade individual devido à qualificação da força de trabalho *ou* à utilização de "melhores ferramentas". Mas o trabalho que se utiliza de forças produtivas mais desenvolvidas não é necessariamente mais complexo que o trabalho que faz uso de ferramentas simples: o trabalho artesanal da manufatura é mais complexo que o trabalho operário à máquina na grande indústria; no entanto, o segundo é mais produtivo, porque (por meio de atividade bem mais simples que a de um artesão), põe em ação meios de produção (objetivos) mais produtivos. Seu trabalho é por isso mais produtivo, mas de modo algum mais complexo. Além disso, o trabalho complexo cria mais valor e o trabalho mais produtivo, massa maior de valores de uso com mesmo valor. Tampouco podemos concordar com a afirmação de que o trabalho complexo produz mais valor analogamente ao trabalho de maior intensidade, como expomos adiante.

magnitude, uma vez que o valor é medido pelo *tempo* de trabalho incorporado. Se a produtividade de um empreendimento específico é superior à média porque emprega trabalhadores mais qualificados, isto possibilita a realização de lucro superior ao médio, mas não aumenta o valor do produto, que é dado pelo trabalho socialmente necessário (médio) em cada ramo. Neste, a incorporação superior de lucro provém justamente da redução do custo de produção unitário do produto. Mais produtividade não implica, por conseguinte, maior quantidade de trabalho incorporado: ao contrário, significa maior quantidade de valores de uso gerados com mesmo trabalho e portanto igual quantidade de valor distribuído em massa maior de produtos. Por isso, não significa ampliação quantitativa de valor. Deste modo, o trabalho complexo, como trabalho que agrega valor multiplicado ao produto, não pode ser explicado como trabalho mais produtivo no interior de cada ramo da produção.

Outros autores identificam o trabalho complexo com trabalho mais intenso,[15] o que não concorda com as definições de Marx: trabalho mais intenso significa a realização de mais unidades de trabalho em mesmo tempo, justamente porque a atividade é mais tensa, isto é, o ritmo da atividade está acima do médio. O aumento da intensidade amplia a quantidade de trabalho em dada jornada, enquanto o trabalho complexo é trabalho que cria maior valor quando despendido em quantidade igual ao trabalho simples.

Há ainda a concepção que aborda indistintamente o trabalho qualificado e os de maior destreza, habilidade ou eficiência individuais.[16] Com isso, fica obscurecida a distinção entre trabalhador individualmente mais habilidoso

---

15 Wilhelm Liebknecht afirma: "O trabalho complexo só pode produzir maior valor que o simples em condições nas quais é mais intenso que o trabalho simples", porque implica maior dispêndio de "atenção, esforço e desgaste mental" (*Zur Geschichte der Werttheorie in England*, p. 102, *apud* Rubin, *op. cit.*, p. 178). De acordo com Rubin (*op. cit.*, p. 178), também Franz Oppenheimer (*Wert und Kapitalprofit*, p. 63-66), ao abordar o que ele chama de qualificação "inata", confundiu o trabalho complexo com o trabalho individualmente mais eficiente.

16 De acordo com Paul Sweezy, "há dois casos possíveis, então: ou o trabalhador especializado é mais eficiente devido a uma habilidade superior natural, ou devido a um treinamento superior" (*op. cit.*, p. 71).

em comparação com outros empregados na mesma função, e o trabalhador qualificado, isto é, empregado em funções que requerem maior qualificação para sua realização em nível normal ou médio de eficiência. O trabalhador que, com mesmo nível de qualificação, se mostra mais habilidoso, rápido, forte, ou, numa palavra, o trabalhador mais *produtivo* que a média – gera mais produtos (ou produtos de qualidade superior) em mesmo tempo – interessa para o capital singular porque faz subir a produtividade *média* do conjunto da força de trabalho empregada. Uma boa ilustração disto é o chamado operário padrão. As diferenças individuais – de destreza etc., e mesmo de produtividade, como mencionado acima – devem ser compreendidas com referência ao trabalho socialmente necessário, enquanto que o trabalho qualificado abrange funções que apresentam, socialmente, maior potencial de produção de valor.

Assim, trabalho complexo não é trabalho mais intenso, mais produtivo, mais competente ou hábil. Sua capacidade potenciada de produzir valor não se justifica por uma ampliação na quantidade de trabalho individual diretamente despendido na atividade: a atividade que o trabalhador qualificado realiza não é mais produtiva, competente ou intensa que a média para sua função. Em outras palavras, o trabalho complexo não é superior ao médio em nenhuma outra determinação que não a *qualificação* da força de trabalho para o exercício de funções específicas que requerem educação superior à média. Sua capacidade potenciada de gerar valor, ou seja, de produzir, relativamente ao trabalho simples, valor multiplicado, em mesmo tempo de dispêndio, deve referir-se a esta sua determinação própria. Contudo, independente da relação quantitativa, há uma substância comum entre os trabalhos simples e complexo subsumidos ao modo de produção do capital que, desvinculada de suas determinações concretas, consiste em ter como produto o valor. Em termos qualitativos, seu produto é o mesmo. A primeira determinação do trabalho complexo que deve ser destacada, decorrente de sua capacidade de gerar valor, é a de que este também assume a forma social de trabalho abstrato, a despeito de não se caracterizar como trabalho simples ou médio.

Assumindo-se a substância comum aos trabalhos complexo e simples e consequentemente sua forma social de trabalho abstrato, isto é, trabalho inespecífico medido pelo tempo,[17] é necessário explicar por que determinada quantidade de tempo de trabalho complexo incorpora mais valor que a mesma quantidade de trabalho simples se, como trabalho abstrato, importa apenas o dispêndio quantitativo de força de trabalho. À primeira vista, se Marx conceitua o valor como dispêndio meramente quantitativo de força de trabalho, isto é, *quantidade* de trabalho incorporado, sem distinções concretas, cuja medida é o tempo – a única possível, uma vez que o trabalho é atividade – não poderia afirmar que determinado tipo de trabalho, em mesmo intervalo de tempo, isto é, despendido em quantidade igual, gera mais valor que os demais sem abalar a própria teoria do valor. Não parecem as categorias de simples e complexo caracterizações referentes à atividade concreta, específica do trabalho: este é operário, aquele arquiteto? Com efeito, a delimitação do trabalho simples com relação ao complexo envolve distinções entre as atividades concretas. Contudo, a determinação que os distingue quanto ao valor que incorporam ao produto não é a particularidade concreta do conjunto de atividades que participam de uma ou outra das categorias. É, ao contrário, uma diferença com relação ao caráter abstrato do trabalho: o trabalho complexo põe em ação, em um dado período de tempo, maior quantidade de trabalho do que o trabalho simples em mesmo tempo.[18] Trabalho complexo, com referência à sua capacidade de criar

---

17 O valor é "objetividade impalpável, a massa pura e simples do trabalho humano em geral, do dispêndio de força de trabalho humana, sem consideração pela forma como foi despendida" (C, I, p. 60).

18 A crítica de Böhm-Bawerk dirigida contra Marx utiliza esta aparente contradição entre a categoria de trabalho complexo e a teoria do valor como tentativa de desconstruir esta última: "O dado a examinar é o de que o produto de uma jornada ou de uma hora de trabalho qualificado tem um valor maior que o produto de uma jornada ou de uma hora de trabalho simples; por exemplo, o produto cotidiano de um escultor é igual ao valor de cinco produtos diários de um quebrador de pedra. Contudo, Marx ensinou que as coisas equiparadas entre si na troca devem conter 'um algo comum de magnitude igual', e este elemento comum deve ser o trabalho e o tempo de trabalho. Trata-se de trabalho em geral? Assim

valor, é trabalho abstrato potenciado ou tempo multiplicado, que não pode ser explicada, portanto, pelas especialidades concretas.

Dentre as análises, na literatura marxista, que distinguem o trabalho complexo da maior intensidade, habilidade individual ou produtividade, e procuram explicá-lo independentemente dessas outras determinações do trabalho, destacam-se duas posições. Primeiramente, aquela que deduz a capacidade de criar valor multiplicado próprio ao trabalho complexo do maior valor da força de trabalho do trabalhador qualificado. A. Bogdanov e I. Stepanov explicam que o trabalho complexo

> normalmente só pode funcionar sob a condição de que as mais significativas e variadas necessidades do próprio operário estejam satisfeitas, isto é, sob a condição de que ele consuma uma quantidade maior dos diferentes produtos. Assim, a força de trabalho complexo tem *maior valor-trabalho* e custa à sociedade um montante maior de seu trabalho. *É por isso que* esta força de trabalho fornece à sociedade um trabalho vivo mais complexo, ou seja, "multiplicado".[19]

---

permitiriam supor as primeiras considerações, gerais, de Marx até a página 7, mas evidentemente ele não concorda: com efeito, cinco jornadas de trabalho não constituem, por certo, 'a mesma magnitude' de uma jornada de trabalho"; e adiante: "(...) o elemento comum deve ser o conteúdo de uma mesma quantidade de trabalho de uma mesma espécie, ou seja, de trabalho simples. Mas, considerando as coisas mais friamente, isto não está, no entanto, de acordo, porque no produto do escultor não foi incorporado um 'trabalho simples', e menos ainda a mesma quantidade de um trabalho simples contida em cinco produtos cotidianos de um quebrador de pedra. A verdade pura e simples é que os dois produtos incorporam *tipos diferentes* de trabalho em quantidades diferentes (...)" (*Zum Abschluss des Marxschen Systems* [A conclusão do sistema de Marx], apud ROSDOLSKY, R. *Gênese e estrutura de O Capital de Karl Marx*. Rio de Janeiro: EDUERJ; Contraponto, 2001, p. 421-2).

19 BOGDANOV, A.; STEPANOV, I. *Krus politicheskoi ekonomii*, Vol. II, nº. 4, *apud* RUBIN, *op. cit.*, p. 179.

Mas é importante não perder de vista que Marx, ao abordar a questão do valor da força de trabalho, deixa claro que este não determina, nem é determinado, pelo valor que a força de trabalho gera na produção de mercadorias. Deduzir o maior valor incorporado pelo trabalho complexo ao produto, em mesmo tempo de dispêndio, do mais alto valor de sua força de trabalho coloca em xeque a determinação central da teoria do valor, segundo a qual a mercadoria vale o tempo de trabalho socialmente necessário que contém. O acerto desta posição, como expomos abaixo, está no fato de que o trabalho complexo "custa à sociedade um montante maior de seu trabalho", e este fator é determinante na incorporação de valor multiplicado ao produto do trabalhador qualificado.

A outra posição, assumida por Otto Bauer, Rudolf Hilferding, I. I. Rubin e Ernst Mandel, entre outros, explica a capacidade do trabalho complexo gerar valor multiplicado pelo mais alto custo social de produção da força de trabalho qualificado, medido em tempo de trabalho social. O argumento central é o de que o produto do trabalho complexo não resulta exclusivamente do tempo de trabalho despendido em sua produção imediata, mas também do tempo de trabalho requerido para a qualificação subjetiva da força de trabalho que a torna apta a realizar trabalho complexo. Assim, o tempo que o trabalhador despendeu em sua formação, assim como o tempo de trabalho social, incorporados em meios e força de trabalho, necessários para esta qualificação, são transferidos ou atualizados na atividade produtiva do trabalho complexo. Este, então, é o trabalho composto por múltiplos trabalhos sociais, subjetivamente incorporados na força de trabalho qualificado.

Ao explicar o maior poder de criação de valor do trabalho complexo pelo caráter *composto* da atividade assume-se que o tempo de trabalho daqueles que se responsabilizam pela formação do trabalhador qualificado incorpora valor à mercadoria que este produz. Rubin afirma, lançando mão da análise de Hilferding: "Este último trabalho [necessário ao aprendizado do trabalhador] também entra no valor do produto e o torna correspondentemente mais caro. 'Naquilo que tem de dar pelo produto do trabalho qualificado, a sociedade paga, consequentemente, um equivalente do valor que os trabalhos qualificados teriam criado se tivessem sido consumidos diretamente pela sociedade',[20] e não gastos no treinamento da força de trabalho qualificada".[21] Rubin afirma ainda:

> Ao examinar a questão de se o trabalho do instrutor entra ou não no valor do produto do trabalho qualificado, O. Bauer está inteiramente correto ao tomar como ponto de partida de seu raciocínio as condições de equilíbrio entre os diferentes ramos da produção. Ele chega às seguintes conclusões: "Juntamente com o valor criado pelo trabalho, despendido no processo direto de produção, e com o valor transferido do instrutor para a força de trabalho qualificada, também o valor criado pelo instrutor no processo de treinamento é um dos fatores determinantes do valor dos produtos que são produzidos pelo trabalho qualificado no estádio da produção mercantil simples".[22]

Dada a forma abstrata que o trabalho assume nestas relações de produções, as forças de trabalho individuais contam como partes alíquotas do trabalho social. Se uma mercadoria requer, como parte de sua cadeia produtiva, a atividade indireta de trabalhadores cuja função é a de qualificar a força de trabalho necessária à produção direta, então o tempo de trabalho desses indivíduos transfere-se para a mercadoria criada pelo trabalho complexo. Como Rosdolsky destaca, "é como se os diversos indivíduos houvessem reunido seu tempo de trabalho e representado diferentes quantidades do tempo de trabalho que se acha comunitariamente a sua disposição em diversos valores de uso".[23] Os valores de uso que são produto do trabalho complexo incorporam,

---

20 HILFERDING, R. "La crítica de Böhm-Bawerk a Marx" In: HILFERDING, R. et al, Economía Burguesa y Economía socialista, Cuadernos de Pasado y Presente, nº 49. México: Siglo XXI, 1947, p. 145.

21 RUBIN, op. cit., p. 182.

22 BAUER, O. "Qualifizierte Arbeit und Kapitalismus", p. 131-2, apud RUBIN, I. I., op. cit., p. 182.

23 MARX, Para a crítica da economia política, apud ROSDOLSKY, op. cit., p. 427.

na forma de valor, o tempo de trabalho despendido na educação necessária à sua criação, tanto pelo próprio trabalhador, como pelos educadores cuja atividade concorreu para a qualificação do produtor direto. Trabalho complexo expressa, então, a atividade do indivíduo que põe em ação, ou atualiza, o tempo de trabalho pregresso de muitos indivíduos. Não apenas a que realiza trabalho qualificado, mas toda capacidade de trabalho é resultado da incorporação subjetiva de forças produtivas sociais. A formação média, não especial, da força de trabalho incorpora forças produtivas sociais ao indivíduo, no sentido de que é a produção efetiva, no nível de desenvolvimento que a caracteriza, que conforma a atividade individual. Isto não muda pelo fato de que a forma privada determina a função individual na produção como parcial dadas a intensa especialização e a ausência de controle social da produção. O "trabalho simples médio muda de caráter com os países e estágio de civilização" (C, I, p. 66) porque o modo de produção específico a que correspondem forças produtivas em dado patamar de desenvolvimento configura o caráter concreto do trabalho, imprimindo sua forma à atividade individual. A força de trabalho qualificada se distingue por incorporar espectro mais largo das forças produtivas sociais, em que consiste precisamente sua formação especial. Põe em ação tempo de trabalho de muitos indivíduos ao incorporar subjetivamente sua força produtiva conjunta. Isto não suprime sua parcialidade, uma vez que esta resulta não apenas da decomposição das funções, mas também do não-controle social da produção. A crescente necessidade do trabalho complexo na produção significa, isto sim, o progressivo aprofundamento do caráter socializado da produção.

Mas, no que diz respeito ao valor, é preciso não perder de vista que o trabalho complexo apenas atualiza o tempo de trabalho despendido na qualificação da força de trabalho, incorporando-o como valor, se seu produto tiver a forma de mercadoria, isto é, se configurar-se em trabalho produtivo. A incorporação de valor e mais-valia e, portanto, a exploração capitalista do trabalho, independente do nível de qualificação da atividade, demanda a produção de seu veículo próprio, a mercadoria. O trabalho complexo não altera qualitativamente o processo de valorização do capital, ou a forma como o trabalhador é explorado:

> Qualquer que seja a diferença fundamental entre o trabalho do fiandeiro e do ourives, a parte do trabalho desse artífice com a qual apenas cobre o valor da própria força de trabalho não se distingue qualitativamente da parte adicional com que produz mais-valia. A mais-valia origina-se de um excedente quantitativo de trabalho, da duração prolongada do mesmo processo de trabalho, tanto no processo de produção de fios quanto no processo de produção de artigos de ourivesaria (*C, I*, p. 230-1).

Assim como o trabalho simples, a jornada de trabalho complexo se divide em tempo necessário e tempo excedente, uma vez que o valor da força de trabalho qualificado é também sempre inferior ao valor do produto que gera. Como todo trabalho assalariado, cria mais-valia para o capital, pois, embora o salário do trabalho complexo seja maior que o do trabalho simples, o produto do primeiro também contém maior valor que o do segundo, e por essa razão é igualmente explorado:

> Outras diferenças, no nível dos salários, por exemplo, decorrem em grande parte da existente entre trabalho simples e complexo, já mencionada no início do Livro Primeiro, p. 66, e, embora tornem bem desigual a sorte dos trabalhadores nos diversos ramos da produção, não alteram aí o grau de exploração do trabalho (*C, III*, p. 191).[24]

---

24 Embora o trabalho complexo produtor de mercadorias, ou seja, que compõe a produção coletiva, atualize, na forma de valor, o tempo de trabalho social despendido em sua qualificação, incorporando ao produto este tempo – portanto o valor que poderia diretamente gerar se fosse empregado em funções diretamente produtivas –, seu salário continua sendo definido pela necessidade de manutenção de sua força de trabalho individual.

Trabalho simples e trabalho complexo se distinguem, pois, por um lado, pelas diversas magnitudes de valor que contêm, e por outro, pela diferença no montante de valor que incorporam ao produto. A primeira determinação tem origem no caráter concreto do trabalho: como mercadorias específicas que demandam custos de produção distintos, as forças de trabalho simples e complexo corporificam magnitudes diversas de tempo de trabalho e portanto têm valores diversos. Por conseguinte, seus preços ou salários também variam. A segunda determinação provém do caráter abstrato do trabalho: o trabalho complexo traz em si a capacidade de potencializar o tempo de trabalho que a atividade individual incorpora à mercadoria. Entretanto, ambas as determinações se relacionam. O trabalho complexo somente é capaz de potencializar seu tempo de trabalho e logo multiplicar o valor absorvido pelo produto porque o trabalhador que o efetiva incorporou resultados determinados de trabalho pregresso que não são imediatamente apreendidos pelo modo de vida comum dos trabalhadores, ou seja, que são assimilados por meio de formação subjetiva específica. Assim, é a especialidade concreta de sua atividade que confere ao trabalho a capacidade de criar valor multiplicado. Para essa conformação individual específica é imprescindível o dispêndio de tempo e meios de produção adicionais, isto é, tempo maior de trabalho social – valor – é incorporado à subjetividade no percurso dessa formação. Sua reprodução continua a absorver custos adicionais. A força de trabalho que vale mais necessariamente incorpora, pois, maior valor ao produto; ou ainda, os fatores concretos que determinam o aumento do valor da força de trabalho são os mesmos que capacitam o trabalho a produzir valor multiplicado, potencializando-o em seu caráter abstrato. Com efeito, Marx aborda ambas as determinações que caracterizam o trabalho complexo em conjunto: "Quando o valor da força de trabalho é mais elevado, emprega-se ela em trabalho superior e materializa-se, no mesmo espaço de tempo, em valores proporcionalmente mais elevados" (*C, I*, p. 230). Em outra passagem, Marx exemplifica: "Se o trabalho de um oficial de ourivesaria é mais caro que o de um jornaleiro, produz o trabalho excedente do primeiro, para a mesma proporção, mais-valia maior que a do segundo" (*C, III*, p. 191). Esta análise da conceituação de trabalho complexo de Marx recoloca a relação do valor da força de trabalho com o valor que esta gera na produção: assumindo-se a teoria do valor de Marx, não é possível deduzir uma grandeza da outra, mas os mesmos fatores que elevam o valor da força de trabalho engendram sua capacidade de criar quantidade maior de valor em mesmo tempo de dispêndio produtivo. Como Marx explicita na seguinte passagem:

> Ricardo mostrou que este fato [de os trabalhos apresentarem diversos níveis de qualificação – VC] não impede medir as mercadorias pelo tempo de trabalho se é dada a relação entre trabalho simples e trabalho complexo. É verdade que deixou de expor como essa relação se desenvolve e se determina. O assunto se enquadra na determinação do salário e em última análise reduz-se aos diferentes valores da própria força de trabalho, isto é, aos diferentes custos de produção dela (determinados pelo tempo de trabalho) (TMV, III, p. 1218, grifos do autor).[25]

A multiplicação da quantidade de valor incorporado ao produto pelo trabalho complexo se fundamenta no fato de que este é *composto* por diversas unidades do trabalho simples, ou seja, seu produto incorpora o tempo referente às jornadas de múltiplos indivíduos que concorrem para a produção da força de trabalho. Por isso é tempo multiplicado, trabalho *abstrato* potenciado, e cria produto com valor equivalente ao de múltiplas jornadas de trabalho simples justamente porque, para produzi-lo, o tempo de trabalho despendido na qualificação do trabalhador é tão necessário como sua própria atividade produtiva.

Como trabalho que cria seu produto na forma de valor, ou abstrato, o trabalho complexo deve reduzir-se a trabalho simples. Nas palavras de Marx: "Ademais, em todo processo de produzir valor, o trabalho superior tem de ser reduzido a trabalho social médio, por exemplo, um dia de trabalho superior a

---

25 Sobre esta passagem, ver ROSDOLSKY, R., *op. cit.*, p. 430.

x dias de trabalho simples" (*C, I*, p. 231). Esta redução é necessária porque o caráter abstrato do trabalho que o faz produtivo de valor demanda a equalização real dos trabalhos concretos. De fato, o trabalho complexo não cria valor potenciado devido à sua qualidade superior, mas porque seu dispêndio em uma jornada é jornada complexa de trabalho, atualização do tempo (jornadas) de trabalho social incorporado na própria força de trabalho como qualificação. Mantém-se, assim, a igualdade qualitativa dos trabalhos simples e complexo, o trabalho abstrato, e de seus produtos, o valor.

A relação quantitativa entre o valor dos produtos dos trabalhos médio e qualificado, ou seja, a proporção em que o trabalho complexo se reduz a trabalho simples é alvo de polêmica. Marx explica que a definição da proporção em que os produtos de trabalhos com diferentes graus de qualificação devem ser trocados se efetiva na prática das trocas:

> As diferentes proporções em que as diversas espécies de trabalho se reduzem a trabalho simples, como sua unidade de medida, são fixadas por um processo social que se desenrola sem deles terem consciência os produtores, parecendo-lhes, por isso, estabelecidas pelo costume (*C, I*, p. 66).

É por meio da comparação, no mercado, entre os produtos do trabalho simples e complexo, ou criados por trabalhadores com diversos níveis de qualificação, que se estabelece a proporção entre as magnitudes de valor que as jornadas de trabalho simples e complexo incorporam. O mesmo se dá com o valor das forças de trabalho simples e complexas: como são também mercadorias, as proporções entre seus diferentes salários estabelecem-se no mercado, na prática de compra e venda da força de trabalho.

O questionamento dirigido a esta explicação marxiana da proporção em que o trabalho complexo se reduz ao simples refere-se à ausência de uma determinação anterior à realização do valor dos produtos respectivos no mercado. A efetiva comensurabilidade entre os produtos do trabalho simples e do trabalho complexo no mercado, que os compara na qualidade de valores, e manifesta sua proporção, não é aceita como razão suficiente para explicar a redução do trabalho qualificado a trabalho simples. O argumento de Marx é interpretado como um círculo vicioso: ele oferece como razão o fato que deve ser explicado, a saber, o que determina esta relação quantitativa, quais são as leis econômicas que regem esta proporção entre o valor gerado pelos trabalhos simples e complexo. Esta crítica espera de Marx uma explicação *a priori*, a partir de determinações inerentes ao trabalho complexo, para além das relações e proporções efetivas, da redutibilidade desta forma de trabalho a trabalho simples.[26] Rubin responde que "o suposto de que a redução do trabalho qualificado a trabalho simples deve ocorrer de antemão e preceder a troca, para tornar possível o ato de igualação dos produtos do trabalho, omite as próprias bases da teoria de Marx sobre o valor".[27] De fato, o valor apenas existe como produto geral do trabalho social em uma sociedade cujo caráter mercantil seja o próprio cerne do modo de produção. Além disso, a equiparação dos diferentes trabalhos concretos se dá apenas na relação efetiva da troca. Isso se aplica à multiplicidade de atividades simples ou médias, mais precisamente, a toda relação de valor, pois a equiparação qualitativa das mercadorias como valores realizam a abstração da diversidade de trabalhos úteis, manifestando o caráter abstrato que as atividades produtivas assumem neste modo de produção.

Trabalho abstrato não é o mesmo que trabalho simples, ou médio, que Marx define como aquele cuja capacidade é gerada espontaneamente em cada sociedade. Demanda, contudo, para sua constituição social, a possibilidade de

---

26 "Deparamo-nos com um dado muito natural mas comprometedor para a teoria marxiana, para a qual a medida da redução se determina unicamente *pelas mesmas efetivas relações de troca*. Não é determinada ou determinável *a priori* por uma das qualidades inerentes aos trabalhos qualificados a proporção em que estes devem ser convertidos em trabalho simples na valorização de seus produtos; o que decide é somente o resultado efetivo, as efetivas relações de câmbio" (BÖHM-BAWERK, *Zum Abschluss des Marxschen Systems* [A conclusão do sistema de Marx], *apud* ROSDOLKY, R. *op. cit.*, p. 422).

27 RUBIN, I. I., *op. cit.*, p. 185.

reduzir todos os trabalhos a trabalho simples, o que se dá na prática mercantil. Os diversos trabalhos concretos se reduzem a trabalho médio, simples, porque expressam valor, ou porções do trabalho social:

> (...) se falamos da mercadoria como materialização do trabalho – no sentido de seu valor de troca –, ele por sua vez é apenas um modo de existência imaginário, vale dizer, meramente social, da mercadoria, que nada tem a ver com sua realidade corpórea; pensada como uma quantidade determinada de trabalho social ou de dinheiro.[28]

A proporção em que o trabalho complexo se reduz a trabalho simples, ou seja, a relação quantitativa que mantém com o trabalho simples *enquanto ambos são trabalho abstrato* não se pode dar senão do mesmo modo como o conjunto do trabalho social se relaciona e se compara enquanto produtivo de valor, ou seja, no mercado:

> Para medir os valores de uso das mercadorias pelo tempo de trabalho que elas contêm, é preciso que os diferentes trabalhos, eles próprios, sejam reduzidos a um trabalho não-diferenciado, uniforme, simples; em resumo, a um trabalho que seja qualitativamente o mesmo e só se diferencie quantitativamente. Essa redução aparece como uma abstração, mas é uma abstração que se realiza todos os dias no processo de reprodução social.[29]

Assim, a crítica que alveja a redução do trabalho complexo a trabalho simples na efetividade do mercado não considera que é este o modo como se

---

28   Marx, *Teorias da mais-valia*, I, apud ROSDOLSKY, R. *op. cit.*, p. 433.
29   Marx, *Contribuição à crítica da economia política*, p. 41, apud GRESPAN, J. *O negativo do capital – O conceito de crise na crítica de Marx à economia política*. São Paulo: Hucitec; Fapesp, 1999, p. 62.

estabelece a relação quantitativa de valor também entre todos os trabalhos concretos simples; não há definição *a priori* da proporção em que dois produtos do trabalho se trocam antes de a troca se dar, todas as comparações de valor se dão por meio da forma preço. Conforme o coloca Hilferding, "a sociedade é o único contador competente que pode calcular o nível de preços, e o método que a sociedade emprega é a concorrência".[30] E a própria troca de todos os produtos por ouro, por exemplo, demonstra que o grau de qualificação da atividade não determina diferenças qualitativas na substância do produto do trabalho sob o capital: todas se comparam ao trabalho simples da extração mineral[31] porque todas criam valor. Se a redução do trabalho complexo a trabalho simples se dá na prática das trocas, mediante as relações de concorrência que permeiam a realização de valor do conjunto das mercadorias, esta redução pressupõe a generalização da forma mercadoria ou da relação de valor, isto é, a consolidação do modo de produção do capital. Ou, ainda em outros termos, demanda a transformação da produção, de processos individuais de trabalho, em produção coletiva ou socializada: as forças de trabalho individuais apenas se tornam partes alíquotas da força social de trabalho quando a produção é coletiva, e quando as forças produtivas já se tornaram forças produtivas do trabalho social. É importante destacar que é esta a condição para que o trabalho assuma a forma de trabalho abstrato. Portanto, apenas quando a força de trabalho individual conta socialmente como parte alíquota do trabalho social, o trabalho complexo, como produtivo de valor, se torna jornada multiplicada.

---

30 *Böhm-Bawerk criticism of Marx*, p. 146-7, *apud* RUBIN, *op. cit.*, p. 186.

31 A crítica de Castoriadis à redução do trabalho complexo ao trabalho simples quanto à criação de um produto (substância) qualitativamente comum (valor) expressa nas trocas reais se perde na incompreensão do trabalho abstrato e da forma mercadoria: "A redução que se faz na experiência *não* é a redução de todos os trabalhos a Trabalho Simples; é "redução" de todos os trabalhos a *dinheiro* (ou a um outro "equivalente geral" ou numerário socialmente instituído), o que não é absolutamente a mesma coisa, o que já sabíamos sem "teoria do Valor", o que a "teoria do Valor" *deveria* explicar – e ao invés disso é onde ela se apoia para existir como teoria" (CASTORIADIS, C. *As encruzilhadas do labirinto* – vol. I. Rio de Janeiro: Paz e Terra, 1997, p. 346).

Para compreender o papel efetivo do trabalho complexo na produção de valor, não basta esta delimitação conceitual, mas é preciso examinar como aparece nos diferentes momentos do processo de consolidação do capital. Especialmente porque, se este é um processo de expansão da produtividade do trabalho, não é um percurso de aumento do trabalho complexo na atividade produtiva. Ao contrário, o estabelecimento capitalista impõe a simplificação das funções individuais, e esta coincide com a complexificação da produção social ou aumento da produtividade do trabalho. Além disso, o próprio trabalho complexo produtivo experimenta transformações no decurso do processo de consolidação do capital: de trabalho artesanal na manufatura, torna-se trabalho intelectual, rompendo os limites individuais próprios ao caráter artesanal da atividade.

Em seguida, abordamos o modo como o trabalho simples e o trabalho complexo se colocam em cada patamar produtivo do percurso de desenvolvimento capitalista, isto é, como cada um destes patamares de força produtiva determina a atividade individual do trabalho como simples ou complexa de acordo com a divisão do trabalho que estabelece.

Trabalho complexo e complexificação social da produção

Entendemos por complexificação do trabalho social o processo de coletivização cada vez mais amplo do trabalho, que expande a produtividade do trabalho social ao mesmo tempo em que torna as produções privadas paulatinamente mais interdependentes. Produtividade do trabalho se define como a relação quantitativa entre a atividade concreta e seu produto, ou seja, entre o tempo de trabalho vivo e o montante de valores de uso que cria. O trabalho social se torna mais produtivo, isto é, amplia a quantidade de produtos gerados em mesmo tempo de trabalho vivo, quanto maior o acúmulo de trabalho pregresso incorporado às forças produtivas em funcionamento, objetivas e/ou ativas. O acúmulo de trabalho pregresso que complexifica o trabalho social se apresenta como meio de economizar tempo de trabalho, e isto define o aumento da produtividade. O aumento da produtividade é o aumento da economia, e "Toda economia se reduz em última instância a isto: economia de tempo" (*Grundrisse*, p. 89). A subsunção real do trabalho ao capital, em que a criação de valores de uso assume a forma de produção de capital, tem como pressuposto e resultado o incremento da produtividade. Essa subsunção real, que historicamente abarca primeiro a produção de valores de uso materiais, e então, também a produção de valores de uso imateriais, tem início quando o capital se apropria das forças produtivas sociais previamente constituídas. O capital subsume o processo de trabalho ao concentrar os meios de produção sociais em propriedade privada, e com isso impor o trabalho assalariado *coletivo*. Assim, a primeira transformação que o capital empreende no processo social de trabalho, e que demarca a subsunção real do trabalho ao capital com relação à sua subordinação meramente formal, é precisamente a reorganização das forças produtivas já constituídas em processo coletivo de trabalho. O capital coletiviza o trabalho, e essa é a primeira nova força produtiva que cria ao reorganizar a produção de forma cooperativa com os meios técnicos pré-existentes. A transformação do trabalho em trabalho coletivo é, pois, o mecanismo primeiro por cujo intermédio o capital imprime sua forma à produção, e por essa razão consiste na passagem para subsunção real do trabalho ao capital. Sobre essa base, o capital empreende o desenvolvimento das forças produtivas objetivas. O aumento da produtividade do trabalho serve à expansão do valor, e por conseguinte do capital, mas não é idêntico a essa expansão. É útil examinar brevemente, por duas razões, as transformações que o capital empreende no processo de trabalho de modo a torná-lo paulatinamente mais adequado à produção de capital, o que se realiza por meio da complexificação social do trabalho e o consequente aumento de sua produtividade. Primeiramente, para a compreensão da relação entre o desenvolvimento da produtividade social do trabalho, ou aumento da complexidade do trabalho coletivo, e a divisão do trabalho em atividades individuais simples e complexas; e, em segundo lugar, para reunir elementos que elucidem a relação entre trabalho produtivo e trabalho intelectual. Exporemos em linhas gerais o processo em que o trabalho social se subsume ao capital.

O período de subsunção formal do trabalho ao capital se define por seu caráter transitório. Caracteriza-se por submeter a produção à finalidade capitalista ao mesmo tempo em que o processo de trabalho não se tornou processo de produção de valor. Não há venda de força de trabalho, e a submissão do trabalho à produção de capital se dá pela venda do produto para o capital comercial: embora o trabalho se processe sob as relações sociais tradicionais nas quais o produtor se mantém proprietário das condições de produção e do produto, este se incorpora ao capital comercial como meio de acumulação de riqueza abstrata. A incorporação ao capital é posterior à produção e se dá no processo de circulação: o capital compra as mercadorias do produtor direto e as vende por preço superior. Por essa razão, no período da subsunção formal, o capital existe sob a forma de capital comercial e a exploração do trabalho nesse período se dá pela troca, ou pela forma mercantil da circulação do produto do trabalho. O capital comercial é uma forma econômica em ascensão no momento de transição em que as relações sociais tradicionais ainda predominam no processo efetivo de produção, isto é, em que o processo de trabalho não assumiu a forma do processo de valorização. A riqueza aí concentrada apenas assume forma de riqueza abstrata, valor, por sua finalidade privada, isto é, que visa à expansão quantitativa; contudo, não se *produz* como riqueza abstrata, precisamente porque o processo de trabalho não se fez processo de produzir valor. Por essa razão, Marx afirma que os trabalhos concretos não tomaram a forma real de trabalho abstrato, pois "o produtor direto mantém-se sempre como vendedor de mercadorias, e ao mesmo tempo como *usuário de seu próprio trabalho*" (*Cap. In.*, p. 54, grifo nosso). Por outro lado, o *capital* comercial latente não é tampouco produzido como capital, mas assume esta forma na atividade que a caracteriza, a saber, a circulação de mercadorias, pois "o capital não se imiscui no próprio processo de produção, o qual (...) se desenvolve à margem dele" (*Cap. In.*, p. 54). O capital comercial nesse período dá origem ao capital propriamente dito, ou produtivo, e não é o mesmo que se desenvolve posteriormente como desdobramento da expansão produtiva capitalista que exige a autonomização da função de circulação do capital produtivo, conforme apresentamos no capítulo anterior.

O capital comercial que subsume formalmente o trabalho é, ao lado da expropriação da terra, que contribui para impulsionar, uma das formas principais de concentração de propriedade que possibilita o modo de produção capitalista, e se realiza por meio do acúmulo de valor proveniente de trocas desiguais de mercadorias. Este primeiro modo de existência do capital expressa a transformação da propriedade social, ou da forma social da distribuição. Cria a condição fundamental para o modo capitalista de produção ao estabelecer a propriedade privada e seu contraponto, a expropriação dos meios de produção e de vida. A propriedade privada redefine a finalidade da produção social e, por conseguinte, impõe transformações nas relações sociais de produção. O processo de trabalho é então reorganizado para se adequar à produção de valor, subsumindo-se realmente ao capital. O advento do capital produtivo estabelece a subsunção real do trabalho, e é capital propriamente dito porque conforma a produção social, a forma do trabalho gerador de valores de uso, à criação de capital. O trabalho produtivo em sua acepção geral, isto é, criador de valores de uso que satisfaçam as necessidades sociais, torna-se trabalho gerador de mais-valia, produtivo portanto para o capital, e que responde à determinação intrínseca ao capital de expandir-se. A subsunção real do trabalho ao capital transforma com isso os trabalhos produtivos sociais concretos em trabalho abstrato; cria, na realidade, a categoria de trabalho abstrato como forma social do trabalho concreto que se efetiva sob a relação social do capital.

O advento histórico do trabalho abstrato

A transformação do processo de trabalho que marca a subsunção real do trabalho ao capital, o advento do capital produtivo e da categoria social de trabalho abstrato, é o estabelecimento da manufatura. Esta se define em primeiro lugar pelo assalariamento coletivo, e é na coletivização que o capital se apodera do processo de trabalho, subsumindo-o realmente. O trabalho assalariado é a forma adequada do trabalho cuja função é gerar produto excedente na forma de valor excedente. A necessidade de ampliação do produto excedente nesta forma impõe a concentração de grande quantidade de trabalho sob o comando do mesmo capital e o aumento da produtividade do trabalho. A coletivização é necessária para essa concentração (que, por outro lado, também incrementa por si mesma a produtividade do trabalho):

> (...) a produção capitalista só começa realmente quando um mesmo capital particular ocupa, de uma só vez, número considerável de trabalhadores, quando o processo de trabalho amplia sua escala e fornece produtos em maior quantidade. A atuação simultânea de grande número de trabalhadores, no mesmo local, ou se se quiser, no mesmo campo de atividade, para produzir a mesma espécie de mercadoria sob o comando do mesmo capitalista constitui, histórica e logicamente, o ponto de partida da produção capitalista. Nos seus começos, a manufatura quase não se distingue, do ponto de vista do modo de produção, do artesanato das corporações, a não ser através do número maior de trabalhadores simultaneamente ocupados pelo mesmo capital. Amplia-se apenas a oficina do mestre artesão (C, I, p. 375).

Expandir a riqueza de forma privada exige que esta se faça riqueza abstrata, pois a forma privada é incompatível com a apropriação do produto do trabalho como valor de uso. O caráter privado da apropriação impõe como central a determinação quantitativa da expansão do produto social, ou processo de valorização. Desse modo, a primeira transformação empreendida pelo capital no modo de produção concreto é a ampliação da oficina, que implica o aumento absoluto da quantidade de trabalho, e portanto de produto do trabalho. "De início a diferença é puramente quantitativa" (C, I, p. 375). Mas esta diferença quantitativa, associada à condição assalariada, é suficiente para estabelecer o modo de produção do capital, isto é, transformar as relações sociais de produção, fazendo das relações capitalistas a forma social do processo de trabalho.

Sob a direção do capital, o trabalho na manufatura se faz trabalho assalariado produtor de mercadorias, e se subsume à criação de valor. O trabalho que se objetiva em valor define-se como dispêndio inespecífico de força de trabalho incorporada em mercadoria de qualquer espécie. Trata-se do caráter social ou genérico do trabalho que se põe como cota ou quantidade. Este assume forma meramente quantitativa porque a socialização efetiva dos múltiplos trabalhos privados se dá na troca e, portanto, o produto se põe como proporção para a troca ou valor de troca. A finalidade da troca estabelece o trabalho como social, na medida em que faz com que este se ponha para atender às necessidades sociais, e não às necessidades do produtor. Mas, dada a troca, o caráter social não se põe imediatamente, mas mediado pelo valor do produto. O que faz do trabalho social, em essência, ponente de cotas da riqueza social abstrata. É, pois, trabalho que submete sua especificidade concreta à sua determinação quantitativa, o trabalho por seu caráter abstrato. Mas os diversos trabalhos constituem-se em dispêndio de força de trabalho por meio de uma forma determinada, concreta de atividade. O trabalho, qualquer que seja a forma de sua organização social, é necessariamente atividade individual, por mais coletivo ou social que seja o processo de produção. Para que os trabalhos de indivíduos diferentes se apresentem de fato como idêntico dispêndio de força de trabalho, submetidos à medida que uniformiza as múltiplas atividades, estas têm de se tornar equivalentes na realidade. Como a ação é individual, o trabalho se efetiva em ação singular concreta e, por essa razão, requer forma determinada; não há, pois, trabalho apenas abstrato. A determinação abstrata do trabalho origina-se da forma social da propriedade e submete, pela finalidade de expansão quantitativa da produção, a determinação concreta, relativa a seu caráter útil. Mas não exclui seu caráter concreto. Desse modo, para que os distintos trabalhos se tornem trabalho abstrato, as atividades produtivas devem efetivar-se como trabalho de qualidade social média: "O trabalho que se objetiva em valor é trabalho de qualidade social média, exteriorização de força de trabalho média" (*C, I*, p. 375).

A força de trabalho dos indivíduos sociais apenas adquire a qualidade de força de trabalho social média quando o trabalho se torna coletivo: "Em cada ramo de atividades, o trabalhador individual, Pedro ou Paulo, difere mais ou menos do trabalhador médio. Essas diferenças individuais, chamadas em matemática de erros, compensam-se e desaparecem quando se toma certo número de trabalhadores" (C, I, p. 376). No trabalho coletivo, a jornada individual é parte alíquota da jornada coletiva, na qual se dissolvem as diferenças entre os trabalhos individuais:

> O dia de trabalho de 12 trabalhadores simultaneamente empregados constitui um dia de trabalho coletivo de 144 horas, e, embora o trabalho de cada um difira mais ou menos do trabalho social médio, e possa cada um precisar de mais ou menos tempo para executar a mesma tarefa, possui o dia de trabalho individual, como 1/12 do dia de trabalho coletivo de 144 horas, a qualidade social média (C, I, p. 376).

Essa qualidade social média que se confere às diversas forças individuais de trabalho se origina na prática do trabalho coletivo, e não existe na organização social em que os trabalhadores produzem em atividades isoladas:

> Se, todavia, os 12 trabalhadores forem divididos em 6 grupos de 2 e cada grupo for empregado por um pequeno patrão, será mera casualidade a produção do mesmo valor por cada um desses pequenos patrões, com a consequente realização da taxa geral da mais-valia. Ocorreriam diferenças individuais (C, I, p. 376).

Enquanto os produtores isolados produzem quantidades distintas em dado tempo, os produtores coletivos geram quantidades muito próximas de produto em intervalo de tempo determinado. Assim, a determinação abstrata do trabalho é forma social que resulta da coletivização do processo de trabalho submetido à finalidade capitalista da produção, determinação histórica estabelecida na subsunção real do trabalho ao capital e restrita ao trabalho assalariado. A jornada individual de trabalho faz-se de fato, então, produtora de um valor médio. Por isso, Marx afirma que "a lei da produção de valor só se realiza plenamente para o produtor individual quando produz como capitalista, empregando, ao mesmo tempo, muitos trabalhadores, pondo em movimento, desde o começo, trabalho social médio" (C, I, p. 377).

O trabalho social médio é trabalho simples. A conformação do trabalho social em trabalho abstrato demanda, portanto, a princípio, a simplificação das atividades individuais.[32] Por outro lado, exige ainda a ampliação da produtividade, uma vez que é meio de aumentar o valor excedente, reduzindo o tempo de trabalho necessário. A organização coletiva do trabalho na manufatura cria essas duas condições da produção capitalista, ao reunir os trabalhadores e assim dar origem à cooperação: "Chama-se cooperação a forma de trabalho em que muitos trabalham juntos, de acordo com um plano, no mesmo processo de produção ou em processos de produção diferentes, mas conexos" (C, I, p. 378). A cooperação, como forma de organização do trabalho, é uma força produtiva em si mesma porque amplia, de diversos modos, a produtividade do trabalho em relação à soma dos mesmos trabalhos individuais realizados isoladamente. Marx resume esses modos:

> A jornada coletiva tem essa maior produtividade, ou por ter elevado a potência mecânica do trabalho; ou por ter ampliado o espaço em que atua o trabalho; ou por ter reduzido esse espaço com relação à escala da produção; ou por mobilizar muito trabalho no momento crítico; ou por despertar a emulação entre os indivíduos e animá-los; ou por imprimir às tarefas semelhantes de

---

32 "(...) o tecelão indiano realiza um trabalho muito complicado em comparação com a maioria dos trabalhadores da manufatura" (C, I, p. 395).

muitos o cunho de continuidade e da multiformidade; ou por realizar diversas operações ao mesmo tempo; ou por poupar os meios de produção em virtude do seu uso em comum; ou por emprestar ao trabalho individual o caráter de trabalho social médio (*C, I,* p. 382).

A produtividade que a cooperação acrescenta ao trabalho é incorporada à produção sem resultar em aumento de custo com força de trabalho para o capital, uma vez que o salário do trabalhador coletivo é idêntico à soma dos salários dos trabalhadores parciais. Nosso autor escreve:

> O capitalista paga a cada um dos 100 [trabalhadores] o valor da sua força de trabalho independente, mas não paga a força combinada dos 100. (...) A força produtiva do trabalho coletivo desenvolve-se gratuitamente quando os trabalhadores são colocados em determinadas condições, e o capital coloca-os nessas condições. Nada custando ao capital a força produtiva do trabalho coletivo, não sendo ela, por outro lado, desenvolvida pelo trabalhador antes de seu trabalho pertencer ao capital, fica parecendo que ela é força produtiva natural e imanente do capital (*C, I,* p. 386).

A primeira força produtiva que o capital imprime ao trabalho social, ampliando sua produtividade, é, pois, a própria cooperação, a aglutinação de muitos trabalhadores em um processo produtivo planejado. Assim, "o *processo* de trabalho, do ponto de vista *tecnológico,* se faz exatamente como antes, só que agora no sentido de processo de trabalho *subordinado* ao capital", que impõe "grande continuidade e intensidade do trabalho e uma economia maior no uso das condições de trabalho, pois tudo é feito para que o produto represente apenas *o tempo de trabalho socialmente necessário*" (*Cap. In.,* p. 57). A coletivização, incremento quantitativo do processo de trabalho, gera uma transformação qualitativa da produção que se revela como princípio da transposição dos limites individuais do trabalho e do desenvolvimento da força produtiva *social* do trabalho. Transformar o processo de trabalho em processo social de produção é a base do incremento da produtividade:

> Em todos os casos, a produtividade específica da jornada de trabalho coletiva é a força produtiva social do trabalho ou a força produtiva do trabalho social. Ela tem sua origem na própria cooperação. Ao cooperar com outros de acordo com um plano, desfaz-se o trabalhador dos limites de sua individualidade e desenvolve a capacidade de sua espécie (C, I, p. 382).

Na manufatura, o processo de trabalho é planejado e controlado pelo capital, que sob sua finalidade de produzir mais-valia incorporada em mercadorias estabelece a cooperação como forma de organização do trabalho. Essa força produtiva é própria e inseparável do trabalho coletivo em si mesmo, independente da subsunção ao capital. Contudo, a possibilidade histórica da cooperação na manufatura é posta pelo acúmulo prévio de capital. Esta concentração de riqueza abstrata é condição tanto do emprego de grande número de trabalhadores, pela necessidade de efetuar o pagamento dos salários, quanto para a apropriação de meios de produção suficientes para absorver a grande quantidade de força de trabalho que produz em cooperação. Nas palavras de Marx: "A concentração de grandes quantidades de meios de produção em mãos de cada capitalista é, portanto, condição material para a cooperação dos assalariados, e a extensão da cooperação ou escala da produção dependem da amplitude dessa concentração", assim como

> (...) o número de trabalhadores que cooperam ou a escala da cooperação depende, de início, da magnitude do capital que cada capitalista pode empregar na compra da força de trabalho, isto é, da proporção em que cada

capitalista dispõe dos meios de subsistência de numerosos trabalhadores (*C, I*, p. 383).

Desse modo, o pressuposto histórico da cooperação é a concentração de valor em quantidade suficiente para funcionar como capital constante e variável em um processo coletivo de produção. A cooperação na manufatura pressupõe, portanto, a propriedade privada e seu reverso, o trabalhador livre assalariado, uma vez que a concentração é levada a cabo por meio da expropriação. Assim, o modo de produção capitalista é forma social historicamente necessária da cooperação na manufatura, mas a ampliação da produtividade não é resultado dessa forma, e sim da própria cooperação ou trabalho coletivo. Contudo, como forma das relações de produção que cria as condições para a coletivização do trabalho, a subsunção ao capital torna-se condição material para a realização do trabalho produtivo: "Com a cooperação de muitos assalariados, o domínio do capital torna-se uma exigência para a execução do próprio processo de trabalho, uma condição necessária da produção" (*C, I*, p. 383). O trabalho abstrato faz-se pressuposto do trabalho concreto, produtor de valores de uso. A subsunção real ao capital que o trabalho experimenta ao tornar-se coletivo engendra, portanto, a nova determinação ou forma social do trabalho produtivo que caracteriza o modo de produção do capital, a saber, a de trabalho abstrato cujo produto é valor. Nos termos de Marx:

> A transformação que torna cooperativo o processo de trabalho é a primeira que esse processo experimenta realmente ao subordinar-se ao capital. (...) Seu pressuposto, o emprego simultâneo de numerosos assalariados no mesmo processo de trabalho, constitui o ponto de partida da produção capitalista. Esse ponto de partida marca a existência do próprio capital (*C, I*, p. 388).

Os desenvolvimentos históricos da cooperação e as subsequentes complexificações dos meios objetivos de produção resultam no incremento da produtividade do trabalho coletivo produtivo para o capital, e apenas por isso são levados a cabo. Marx afirma:

> Se o modo de produção capitalista se apresenta como necessidade histórica de transformar o processo de trabalho num processo social, essa forma social do processo de trabalho se revela um método empregado pelo capital para ampliar a força produtiva do trabalho e daí tirar mais lucro (*C, I*, p. 388).

Na medida em que o trabalho produtivo organizado coletivamente apenas funciona na subordinação à necessidade do capital, o aumento da produtividade do trabalho se faz meio para a expansão do capital e, inversamente, a expansão do capital se faz motor para o incremento da produtividade do trabalho social. Esta se efetiva com o desenvolvimento da cooperação, processo de contínua complexificação do trabalho coletivo que aprofunda sua determinação de força produtiva social. Assim, a partir da cooperação origina-se natural e necessariamente a decomposição do processo de trabalho em atividades parciais cada vez mais simples. Na manufatura, a cooperação desenvolve-se em especialização dos trabalhadores parciais da oficina e por conseguinte também de suas ferramentas. A simplificação dos trabalhos individuais nivela-os, aprofundando sua determinação de trabalho social médio:

> Redistribui-se então o trabalho. Em vez de o mesmo artífice executar as diferentes operações dentro de uma sequência, elas são destacadas umas das outras, isoladas, justapostas no espaço, cada uma delas confiada a um artífice diferente e todas executadas ao mesmo tempo pelos artífices cooperantes. Essa repartição acidental de tarefas repete-se, revela suas vantagens peculiares e ossifica-se, progressivamente, em divisão sistemática do trabalho. A mercadoria deixa de ser produto individual

de um artífice independente que faz muitas coisas para se transformar no produto social de um conjunto de artífices, cada um dos quais realiza, ininterruptamente, a mesma e única tarefa parcial (C, I, p. 393).

A decomposição do processo produtivo amplia a produtividade do trabalho ao mesmo tempo em que reduz os custos de reprodução da força de trabalho. Essa diminuição dos custos advém da simplificação, que torna dispensável parte do tempo de formação do trabalhador ou produção da força de trabalho:

> Depois de desenvolver, até atingir a virtuosidade, uma única especialidade limitada, sacrificando a capacidade total de trabalho do ser humano, põe-se a manufatura a transformar numa especialidade a ausência de qualquer formação. Ao lado da graduação hierárquica, surge a classificação dos trabalhadores em hábeis e inábeis. Para os últimos, não há custos de aprendizagem, e, para os primeiros, esses custos se reduzem em relação às despesas necessárias para formar um artesão, pois a função deles foi simplificada (C, I, p. 405).

A especialização dos trabalhadores que a divisão do trabalho característica da manufatura[33] requer não é levada a cabo por meio da qualificação dos trabalhadores. Ao contrário, torna desnecessária qualquer qualificação para a maioria deles – os "inábeis" –, fazendo desaparecer o trabalhador qualificado que detinha a técnica artesanal dos ofícios. A manufatura apropria-se desta técnica prescindindo do artesão porque a incorpora na nova divisão do trabalho coletivo, tornando a própria técnica coletiva. Simplifica, por isso, a atividade in-

---

33 Na indústria, esta especialização desaparece ao estabelecer o trabalho à máquina, como desenvolveremos adiante.

dividual de modo que ela só caiba na produção coletiva. O trabalho produtivo se torna menos complexo.

O processo material de trabalho na manufatura, todavia, se baseia na atividade manual, artesanal, e por isso Marx refere-se ao trabalhador no período manufatureiro como *artífice* do produto. Em seus próprios termos: "Complexa ou simples, a operação continua manual, artesanal, dependendo, portanto, da força, habilidade, rapidez e segurança do trabalhador individual, ao manejar seu instrumento. O ofício continua sendo a base" (C, I, p. 393). Determinado grau da hierarquia entre os trabalhadores, pautada nas diferentes qualificações, que caracteriza a corporação de ofício, permanece na manufatura capitalista devido ao caráter artesanal do processo de trabalho: ainda que desmembrada em funções parciais no trabalhador coletivo, a técnica continua sendo subjetiva. Mantém-se, por isso, em algum nível, a necessidade de qualificação artesanal para os trabalhadores que dirigem a produção, realizando as funções mais complexas – os "hábeis".

A decomposição e a consequente simplificação das atividades parciais ampliam a produtividade do trabalho coletivo, porque reduzem por diversas razões o tempo da produção: aperfeiçoam as funções parciais, diminuem o tempo improdutivo entre elas e, de modo geral, intensificam o trabalho individual. Além disso, fazem do trabalhador, independente do lugar hierárquico que cada função ocupa, um órgão específico do trabalho coletivo configurado em organismo. Cada produtor aperfeiçoa ao máximo uma única função limitada como resultado da exclusividade da atividade que desempenha: "(...) um trabalhador que, durante sua vida inteira, executa uma única operação transforma todo o seu corpo em órgão automático especializado dessa operação". Por essa razão, "a manufatura produz realmente a virtuosidade do trabalhador mutilado, ao reproduzir e levar sistematicamente ao extremo, dentro da oficina, a especialização natural dos ofícios que encontra na sociedade" (C, I, p. 394).

A cooperação é meio de concentrar, sob o controle do capital, os resultados pregressos do trabalho social incorporados tanto nos meios objetivos de produção quanto subjetivamente, como conhecimento dos produtores. Na manufatura, o conhecimento do artesão é incorporado e aperfeiçoado pelo trabalhador coletivo. Dominando o trabalhador coletivo, o capital comanda os resultados do trabalho social pregresso, antes incorporado subjetivamente pelos indivíduos. A partir da coletivização, a manufatura empreende o aprimoramento dos meios de produção: em virtude da especialização das atividades, impõe-se a diversificação das ferramentas, aperfeiçoamento material levado a cabo em grande parte pelos próprios trabalhadores parciais. Este é o aprimoramento dos meios objetivos de produção empreendido na primeira forma do modo capitalista de produção. Marx afirma que

> A manufatura se caracteriza pela diferenciação das ferramentas, que imprime aos instrumentos da mesma espécie formas determinadas para cada emprego útil especial, e pela especialização, que só permite a cada uma dessas ferramentas operar plenamente em mãos do trabalhador parcial específico (C, I, p. 396).

Com o estabelecimento e desenvolvimento da cooperação, o trabalho individual isolado, que não compõe o processo coletivo de produção, perde paulatinamente sua capacidade produtiva. Após a reordenação da forma social do trabalho em trabalho coletivo, subsumido ao capital, o trabalho produtivo em sua acepção geral, isto é, produtor de valores de uso, efetiva-se apenas enquanto função do capital, e por isso como trabalho abstrato criador de mais-valia. O trabalho produtivo para o capital não é, pois, outro com relação ao trabalho produtivo em geral, mas sim a forma social capitalista do trabalho produtivo em geral. A manufatura cria as relações capitalistas de produção, transformando o trabalho produtivo em trabalho abstrato e o produto do trabalho em valor ou riqueza meramente quantitativa. Efetiva essas transformações nas relações de produção ao coletivizar o trabalho e decompor as atividades parciais, simplificando-as. A diversificação das ferramentas completa a divisão do trabalho, adequando seu instrumental técnico. A produção manufatureira, conquanto limite à expansão do capital – devido ao fundamento artesanal do trabalho produtivo que faz o capital dependente da técnica subjetivamente incorporada do artesão –, cria o fundamento da expansão capitalista ao estabelecer o capital no interior do processo de trabalho. A partir dessa base, a ampliação da produtividade do trabalho e a transposição dos limites à expansão capitalista estabelecidos pelo caráter artesanal da produção serão levadas a cabo por meio da transformação do instrumental técnico do trabalho, ou meios objetivos de produção. Esta transformação acarretará outras na divisão do trabalho e na determinação da atividade individual como simples ou complexa.

A supressão do caráter artesanal do trabalho e a "aplicação consciente da ciência"

A revolução nos meios de produção que suplanta a manufatura, como forma central da produção capitalista, consiste na transformação da ferramenta manual em máquina. A máquina que se origina das ferramentas desenvolvidas na manufatura – máquina-ferramenta ou máquina de trabalho – incorpora as operações artesanais a um instrumento mecânico. A criação da máquina-ferramenta é a incorporação do produto do trabalho social pregresso do artesanato e da manufatura em um meio de produção objetivo. Quando determinada operação parcial do trabalho produtivo da manufatura passa a ser efetivada por meio de uma máquina-ferramenta, o trabalho que a opera deixa de ser artesanal, uma vez que a técnica necessária à realização dessa operação transfere-se, da subjetividade do artesão, para a objetividade do instrumento de trabalho. Nas palavras de Marx, "(...) a ferramenta propriamente dita se transfere do homem para um mecanismo (...)" (*C, I*, p. 430), e com isso, a atividade do trabalhador reduz-se à de força motriz da máquina.

A máquina-ferramenta possibilita o aumento da produtividade do trabalho ao ampliar o número de ferramentas com as quais o trabalhador pode operar ao mesmo tempo. No trabalho artesanal, o produtor realiza apenas uma operação por vez, mas, na condição de força motriz de uma máquina que congrega maior número de ferramentas, o trabalhador realiza ao mesmo tempo tantas operações quantas forem as ferramentas que compõem o instrumento mecânico:

> O número de ferramentas com que o homem pode operar ao mesmo tempo é limitado pelo número de seus instrumentos naturais de produção, seus órgãos físicos. (...) O número de ferramentas com que opera simultaneamente a máquina-ferramenta emancipa-se, desde o início, da barreira orgânica que a ferramenta manual de um trabalhador não podia ultrapassar (C, I, p. 430).

A utilização de máquinas-ferramenta na organização do trabalho própria à manufatura caracteriza a maquinofatura, período de transição entre a produção manufatureira e a indústria moderna. Nesse período, o trabalhador é utilizado como força motriz da máquina, ao mesmo tempo em que assessora seu funcionamento, nova função do trabalho produtivo engendrada pela máquina como meio de produção. A introdução da máquina-ferramenta consiste na primeira transformação da composição orgânica do capital, em que a ampliação do capital constante, necessária à inclusão da máquina no processo produtivo, implica redução relativa do capital variável. Essa transformação torna a atividade do trabalhador, que na manufatura controla sua atividade por meio da técnica incorporada subjetivamente, em função acessória do instrumento mecânico no qual a técnica do trabalho foi objetivada. Por essa razão, Marx afirma que "a revolução industrial apodera-se primeiro dessa segunda parte da ferramenta [seu caráter artesanal] e deixa para o ser humano, no começo, a função puramente mecânica de força motriz, ao lado do novo trabalho de vigiar a máquina e corrigir com a mão seus erros" (C, I, p. 430-1).

Essa nova função concreta simplifica e indiferencia as atividades parciais, aprofundando o caráter meramente quantitativo, ou abstrato, do trabalho. Com a simplificação, torna-se dispensável a formação subjetiva ou qualificação específica do trabalhador, o que resulta em queda no valor da força de trabalho. A introdução da máquina-ferramenta no processo produtivo da manufatura não é suficiente, contudo, para superar completamente o caráter artesanal do trabalho ou, mais precisamente, a limitação ao desenvolvimento da produtividade do trabalho conferida pela barreira orgânica do trabalhador individual, por duas razões centrais. Em primeiro lugar, a produção das máquinas é efetivada sob o modo de produção manufatureiro, o que, ao encarecer o meio de produção, reduz o efeito do aumento de produtividade do trabalho que o consome sobre o preço de custo capitalista. Em segundo lugar, a utilização do homem como força motriz limita a possibilidade de ampliar o número de ferramentas que compõem a máquina. A necessidade de superar esta restrição à produtividade impele o desenvolvimento da máquina-motor e de seu sistema de transmissão de força. Novamente nos termos de Marx:

> Quando o homem passa a atuar apenas como força-motriz numa máquina-ferramenta, em vez de atuar com a ferramenta sobre o objeto de trabalho, podem tomar seu lugar o vento, a água, o vapor etc., e torna-se acidental o emprego da força muscular humana como força motriz (C, I, p. 431).

Uma vez que a direção capitalista do processo produtivo impulsiona a produtividade do trabalho como meio de reduzir os custos de produção e assim ampliar o lucro privado ou expandir o capital, a diversificação das ferramentas na manufatura dá origem à máquina-ferramenta que, por sua vez, impele o desenvolvimento da máquina motriz. Assim, foi "(...) a criação das máquinas-ferramenta que tornou necessária uma revolução na máquina a vapor" (C, I, p. 431) e, se "o aumento do tamanho da máquina-ferramenta e do número dos instrumentos com que opera ao mesmo tempo exige um motor mais possante" (C, I, p. 432), também o aumento da força do motor permite a ampliação do tamanho da máquina-ferramenta, ou ainda, o desenvolvimento de um sistema de máquinas:

> Um verdadeiro sistema de máquinas só toma o lugar das máquinas independentes quando o objeto de trabalho percorre diversos processos parciais conexos, levados a cabo por um conjunto de máquinas-ferramenta de diferentes espécies, mas que se completam reciprocamente. Reaparece então a cooperação peculiar à manufatura baseada na divisão do trabalho, mas agora sob a forma de combinação de máquinas-ferramenta parciais, complementares. As ferramentas específicas dos diferentes trabalhadores parciais – na manufatura de lã, por exemplo, a do batedor, a do cardador, a do tosador, a do fiandeiro etc. – transformam-se então nas ferramentas de máquinas especializadas, constituindo, cada uma destas, um órgão especial adequado a uma função especial no sistema (*C, I*, p. 436).

Cada máquina parcial fornece a matéria-prima para a máquina seguinte, e assim as operações parciais, que reproduzem a organização cooperativa da manufatura, contribuem sucessivamente para a produção da mercadoria.

A concorrência capitalista, ao impor a cada capital singular a necessidade de redução de custos e consequentemente impulsionar a produtividade do trabalho por meio da complexificação do instrumental de trabalho, gera a propagação do modo capitalista aos ramos da produção que fornecem matéria-prima e instrumental de trabalho, bem como àqueles ramos que utilizam a mercadoria produzida industrialmente como matéria-prima. Marx exemplifica:

> Assim, a mecanização da fiação torna necessária a mecanização da tecelagem, e ambas ocasionam a revolução química e mecânica no branqueamento, na estampagem e na tinturaria. A revolução na fiação do algodão provocou a invenção da descaroçadora de algodão, com que se tornava possível a produção de algodão na enorme escala então exigida. A revolução no modo de produção

na indústria e na agricultura tornou sobretudo necessária uma revolução nas condições gerais do processo social de produção, isto é, nos meios de comunicação e de transporte (C, I, p. 440).

Mas a revolução no modo de produção social se completa quando a indústria se apodera da construção das máquinas-ferramenta, e, posteriormente, dos motores. Nas palavras de Marx:

> A indústria moderna teve então de apoderar-se de seu instrumento característico de produção, a própria máquina, e de produzir máquinas com máquinas. Só assim criou ela sua base técnica adequada e ergueu-se sobre seus próprios pés. Com a produção mecanizada crescente das primeiras décadas do século XIX, apoderou-se a maquinaria progressivamente da fabricação das máquinas-ferramenta. Mas só durante as últimas décadas (que precedem 1866), a enorme construção de ferrovias e a navegação transatlântica fizeram surgir as máquinas ciclópicas empregadas na construção dos motores (C, I, p. 441).

O advento do sistema de maquinaria como forma concreta do trabalho produtivo social, além de romper com os limites que a barreira orgânica do produtor confere à produtividade do trabalho, consiste em impulso contínuo também para o rompimento das restrições técnicas ao aumento da produtividade do trabalho. Isso porque a incorporação do produto do trabalho pregresso ao instrumental de trabalho é a base necessária aos subsequentes aperfeiçoamentos das forças produtivas que conduzem à progressiva transposição dos limites naturais à produtividade. A generalização da produção industrial muda a forma concreta do trabalho produtivo (na acepção geral), e por conseguinte sua forma social, tornando-a mais adequada à produção de capital. Do ponto de vista da atividade, a introdução da máquina como instrumento de produção suprime o princípio subjetivo do trabalho, isto é, as atividades parciais deixam de depender da competência individual do trabalhador, expressa na técnica artesanal incorporada a sua subjetividade. O sistema de máquinas agrega a produtividade tanto da técnica subjetiva do trabalhador, quanto da divisão do trabalho na manufatura, fazendo dos trabalhadores produtivos, cuja nova função concreta consiste em operar o funcionamento da máquina, órgãos subjetivos do mecanismo automático de produção primordialmente objetivo. Por conseguinte,

> (...) a máquina-ferramenta combinada, que consiste num sistema coordenado de várias espécies isoladas ou agrupadas de máquinas-ferramenta, é tanto mais perfeita quanto mais contínuo é o processo em toda sua extensão, isto é, quanto menos for interrompido o trânsito da matéria-prima da primeira à última etapa e *quanto mais o mecanismo elimina a interferência humana*, levando a matéria-prima de uma fase a outra. Na manufatura, o isolamento dos processos parciais é um princípio fixado pela própria divisão do trabalho; na fábrica mecanizada, ao contrário, é imperativa a continuidade dos processos parciais (*C, I*, p. 437, grifo nosso).

O sistema de máquinas suprime o princípio subjetivo do trabalho produtivo, aprofundando o caráter indiferenciado da força de trabalho. Do ponto de vista do agente da produção, a maquinaria engendra diversas transformações. Em primeiro lugar, a simplificação da atividade individual reduz por si mesma o valor da força de trabalho ao prescindir de tempo de formação subjetiva. Mas, além disso, com a maquinaria passam a ser empregadas mulheres e crianças para a realização do trabalho produtivo. Ao estender o assalariamento ao conjunto da família, o valor da força de trabalho, composta pela soma do valor dos meios de subsistência do trabalhador e sua família, reparte-se pelo salário de todos os seus membros, reduzindo o valor da força de trabalho individual. Por outro lado, a introdução da máquina substitui tempo de trabalho. Por ambas as razões, a indústria moderna gera numerosa população excedente e a consequente concorrência entre os trabalhadores, dada a abundante oferta de força de trabalho, o que deprecia o salário. A redução do valor e do preço da força de trabalho impulsiona o aumento extensivo da produção capitalista:

> Assim, de poderoso meio de substituir trabalho e trabalhadores, a maquinaria transformou-se imediatamente em meio de aumentar o número de assalariados, colocando todos os membros da família do trabalhador, sem distinção de sexo e idade, sob domínio direto do capital. O trabalho obrigatório, para o capital, tomou o lugar dos folguedos infantis e do trabalho livre realizado, em casa, para a própria família, dentro de limites estabelecidos pelos costumes (*C, I*, p. 451).

Consequentemente, o trabalhador isolado, separado da condição de assalariado da indústria, torna-se improdutivo na acepção geral, isto é, incapaz de produzir valores de uso no padrão social. Como explica Marx: "A maquinaria (...) só funciona por meio de trabalho diretamente coletivizado ou comum. O caráter cooperativo do processo de trabalho torna-se uma necessidade técnica imposta pela natureza do próprio instrumental de trabalho" (*C, I*, p. 442), ou ainda, "(...) o trabalho individual, agora improdutivo – a menos que seja precisamente um trabalho produtivo dentro da atividade coletiva que domina as forças naturais – elevado à categoria de trabalho social, se vê de fato reduzido à impotência pela potência coletiva e concentrada do capital" (*Grundrisse*, p. 588).

Como instrumento de valorização do capital, a mecanização da produção amplia extensiva e intensivamente a forma social abstrata do trabalho, configurando a totalidade do trabalho produtivo em sua acepção geral, isto é, de criador de valores de uso, em trabalho produtivo de valor, ou produtivo para o capital. Do ponto de vista do capital produtivo, o emprego da maquinaria altera significativamente sua composição orgânica, ampliando a parte constante do capital devido ao encarecimento dos meios de produção e reduzindo a parcela variável por meio da diminuição relativa do número de trabalhadores e do valor da força de trabalho. Essa diferença na composição orgânica do capital fornece o impulso e a possibilidade de se intensificar a exploração. Em primeiro lugar, para que o capital constante investido na maquinaria retorne ao proprietário, é necessária sua incorporação ao produto, o que se efetiva por meio do desgaste das máquinas. Além disso, o valor da maquinaria, como o de qualquer outra mercadoria, não é medido pelo tempo de trabalho contido, mas pelo tempo de trabalho socialmente necessário à sua produção. Assim, os aperfeiçoamentos técnicos no ramo de produção das máquinas, quando generalizados, reduzem seu valor social. A maquinaria já empregada na produção pode, deste modo, ter seu valor depreciado em um intervalo de tempo mais curto do que o necessário para o seu desgaste total. A esta redução do valor de troca da maquinaria em funcionamento, ou obsolescência, Marx denomina desgaste moral. Consequentemente, por ambas as razões, as máquinas devem ser consumidas no menor intervalo de tempo possível. Essa necessidade capitalista conduz ao prolongamento desmedido da jornada de trabalho, que se faz socialmente possível devido tanto à população excedente gerada pela produção mecanizada, quanto pelo enfraquecimento que a simplificação da atividade – ao fazer o processo produtivo de mercadorias menos dependente da competência individual e possibilitar-lhe empregar todos os membros da família – confere à resistência dos trabalhadores ao capital. O prolongamento da jornada amplia a extração de mais-valia absoluta. Quando a duração da jornada é juridicamente fixada, o capital intensifica o trabalho por meio do aumento do ritmo da máquina e da imposição do salário por peça, mantendo o grau de exploração.

    A substituição do capital variável por capital constante também amplia a mais-valia relativa por dois processos distintos, que se somam à depreciação da força de trabalho originada pela simplificação das atividades parciais. Em primeiro lugar e em sentido social geral, o aumento da produtividade do trabalho gerada pela mecanização reduz o valor das mercadorias que são meios de subsistência do trabalhador e assim, ao diminuir o tempo de trabalho necessário, amplia o tempo excedente, que se objetiva em mais-valia. Em segundo lugar, o desenvolvimento produtivo que se dá no interior da concorrência, e por isso introduz aprimoramentos nas forças produtivas no âmbito privado, também é uma forma de ampliar a mais-valia relativa do trabalhador coletivo empregado por capitais produtivos singulares. A redução da quantidade de trabalho necessária à produção de determinada espécie de mercadoria, levada a cabo pelo capital singular em concorrência, reduz o valor contido em cada exemplar da mercadoria em questão sem que esta redução seja reconhecida socialmente no mercado, ou seja, sem que essa redução se reflita no preço. Durante o intervalo entre a introdução singular das forças produtivas superiores e a generalização social que as fazem expressão da produtividade social média de determinada espécie de mercadorias, o capital apropria-se de maior valor, sem que haja aumento de salário. Assim, o capital singular apropria-se de quantidade superior de valor excedente, ampliando-se, pois, a extração de mais-valia relativa durante este intervalo. Marx resume:

> A máquina produz mais-valia relativa diretamente, ao depreciar a força de trabalho; indiretamente, ao baratear as mercadorias que entram na reprodução dessa força e, ainda, em suas primeiras aplicações esporádicas, transformando em trabalho potenciado, de maior eficácia,[34] o trabalho empregado, ficando o valor individual de seu produto inferior ao social e capacitando o capitalista a cobrir o valor diário da força de trabalho com menor porção de valor do produto diário (*C, I*, p. 464).

A indústria aumenta a produtividade do trabalho e o trabalho excedente, configurando a produção plenamente capitalista. Cria a atividade individual do

---

[34] Neste caso, o trabalho se faz trabalho potenciado com relação aos outros trabalhos produtivos sociais não porque os trabalhadores do processo coletivo realizem atividade complexa, mas devido à complexificação dos meios objetivos de produção que conferem maior produtividade ao trabalho simples.

trabalho adequada à reprodução de capital, tornando-a independente da técnica. Essa supressão do caráter subjetivo, devida à transferência da técnica ao mecanismo objetivo, faz com que o trabalho concreto assuma forma plenamente adequada ao trabalho abstrato à medida que o simplifica ao máximo, reduzindo o tempo de trabalho necessário. Ao prescindir de qualquer qualificação do trabalhador, a força produtiva característica da indústria faz do trabalho à máquina o mais adequado à determinação quantitativa que caracteriza o valor. Além de criar a base apropriada à extração de mais-valia, a indústria engendra uma nova divisão no interior do trabalho produtivo entre o trabalho simples e o trabalho complexo. Este último, de caráter distinto da qualificação do artesão na manufatura e do ofício pré-capitalista. É o que expomos na sequência.

Subsunção real da ciência e senilidade do capital

A indústria realiza o modo de produção plenamente capitalista ao adequar o trabalho concreto à forma social abstrata, aumentar exponencialmente a extração de mais-valia e possibilitar a expansão do capital para a totalidade da produção social. Mas, justamente por tornar pleno o capital, manifesta a contradição inescapável a esta forma das relações de produção. Esta contradição consiste na paulatina redução do poder do capital de comandar trabalho, ou seja, sua progressiva dificuldade para reproduzir – e mais ainda de modo ampliado – o valor. A relação entre as formas relativa e absoluta da mais-valia reflete esta contradição: o fator concreto que determina a ampliação da mais-valia relativa, qual seja, o aumento da produtividade do trabalho alcançada com a complexificação dos meios objetivos de produção, impõe a redução da quantidade absoluta de trabalho requerido para a produção de dada massa de mercadorias. De acordo com Marx,

> (...) o número dos trabalhadores ocupados depende da proporção existente entre capital variável e capital constante. É claro que a produção mecanizada, por mais que amplie, aumentando a produtividade do trabalho,

o trabalho excedente à custa do trabalho necessário, só obtém esse resultado diminuindo o número de trabalhadores ocupados por dado montante de capital (C, I, p. 464-5).

A ampliação da mais-valia relativa é alcançada, pois, por meio da redução da mais-valia absoluta. Marx afirma, de fato, que "(...) em média, as mesmas causas que aumentam a taxa da mais-valia relativa diminuem a massa da força de trabalho empregada" (C, III, p. 309). O desenvolvimento histórico da produtividade do trabalho implica, para o capital produtivo, ascensão progressiva da composição orgânica média, isto é, redução na proporção que o capital variável perfaz no total do capital adiantado para a produção. Ou, em termos concretos, aumento da massa de meios de produção com relação à massa de trabalho assalariado necessária à produção. Transforma-se, pois, paulatinamente, a composição técnica do capital social no sentido de ampliar a quantidade de trabalho materializado com relação à de trabalho vivo. A ampliação da quantidade de meios de produção com relação ao trabalho vivo não amplia o valor do capital constante na mesma proporção, dado o barateamento geral das mercadorias também engendrado pelo desenvolvimento da produtividade do trabalho, que afeta as máquinas e as matérias-primas e auxiliares. Mas a tendência histórica do capital é a de tornar sua composição orgânica superior:

> Em outras palavras, o mesmo número de trabalhadores, a mesma quantidade de força de trabalho, obtida por capital variável de valor determinado, em virtude dos métodos de produção peculiares que se desenvolvem dentro da produção capitalista, mobiliza, emprega, consome produtivamente, no mesmo espaço de tempo, massa crescente de meios de trabalho, de máquinas, de capital fixo de toda espécie, de matérias-primas e auxiliares, em suma, um capital constante com magnitude cada vez maior de valor (C, III, p. 282).

Se a magnitude da massa de mais-valia é determinada multiplicando-se o capital variável pela taxa de mais-valia, quando aquele se reduz com relação ao total do capital adiantado necessariamente decresce a quantidade absoluta de mais-valia que determinada magnitude de capital é capaz de produzir. Assim, o aumento da composição orgânica, reduzindo a massa de mais-valia com relação ao capital adiantado, implica decréscimo na taxa de lucro (m/C), se a taxa de mais-valia sob a qual se valoriza o capital variável permanece a mesma: "A tendência gradual, para cair, da taxa geral de lucro é, portanto, apenas *expressão, peculiar ao modo de produção capitalista*, do progresso da produtividade social do trabalho" (*C, III*, p. 283). Dada a magnitude do capital, a parte capaz de se valorizar é reduzida, "e a totalidade desse capital suga, portanto, relativamente à magnitude, quantidade cada vez menor de trabalho excedente, embora, ao mesmo tempo, possa aumentar a parte não-paga em relação à parte paga do trabalho aplicado" (*C, III*, p. 286). A ampliação da taxa de mais-valia bem como a redução do valor do capital constante que necessariamente resultam do aumento da produtividade do trabalho amenizam a tendência a reduzir a taxa de lucro que a crescente ampliação da composição técnica do capital determina, mas não a anulam.

Uma vez determinado o montante de capital total desembolsado, a queda da taxa de lucro implica a redução da massa de lucro produzida pelo capital. Em outros termos, reduz-se a capacidade do capital de comandar trabalho, ou seja, diminui a massa de valor que o capital é capaz de produzir e, assim, decresce a capacidade de valorização do capital. Marx exemplifica:

> Seja um capital de 100, composto de 80c + 20v, correspondendo ao último termo 20 trabalhadores. Seja a mais-valia de 100%, isto é, metade da jornada pertence aos trabalhadores e a outra metade ao capitalista. Imaginemos agora que, num país menos desenvolvido, a composição orgânica do capital seja de 20c + 80v, correspondendo ao último termo 80 trabalhadores, que precisam de 2/3 da jornada para si e trabalham 1/3 dela

para o capitalista. Igualando-se as demais condições, os trabalhadores, no primeiro caso, produzem um valor de 40, e, no segundo, de 120. O primeiro capital produz 80c + 20v + 20m = 120, com taxa de lucro = 20%, e o segundo capital, 20c + 80v + 40m = 140, com taxa de lucro = 40%. Esta, portanto, no segundo caso é duas vezes maior que no primeiro, embora neste a taxa de mais-valia = 100% seja o dobro da taxa do segundo, apenas de 50%. Em compensação, capital da mesma magnitude se apropria, no primeiro caso, do trabalho excedente de somente 20 trabalhadores, e, no segundo, do trabalho excedente de 80 (*C, III*, p. 286-7).

A ampliação da taxa de mais-valia não dá conta, pois, de compensar a perda na massa de lucro, resultante da diminuição do capital variável, que um capital de dada magnitude é capaz de gerar. O capital de composição orgânica superior perde parcialmente sua capacidade de explorar trabalho.[35] Marx aponta a contradição inerente ao progresso da produtividade do trabalho *para o capital*, que se coloca com o advento da indústria:

---

35 Seria possível objetar, com razão, que o capital que se vale de maquinaria extremamente desenvolvida emprega trabalho complexo, ou seja, trabalho que incorpora valor multiplicado ao produto, cuja jornada vale como jornada multiplicada e que, ademais, dada a imensa quantidade de valores de uso que cria, a mais-valia que esse trabalho complexo produz corresponde virtualmente à totalidade do valor gerado em sua jornada. Contudo, o capital que emprega trabalho com tal produtividade é o mesmo que reduz drasticamente o número de trabalhadores e, por conseguinte, o capital variável em proporção à totalidade do desembolso. Assim, embora amplie a quantidade de valor e mais-valia que o trabalho individual produz, reduz a quantidade absoluta de valor e mais-valia gerados pelo capital. O trabalho complexo amplia a produtividade de valores de uso em proporção muito maior do que amplia sua capacidade de produzir valor. E a valorização do capital é medida não pela quantidade de valores de uso que gera, mas pela quantidade de valor, sempre vinculada à quantidade de trabalho que é capaz de comandar. Trataremos adiante do trabalho complexo subsumido ao capital.

> Há, portanto, uma contradição imanente na aplicação da maquinaria para produzir mais-valia, pois, dos dois fatores da mais-valia obtida com um capital de magnitude dada, um fator, a taxa de mais-valia, só pode ser aumentado por essa aplicação se ela diminuir o outro fator, o número de trabalhadores. Essa contradição imanente se patenteia quando, com o emprego generalizado da maquinaria num ramo industrial, o valor da mercadoria produzida à máquina regula o valor de todas as mercadorias da mesma espécie,[36] e é essa contradição que, por sua vez, impele o capitalista, sem tomar consciência dela, a prolongar desmedidamente a jornada de trabalho, a fim de compensar a redução do número relativo dos trabalhadores explorados com o aumento, tanto do trabalho excedente relativo, quanto do absoluto (*C, I*, p. 465).

Para responder a essa necessidade de ampliar a produção absoluta de valor, o capital não apenas prolonga a jornada e intensifica o trabalho, mas também amplia a quantidade de mercadorias produzidas, veículos de valor. Se esta ampliação da produção é própria à determinação autoexpansiva do capital, faz-se ainda mais necessária para responder ao desenvolvimento intensivo, que, mantida invariável a magnitude do desembolso, ao mesmo tempo em que aumenta a quantidade de mercadorias, reduz o valor, ou a quantidade de trabalho social a elas incorporado. Por essa razão, o desenvolvimento intensivo da produção capitalista impele seu desenvolvimento extensivo: para compensar a redução paulatina da quantidade absoluta de

---

36 Essa generalização do nível superior das forças produtivas faz desaparecer a mais-valia relativa extraída pelo capital pioneiro, acima referido, com base nessa diferença de produtividade. Marx afirma: "Ao generalizar-se o uso da maquinaria no mesmo ramo de produção, cai o valor social do produto da máquina ao nível do valor individual, impondo-se a lei segundo a qual a mais-valia não deriva das forças de trabalho que o capitalista substitui com a máquina, *mas das forças de trabalho nela ocupadas*" (*C, I*, p. 464, grifo nosso).

trabalho que o capital é capaz de explorar, amplia-se quantitativamente o capital investido. De acordo com Marx:

> A lei da queda progressiva da taxa de lucro ou do decréscimo relativo do trabalho excedente extorquido, ao confrontar-se com a massa de trabalho materializado posta em movimento pelo trabalho vivo, não exclui de maneira alguma que aumente a massa absoluta do trabalho explorado e mobilizado pelo capital social, e, portanto, que cresça a massa absoluta do trabalho excedente de que se apropria, nem tampouco impede que os capitais sob o domínio dos diversos capitalistas comandem massa crescente de trabalho e, por conseguinte, de trabalho excedente, podendo este aumentar mesmo quando o número de trabalhadores comandados não aumente (*C, III*, p. 287).

A lei tendencial à queda da taxa de lucro é determinada pelos mesmos fatores que ampliam a magnitude absoluta de capital e impelem seu desenvolvimento extensivo. A redução do capital variável não se dá de maneira absoluta, mas apenas relativamente ao capital constante, sendo levada a cabo pelo aumento da magnitude dos meios de produção e não pela redução do número de trabalhadores que compõem o processo produtivo: "A relação muda não porque diminua a massa de trabalho vivo, mas porque aumenta a massa de trabalho já materializado, posta em movimento" (*C, III*, p. 288) por dada quantidade de trabalho. A expansão produtiva cria quantidades cada vez maiores de produtos do trabalho como capital, de modo que o capital social investido na produção aumenta historicamente. Com o aumento do montante absoluto de capital, cresce também a massa de mais-valia ou de lucro produzida pelo capital social.

Contudo, a produção dessa massa não se amplia na mesma proporção do crescimento do capital social desembolsado precisamente porque o capital variável experimenta, com o desenvolvimento da produtividade do trabalho, redução progressiva com relação ao capital constante. Marx exemplifica:

> Se a população de 2 milhões de trabalhadores aumenta para 3 milhões, se o capital variável que recebe em salários cresce da mesma maneira, indo de 2 para 3 milhões, e se, por outro lado, o capital constante sobe de 4 para 15 milhões, aumentará nas condições estabelecidas (invariáveis a jornada de trabalho e a taxa de mais-valia [esta de 100%, conforme determinou Marx anteriormente]) de metade, de 50%, indo de 2 para 3 milhões a massa de trabalho excedente, de mais-valia. Entretanto, apesar de crescer em 50% a massa absoluta do trabalho excedente e, por conseguinte, da mais-valia, a relação entre capital variável e capital constante cairia de 2 : 4 para 3 : 15 (...) (*C, III*, p. 288).

Com esta mudança na composição orgânica do capital, a taxa de lucro cai de 33 ⅓%, no primeiro caso, para 16 ⅔%, no segundo. Isso significa que, para alcançar um aumento de 50% na massa de lucro, o capital adiantado teria de aumentar, não em 50%, mas em 200%, isto é, triplicar: no primeiro caso somava 6 milhões, e no segundo, 18 milhões (um dos fatores apontados por Marx que atenua essa necessidade expansiva do montante de capital é a ampliação da taxa de mais-valia e da intensidade do trabalho, que geram aumento do trabalho excedente sem que se amplie o número de trabalhadores e o capital variável).

Com o desenvolvimento da produtividade do trabalho e a consequente redução da taxa de lucro, o capital, não apenas para valorizar-se, mas para reproduzir como valor o valor previamente criado, deve aumentar "em razão inversa do decréscimo da parte variável" (*C, III*, p. 293). Pois, com o aumento relativo do capital constante, massa cada vez maior de capital torna-se necessária para pôr em movimento a mesma quantidade de força de trabalho e extrair a mesma quantidade de trabalho excedente. (...) Para a massa de lucro ficar invariável ao decrescer a taxa de lucro, é necessário que o multiplicador que indica o aumento do capital global seja igual ao divisor que indica a diminuição da taxa de lucro (*C, III*, p. 294).

Contudo, como a finalidade é a valorização do capital, o aumento do capital global deve ser ainda maior. Com efeito, a ampliação da produtividade do trabalho é gerada pelas relações de concorrência, que determinam também a concentração crescente de capitais e a ampliação crescente da escala da produção, de modo que o capital social de fato aumenta sua magnitude em proporção superior ao decréscimo da taxa de lucro. Assim, o desenvolvimento da produtividade do trabalho sob as relações capitalistas de produção resulta, ao mesmo tempo, em diminuição da taxa e aumento da massa do lucro social:

> O desenvolvimento da produtividade social do trabalho – com as leis que se configuram na diminuição do capital variável proporcionalmente ao capital global e na consequente acumulação acelerada, enquanto a acumulação, reagindo, se torna ponto de partida de nova expansão da produtividade e de novo decréscimo relativo do capital variável – é o mesmo desenvolvimento que se expressa, excluídas flutuações temporárias, no acréscimo progressivo da totalidade da força de trabalho empregada, no crescimento progressivo da massa absoluta da mais-valia e, por conseguinte, do lucro (*C, III*, p. 291).

Se, para aumentar o capital variável em termos absolutos, o capital global deve crescer mais rapidamente do que decai a taxa de lucro, para que esse capital desembolsado produza sua valorização, isto é, crie mais-valia, o aumento da quantidade de mercadorias geradas deve ser ainda maior relativamente à ampliação do capital. Isso porque a redução do valor contido em cada unidade de mercadoria é outro resultado do incremento da produtividade do trabalho, ou ampliação da composição média do capital social. O trabalho de mais alta produtividade cria mais produtos em mesmo tempo, ou seja, incorpora magnitude determinada de valor em maior quantidade de mercadorias. Assim, dado montante de capital produtivo requer quantidades progressivamente mais vultosas de valores de uso para reproduzir seu valor e gerar mais-valia. Em suma, os mesmos fatores que fazem decrescer a taxa de lucro e impelem para a ampliação absoluta do capital social barateiam as mercadorias. Por essa razão, a proporção em que cresce a quantidade de mercadorias deve ser ainda maior que a ampliação do capital.[37]

Como meio de aumentar o montante de mercadorias, a produção capitalista as diversifica. Essa diversificação parte da transformação progressiva de todos os valores de uso sociais tradicionalmente produzidos em mercadorias e estende-se para a criação de novos valores de uso, e com eles novas necessidades sociais, gerados desde o início como suporte do valor. O capital impulsiona a ampliação extensiva da produção de mercadorias tanto quantitativa quanto qualitativa, e o aumento qualitativo de valores de uso serve ao aumento quantitativo de mercadorias. Cria novos ramos de produção como formas concretas novas para a exploração do trabalho e sua consequente expansão. Essa

---

[37] Essa ampliação na quantidade de mercadorias impõe o desenvolvimento dos mercados, e portanto do capital comercial, como expusemos no capítulo anterior. Além disso, o aumento da escala da produção resultante do incremento das forças produtivas exige desembolsos de capitais individuais cada vez maiores para tornar possível a produção, ou seja, requer a concentração dos capitais produtivos. Nas relações de concorrência, esse processo destrói os capitais menores ou lhes impõe a forma de capital por ações, o que os incorpora aos grandes capitais produtivos. Com o desenvolvimento da produção capitalista, não apenas o trabalhador individual se torna improdutivo, incapaz de produzir, como também os pequenos capitais perdem a possibilidade de serem aplicados como capitais produtivos autônomos e, por conseguinte, de explorar diretamente o trabalho produtivo.

diversificação das mercadorias resultante do desenvolvimento produtivo cria os produtos e serviços imateriais do trabalho como mercadorias, veículos de valor. Estes são então subsumidos realmente ao capital: seu processo produtivo emprega o trabalhador coletivo assalariado e faz-se passível de revoluções técnicas que ampliam a produtividade do trabalho. Como exemplos, citamos novamente a indústria do cinema e dos serviços de saúde. O capital subsume a produção imaterial que se realiza na forma de mercadoria. Com a subsunção real ao capital, o trabalho imaterial, na acepção marxiana, isto é, do ponto de vista do produto, transforma-se em trabalho plenamente produtivo para o capital. Assim, a tendência do capital, apontada por Marx em sua definição acessória do trabalho produtivo, de subsumir o conjunto da produção material, não apenas se verifica, como também se mostra tendência a subsumir o conjunto da produção social e desenvolvê-la no interior desta subordinação: "Daí o paradoxo econômico que torna o mais poderoso meio de encurtar o tempo de trabalho no meio mais infalível de transformar todo o tempo da vida do trabalhador e de sua família em tempo de trabalho de que pode lançar mão o capital para expandir seu valor" (C, I, p. 466).

A contradição ou paradoxo imanente à forma social do trabalho produtivo cujo produto é capital apresenta-se após a revolução industrial, pois é esta forma concreta que rompe os limites à produtividade do trabalho, na medida em que estabelece o domínio sobre as forças naturais. Esse domínio se efetiva na objetivação do produto do trabalho social pregresso em meios de produção mecanizados, que suprime o princípio subjetivo do trabalho produtivo diretamente material e coletiviza definitivamente a produção social:

> Na manufatura, a organização do processo de trabalho social é puramente subjetiva, uma combinação de trabalhadores parciais. No sistema de máquinas, tem a indústria moderna o organismo de produção inteiramente objetivo que o trabalhador encontra pronto e acabado como condição material da produção (C, I, p. 442).

Mas esta objetivação da técnica do trabalho, que se realiza na criação da maquinaria e seus subsequentes aperfeiçoamentos, requer uma atividade concreta específica, um tipo de trabalho produtivo que consiste no desenvolvimento da ciência e de suas aplicações técnicas. Engendra uma nova divisão do trabalho produtivo, entre o trabalho simples direto, por um lado, e o trabalho científico e de aplicação da ciência, por outro. Marx afirma:

> Na produção mecanizada, desaparece esse princípio subjetivo da divisão do trabalho. Nela, o processo por inteiro é examinado objetivamente em si mesmo, em suas fases componentes, e *o problema de levar a cabo cada um dos processos parciais e de entrelaçá-los é resolvido com a aplicação técnica da mecânica, da química etc.*, embora a teoria tenha sempre de ser aperfeiçoada pela experiência acumulada em grande escala (*C, I*, p. 436, grifo nosso).

A maquinaria impõe a separação radical, no interior do trabalhador coletivo, entre o trabalho produtivo direto, plenamente simplificado, e o trabalho cuja função é criar e aperfeiçoar o instrumental de trabalho. Este é o trabalho produtivo complexo que se objetiva em ciência e tecnologia, ou seja, em aprimoramento das forças produtivas. Quanto ao grau de complexidade, esta atividade concreta é muito superior à mais qualificada função parcial da manufatura porque se torna intelectual, científica, e não mais artesanal. Este é o nível de complexidade do trabalho individual correspondente ao das forças produtivas, ou seja, demanda a qualificação científica do trabalhador, isto é, a incorporação da ciência, que resulta de todo o desenvolvimento produtivo anterior. Por outro lado, o trabalho concreto direto na indústria é mais simples do que a função parcial menos complexa da manufatura, uma vez que esta última mantém caráter artesanal. Marx afirma a necessidade desta divisão do trabalho produtivo: "O instrumental do trabalho, ao converter-se em maquinaria, exige a substituição da força humana por forças naturais, e da rotina empírica, *pela aplicação consciente da ciência*" (*C, I*, p. 442, grifo nosso). As forças produtivas que caracterizam a indústria moldam a atividade individual do trabalho produtivo como plenamente simplificado, em que o princípio subjetivo desaparece, mas também cria a atividade como trabalho complexo intelectual dada a necessidade de aplicação consciente da ciência para a produção do mecanismo objetivo de que se constitui a indústria. Isto repõe, sob nova forma, o princípio subjetivo do trabalho produtivo.

A indústria moderna revoluciona as formas concretas do trabalho produtivo e engendra, por isso, uma nova divisão do trabalho no interior do processo produtivo, caracterizada primordialmente pela separação entre as funções simples de operação direta do instrumental de trabalho e as funções complexas destinadas ao aprimoramento deste instrumental. Esta divisão específica do trabalho produtivo expressa a contradição imanente ao desenvolvimento capitalista da produção: quanto mais o capital produtivo absorve os resultados do trabalho complexo, científico, mais se reduz a quantidade, concretamente necessária, de força de trabalho simples para a produção. Essas duas funções do trabalho produtivo estabelecem, a princípio, diferentes relações com o capital que as consome. O conjunto do trabalho simples que promove o funcionamento da maquinaria é em sua totalidade e desde o princípio subsumido realmente ao capital, uma vez que é forma concreta do trabalho que se origina da forma capitalista da produção. Do trabalho complexo, os mais técnicos, ou diretos – por exemplo, o trabalho dos mecânicos da maquinaria e do engenheiro de produção – são empregados como assalariados, subsumindo-se assim realmente ao capital. O trabalho científico, por outro lado, tem apenas seu produto apropriado pelo capital. Por essa razão, Marx afirma que "a ciência *nada custa* ao capital, o que não o impede de explorá-la" (*C, I*, p. 443, nota 108, grifo nosso). A ciência subsume-se formalmente ao capital, ou seja, passa a desenvolver-se de acordo com as necessidades capitalistas de expansão produtiva, subordinando sua atividade à finalidade capitalista, mas não se empregam ainda, à época de Marx, os trabalhadores científicos como assalariados dos capitais singulares. Marx escreve sobre a subordinação da produção científica à finalidade capitalista:

> (...) por um lado, é a análise originada diretamente da ciência e a aplicação de leis mecânicas e químicas que possibilitam à máquina executar o mesmo trabalho antes executado pelo trabalhador. Contudo, o desenvolvimento da maquinaria por essa via só ocorre quando a grande indústria já atingiu um estágio mais elevado e o conjunto das ciências já se encontra cativo a serviço do capital (...). A invenção torna-se então um negócio e a aplicação da ciência à própria produção imediata, um critério que a determina e solicita (*Grundrisse*, p. 587).

O interesse específico do capital nesses trabalhadores qualificados não é o valor que o dispêndio de sua força de trabalho diretamente incorpora no produto, mas o valor de uso que engendram. Este valor de uso consiste nos aprimoramentos tecnológicos dos instrumentos de trabalho que permitem economia na produção, isto é, redução de custos para os capitais produtivos por meio da substituição de força de trabalho direta: a força de trabalho complexa indireta destina-se a aperfeiçoar a maquinaria em que se objetiva o capital constante fixo, com a finalidade de reduzir o preço de custo capitalista. Para que este custo decresça, o trabalho deve tornar-se mais produtivo, já que este é o modo de baratear a unidade de mercadoria. Entretanto, a mais-valia, substância da expansão do capital, é criada apenas pelo trabalho vivo, em que o capital variável se objetiva, isto é, "não deriva das forças de trabalho que o capitalista substitui com a máquina, mas das forças produtivas nela ocupadas" (*C, I*, p. 464), pois a substância social do valor é o trabalho objetivado:

> A troca de trabalho vivo por trabalho objetivado, *i.e.*, o pôr do trabalho social na forma de oposição entre capital e trabalho objetivado, é o último desenvolvimento da *relação de valor* e da produção baseada no valor. O seu pressuposto é e continua sendo a massa de tempo de

> trabalho imediato, o *quantum* de trabalho empregado como fator decisivo da produção da riqueza (*Grundrisse*, p. 587, grifos do autor).

O tempo de trabalho é, pois, medida necessária da riqueza que se caracteriza pela determinação quantitativa, abstrata, ou seja, que se define como valor, dispêndio inespecífico de força de trabalho.

> No entanto, à medida que a grande indústria se desenvolve, a criação da riqueza efetiva passa a depender menos do tempo de trabalho e do *quantum* de trabalho empregado que do poder dos agentes postos em movimento durante o tempo de trabalho, poder que – sua poderosa efetividade –, por sua vez, não tem nenhuma relação com o tempo de trabalho imediato que custa sua produção, mas que depende, ao contrário, do nível geral da ciência e do progresso da tecnologia, ou da aplicação dessa ciência à produção (*Grundrisse*, p. 587, grifos do autor).

A potência das forças produtivas, medida pela quantidade de trabalho direto que permitem economizar, não guarda relação alguma, de acordo com Marx, com o tempo de trabalho despendido em sua produção. Com efeito, o aprimoramento qualitativo da maquinaria não se determina imediatamente pelo tempo de trabalho complexo despendido nessa atividade, mas depende do nível social de desenvolvimento da ciência e da tecnologia absorvido pelo trabalho complexo ativo. Contudo, conforme a produção capitalista se desenvolve, a velocidade com que novos aperfeiçoamentos são implementados torna-se fator determinante nas relações de concorrência entre os capitais produtivos, ou seja, o papel dos trabalhadores qualificados que produzem ciência e tecnologia ganha cada vez maior importância. Isso porque, na concorrência, é imperativo reduzir o preço de custo com relação ao médio, o que os capitais singulares alcançam ampliando a composição orgânica do capital ou produtividade do trabalho, bem como o montante absoluto do capital social adiantado, que dela resulta. Assim, impõe-se progressivamente a subsunção real ao capital destes trabalhadores produtivos, que se tornam assalariados dos capitais produtivos singulares. Com isso, a força de trabalho complexo destinada a aprimorar as forças produtivas passa a compor o capital variável, e faz-se custo para o capital singular. A partir desse momento não se pode mais afirmar, com Marx, que a ciência nada custa ao capital. Por conseguinte, quando assalariado do capital, o trabalho científico ou tecnológico se sujeita à necessidade de redução de custos do capital que o emprega, ou seja, à necessidade de ampliação da produtividade também de seu trabalho específico de desenvolver as forças produtivas. O processo de trabalho da própria produção científica e tecnológica faz-se processo coletivo e decomposto de trabalho, organizado cooperativamente, e passível de revoluções técnicas que substituem trabalhadores em funções acessórias. O capital subsume assim realmente a produção da ciência e da tecnologia, que se tornam meios diretos de produção de capital, incorporando valor multiplicado ao produto que criam. Esse assalariamento, ou subsunção real do trabalho complexo ao capital, potencializa, ainda, o aprimoramento tecnológico, uma vez que essa função social passa a desenvolver-se também sob as leis da concorrência.

O emprego de maiores quantidades de trabalho complexo voltado ao aprimoramento das forças produtivas tem por resultado, por um lado, a substituição da força de trabalho direta:

> Na mesma medida em que o tempo de trabalho – o simples *quantum* de trabalho – é posto pelo capital como único elemento determinante do valor, desaparece o trabalho imediato e sua quantidade como princípio determinante da produção – a criação de valores de uso –, e é reduzido tanto quantitativamente a uma proporção insignificante, quanto qualitativamente como um momento ainda indispensável, mas subalterno frente ao trabalho científico geral, à aplicação

tecnológica das ciências naturais, de um lado, bem como [à] força produtiva geral resultante da articulação social na produção total – que aparece como um dom natural do trabalho social (embora seja um produto histórico) (*Grundrisse*, p. 583).

Por outro lado, a ampliação do trabalho complexo indireto na produção resulta na complexificação das funções parciais diretas, conforme a operação de máquinas mais elaboradas passe a requerer formação subjetiva prévia.[38] Com o crescente emprego de trabalho complexo indireto pelo capital, o próprio trabalho direto se complexifica e, além disso, se intensifica: o trabalhador passa a ter de dar conta de parcelas cada vez maiores do processo produtivo. Ambos os fatores advêm do desenvolvimento da maquinaria e contribuem para a redução da quantidade de trabalho requerida pela produção, ou ainda, impõem a queda da parcela que o capital variável significa no capital total. Isso ocorre mesmo considerando que o trabalho complexo incorpora valor multiplicado ao produto, funcionando sob taxa superior de mais-valia, ou de exploração, uma vez que se reduz, de fato, a quantidade de capital variável com relação ao constante, ou seja, a quantidade absoluta de trabalho que determinado montante de capital é capaz de comandar. Marx afirma: "Faz parte do conceito do capital qua a força produtiva acrescida do trabalho é posta antes como aumento de uma força exterior ao trabalho e como seu próprio enfraquecimento" (*Grundrisse*, p. 585). Ao contrário do trabalho material direto, o trabalho científico não pode ser integralmente substituído pelo instrumental objetivo de trabalho dado que a ciência não pode produzir-se sem interferência humana, embora possa engendrar os meios que tornem possível

---

[38] É o caso das máquinas computadorizadas, por meio das quais o produtor direto produz ao operar, e por vezes desenvolver, softwares específicos. O trabalho direto se torna complexo e, do ponto de vista da atividade individual, imaterial. Em outros casos, a inserção do microprocessador como tecnologia produtiva pode simplificar o trabalho (ver TEIXEIRA, Francisco, "Marx ontem e hoje", citado acima.).

a produção material sem essa interferência.[39] A atividade qualificada, pautada na conformação subjetiva especial, altera o caráter concreto do trabalho produtivo. Por outro lado, explicita a necessidade inescapável de trabalho produtivo para a criação dos valores de uso que compõem a riqueza material, ainda que em forma diversa do trabalho simples direto, bem como do antigo trabalho artesanal. Esta transformação se põe paulatinamente a partir do estabelecimento da indústria moderna, com a qual "aprende o homem a fazer o seu trabalho passado, o trabalho já materializado, operar em grande escala, gratuitamente, como se fosse uma força natural" (C, I, p. 444). Marx expõe no que consiste esta mudança concreta no trabalho produtivo:

> Não é mais o trabalhador que interpõe um objeto natural modificado como elo mediador entre o objeto e si mesmo; ao contrário, ele interpõe o processo natural, que ele converte em um processo industrial, como meio entre ele a natureza inorgânica, da qual se assenhora. Ele se coloca ao lado do processo de produção, em lugar de ser o seu agente principal. Nessa transformação, o que aparece como a grande coluna de sustentação da produção e da riqueza não é nem o trabalho imediato que o próprio ser humano executa nem o tempo que ele trabalha, mas a apropriação de sua própria força produtiva geral, sua compreensão e seu domínio da natureza por sua existência como corpo social – em suma, o desenvolvimento do indivíduo social (*Grundrisse*, p. 588).

Mas esse domínio da natureza se efetiva com a mediação das relações capitalistas de produção, que fazem do desenvolvimento produtivo um

---

39 Há processos produtivos parciais realizados por meio da robótica, sem outra interferência humana que a vigilância geral do processo e o controle de qualidade do produto. O trabalho produtivo, material, reduz-se aí ao aprimoramento do instrumental de trabalho e é composto primordialmente de atividades parciais complexas e imateriais.

processo contraditório. O caráter gratuito da produção mecanizada, que consiste em economia de tempo de trabalho, é, como explicitado acima, contraditório para o capital porque, se reduz o custo capitalista da produção singular, permitindo, por meio do barateamento relativo da mercadoria que produz, atração de parcela maior da mais-valia social, do ponto de vista do capital social reduz progressivamente a quantidade de trabalho que é capaz de consumir e faz com que o capital seja impelido a aumentar sua magnitude em velocidade crescente para alcançar a produtividade do trabalho, e assim evitar a redução da taxa de acumulação.

> O próprio capital é a contradição em processo, [pelo fato] de que procura reduzir o tempo de trabalho a um mínimo, ao mesmo tempo que, por outro lado, põe o tempo de trabalho como única medida e fonte da riqueza. Por essa razão, ele diminui o tempo de trabalho na forma do trabalho necessário para aumentá-lo na forma do supérfluo; por isso, põe em medida crescente o trabalho supérfluo como condição – questão de vida e morte – do necessário. Por um lado, portanto, ele traz a vida todas as forças da ciência e da natureza, bem como da combinação social e do intercâmbio social, para tornar a criação da riqueza (relativamente) independente do tempo de trabalho nela empregado. Por outro, ele quer medir essas gigantescas forças sociais assim criadas e encerrá-las nos limites requeridos para conservar o valor já criado como valor (*Grundrisse*, p. 588-9).

A contradição que o desenvolvimento produtivo engendra não tem, contudo, o poder de dissolver as relações capitalistas de produção, precisamente porque o capital condena as forças produtivas "a permanecerem dentro dos limites necessários para manter como valor o valor já criado", isto é, em condições de incorporar quantidade de trabalho suficiente para reproduzir e expandir o capital. Não apenas pelo aumento da magnitude do capital de composição orgânica superior, mas também por manter parte do capital produtivo social funcionando com composição orgânica inferior, associada à redução dos salários. Isso se faz possível devido à população excedente crescente engendrada pela produção capitalista. De acordo com Marx,

> (...) da natureza do processo de acumulação capitalista – que é apenas um aspecto do processo de produção capitalista, infere-se, evidentemente, que a massa acrescida dos meios de produção, destinada a converter-se em capital, encontra sempre um acréscimo correspondente, quando não excessivo, na população trabalhadora explorável (*C, III*, p. 289-90).

O aumento do montante do capital social, que implica ampliação dos meios de consumo baratos, conjuntamente com o decréscimo relativo de sua necessidade de empregar força de trabalho, produz população excedente crescente. No modo de produção do capital, a redução dos custos de produção imposta pelas relações concorrenciais se efetiva não apenas pelo desenvolvimento das forças produtivas, mas também por meio da exploração da força de trabalho cujo custo capitalista é inferior ao do instrumental que substitui esta força. Assim, o capital limita o desenvolvimento da produtividade do trabalho quando a exploração do trabalho é imediatamente mais rentável, ou menos custosa. Como o preço da força de trabalho é mais flexível do que o das mercadorias objetivas, e ademais, é sempre menor que o valor que incorpora ao produto, é frequente a condição em que empregar trabalho é mais barato que introduzir a maquinaria para substituí-lo. Marx explica e exemplifica:

> Uma vez que não paga o trabalho empregado, mas o valor da força de trabalho utilizada, a aplicação da maquinaria, para o capital, fica limitada pela diferença entre o valor da máquina e o valor da força de trabalho que ela

> substitui. (...) Por isso, pode variar muito a diferença entre o preço da máquina e o preço da força de trabalho a substituir, embora permaneça invariável a diferença entre a quantidade de trabalho necessária para produzir a máquina e a quantidade total de trabalho que ela substitui. *Mas é só a primeira diferença que determina os custos de produção da mercadoria para o capitalista e o influencia através das leis coativas da concorrência.* Por isso, máquinas hoje inventadas na Inglaterra só são empregadas na América do Norte (*C, I*, p. 449, grifo nosso).

Marx demonstra que determinados aprimoramentos não podem ser introduzidos na produção capitalista, apesar de ampliarem a produtividade do trabalho e reduzirem o valor da mercadoria, porque não diminuem o preço de custo capitalista da mercadoria. A quantidade de trabalho vivo pago substituída pela nova maquinaria apenas compensa o aumento do valor do capital constante, mas não faz decrescer a magnitude do capital adiantado. Vale reproduzir outro exemplo de Marx:

> Admitamos que determinada indústria capitalista produza a unidade normal de sua mercadoria nas seguintes condições: desgaste do capital fixo, ½ xelim ou marco; matérias-primas e matérias auxiliares, 17 ½ xelins; salários, 2 xelins, e mais-valia, com uma taxa de 100%, 2 xelins. Valor global = 22 xelins ou marcos (*C, III*, p. 341-2).

Marx supõe a coincidência da composição orgânica deste capital produtivo singular com a composição média, o que, dada a taxa geral de lucro, iguala a massa de mais-valia e de lucro individuais: "Nessas condições, temos o preço de custo da mercadoria = ½ + 17 + ½ + 2 = 20 xelins, a taxa média de lucro = 2/20 = 10%, o preço de produção da unidade igual ao valor, a 22 xelins ou marcos" (*C, III*, p. 341-2). Para esse processo produtivo particular, Marx supõe a criação de uma máquina que altera a composição orgânica do capital produtivo em questão nos seguintes termos:

> Imaginemos que se invente máquina que reduza à metade, para cada unidade, o trabalho vivo exigido, mas que, em compensação, triplique a fração do valor relativa ao desgaste do capital fixo. Teríamos então 1 ½ xelins para desgaste, 17 ½ xelins para matérias-primas e auxiliares, 1 para salários, 1 para mais-valia, ao todo, 21 xelins ou marcos. O valor da mercadoria diminuiu então de 1 xelim; a nova máquina aumentou, sem dúvida, a produtividade do trabalho. Mas o capitalista vê as coisas de maneira diferente. Seu preço de custo agora é: 1 ½ xelins para desgaste, 17 ½ de matérias-primas e auxiliares, 1 de salários, ao todo, 20 xelins, como dantes. Uma vez que a nova máquina não implica alteração automática da taxa de lucro [apenas o capital em questão não expressa mais a composição social média, mas funciona agora com composição superior à media; a taxa geral de lucro mantém-se 10%], terá ele de acrescentar 10% sobre o preço de custo, isto é, 2 xelins; não se modifica, portanto, o preço de produção = 22 xelins, ficando, portanto, 1 xelim acima do valor. Para uma sociedade que produz em condições capitalistas, a mercadoria *não* barateou, a nova máquina não trouxe aperfeiçoamento algum. O capitalista não tem o menor interesse de introduzir a nova máquina. E, uma vez que, introduzindo-a, simplesmente tornaria sem valor sua maquinaria atual, ainda não desgastada, transformá-la-ia em ferro velho e nada mais, experimentando, portanto, séria perda, abstém-se de praticar o que para ele não passa de disparate, de mera utopia (*C, III*, p. 341-2).

Neste caso, a restrição à produtividade se deve ao fato de que a redução no salário do trabalhador coletivo que a inovação geraria apenas compensa o aumento que produziria no valor do capital constante (abstraindo-se da perda devida ao desgaste moral da maquinaria antiga). Com isso, não se reduz o preço de custo capitalista. Quanto menores os salários, mais frequente é esta situação, e os salários são mais baixos quando cresce a população excedente. Marx explicita o papel da população excedente na limitação do desenvolvimento da produtividade do trabalho:

> Em velhos países civilizados, a aplicação da máquina em alguns ramos provoca tal excesso de força de trabalho (*redundancy of labour*, diz Ricardo) em outros ramos que, nestes, a queda do salário abaixo do valor da força de trabalho impede a aplicação das máquinas, tornando-a muitas vezes impossível, supérflua, do ponto de vista do capital, cujo lucro deriva não da diminuição do trabalho empregado, mas da diminuição do trabalho pago (*C, I*, p. 450).

O modo de produção capitalista deprecia a força de trabalho com a ampliação da produtividade e da população excedente, e com isso a torna mais apropriada à reprodução do capital, embora seja a espécie de força de trabalho mais irrelevante do ponto de vista do desenvolvimento produtivo concreto.[40] Marx oferece mais exemplos:

---

[40] No interior do modo de produção do capital, a defesa do trabalhador consiste em defesa do emprego ou do assalariamento e, portanto, proteger o trabalho é limitar o desenvolvimento de sua produtividade. A legislação brasileira, por exemplo, determina um limite à ampliação da produtividade do trabalho como forma de proteção ao trabalhador (Constituição Federal, Artigo 7º – XXVII: "proteção em face da automação, na forma da lei", regulamentada em cada setor). Assim, há processos produtivos parciais totalmente robotizados em outros países, mas que, no Brasil, são instalados com maquinaria menos desenvolvida (isto ocorre, por exemplo, com as fábricas da Volkswagen no Brasil, cujo instrumental é menos desenvolvido que o utilizado no país de origem, mas também na produção rural, em que se impõe limites à colheita mecanizada, como no ramo sucroalcooleiro).

> Os ianques inventaram as máquinas britadoras. Os ingleses não as aplicam, pois o pagamento recebido pelo desgraçado, *wretch* (*wretch* é o termo com que a economia política inglesa designa o trabalhador agrícola), que realiza esse trabalho, corresponde a uma parte tão ínfima de seu trabalho que a maquinaria encareceria a produção para o capitalista. Na Inglaterra, em vez de cavalos, empregam-se ainda, ocasionalmente, mulheres para sirgar os barcos nos canais, pois o trabalho necessário para produzir cavalos e máquinas é uma grandeza matemática bem definida, e o necessário para manter as mulheres da população excedente não chega a merecer consideração (*C, I*, p. 450-1).

A superpopulação relativa

> (...) permite que, em muitos ramos de produção, perdure mais ou menos incompleta a subordinação do trabalho ao capital, e por mais tempo do que seria à primeira vista de esperar da situação geral de desenvolvimento; isto acontece por baratearem e se tornarem abundantes os trabalhadores desempregados ou liberados (...). Ademais, surgem novas indústrias, sobretudo no setor de consumo de luxo, as quais se baseiam justamente nessa superpopulação relativa, muitas vezes liberada pela predominância, noutros ramos de produção, do capital constante, e ostentam a predominância do trabalho vivo, só pouco a pouco realizando a evolução por que passaram os outros ramos (*C, III*, p. 312).

O fato de a força de trabalho ser mercadoria, e além disso mercadoria que, como todas as outras, tem seu valor reduzido pelo desenvolvimento da produtividade do trabalho, é fator que contribui para retardar esse desenvolvimento e manter parte da produção social efetivada sob composição orgânica inferior, utilizando grande volume de trabalho simples. Retarda-se, pois, a ampliação da composição orgânica média do capital social. É o que afirma Marx na sequência:

> Nos dois casos, o capital variável representa proporção considerável de todo o capital e o salário é inferior à média, de modo que a taxa e a massa de mais-valia são extraordinariamente altas em tais indústrias. E, uma vez que a taxa geral de lucro se forma pelo nivelamento das taxas de lucro dos ramos particulares de produção, a mesma causa que produz a tendência cadente da taxa de lucro gera uma reação contra essa tendência, mais ou menos paralisando-a (*C, III*, p. 312).

Essa "paralisação" é precisamente a restrição resultante da forma assalariada do trabalho ao incremento da produtividade do trabalho, e tem por efeito a manutenção de parte da força de trabalho social, de valor depreciado, como trabalho direto simples.

Assim, o desenvolvimento produtivo sob as relações capitalistas produz uma população excedente crescente, cuja força de trabalho se deprecia na mesma proporção em que este desenvolvimento se amplia. A constante ampliação da força de trabalho excedente, associada à sua também crescente depreciação, atrai capitais em busca de redução de custos e impõe restrições ao desenvolvimento produtivo nos ramos que a utilizam. A determinação autoexpansiva dos capitais em concorrência implica, por conseguinte, tanto o desenvolvimento produtivo, quanto o limite a este desenvolvimento:

Para o capital, não vige incondicionalmente a lei do aumento da produtividade do trabalho. Para o capital, aumenta essa produtividade quando, mais do que se acrescenta em trabalho pretérito, se economiza em trabalho vivo *pago*, e não em trabalho vivo em geral, o que já vimos sucintamente no Livro Primeiro, capítulo XIII, p. 450s[41] (*C, III*, p. 342).

Deste modo, a propriedade privada na qual se baseiam as relações capitalistas de produção, se historicamente mostrou-se forma de apropriação necessária ao desenvolvimento produtivo, ao impulsionar a coletivização do trabalho da manufatura e, a partir dela, a objetivação da técnica que fizeram das forças produtivas forças *sociais*, apresenta-se como forma que, conquanto não o interrompa, impõe restrições ao desenvolvimento produtivo. O capital estabelece limites, portanto, ao desenvolvimento concreto do trabalho produtivo: "Sua missão histórica é o desenvolvimento implacável, em progressão geométrica,

---

[41] Na Parte Quarta do *Livro I* ("A Produção da Mais-Valia Relativa"), que abrange o capítulo XIII ("A maquinaria e a indústria moderna"), Marx expõe o processo histórico de subsunção progressiva do trabalho ao capital, que transforma o trabalho produtivo em seu caráter concreto e conduz à ampliação sem precedentes na produtividade social do trabalho, ao mesmo tempo em que, dada a forma assalariada do trabalho, impõe restrições ao desenvolvimento produtivo. Baseamo-nos, pois, na Parte Quarta para expor brevemente esse processo histórico, e foram extraídos da passagem do *Livro I* a que Marx se refere os exemplos supracitados sobre o limite à substituição do trabalho vivo pelo instrumental de trabalho. Na Parte Terceira do *Livro III* ("Lei: Tendência a Cair da Taxa de Lucro"), Marx analisa as transformações que esse processo de expansão produtiva imprime ao capital, especialmente em sua composição orgânica, que resultam na lei de tendência a cair da taxa de lucro. A conexão entre a Parte Quarta do *Livro I* e a Parte Terceira do *Livro III* é indicada por Marx. Nos *Grundrisse*, na polêmica passagem que compreende as páginas 582 a 602 (do manuscrito), Marx opõe o desenvolvimento produtivo concreto levado a cabo pela subsunção do trabalho social à forma capitalista, à expansão do capital, e sustenta a obsolescência da forma capital das relações sociais para o desenvolvimento ulterior historicamente possível do trabalho. Baseamo-nos, pois, nestas três passagens da obra de Marx para compor o presente item deste capítulo.

da produtividade do trabalho humano. Trai essa missão quando (...) estorva o desenvolvimento da produtividade. Assim, de novo demonstra que se torna senil, sendo cada vez mais superado pelo tempo" (*C, III*, p. 342). Esse caráter ultrapassado da relação de valor que consiste no estorvo ao desenvolvimento da produtividade do trabalho manifesta-se em um processo contraditório. Esse modo da produção foi justamente aquele que conduziu determinados processos produtivos (parciais) à robotização ou total automação, sem intervenção humana alguma senão a vigilância do processo. Contudo, as relações sociais de produção que visam à expansão do valor, ou o comando de quantidades crescentes de trabalho vivo, impedem que esse nível de desenvolvimento da produtividade se generalize para todos os ramos da produção, uma vez que a automação completa da produção social impossibilitaria não apenas a expansão do capital, mas a reprodução do produto social (o valor-capital) já criado *como valor*. Marx afirma:

> A barreira efetiva da produção capitalista é o *próprio capital*: o capital e sua autoexpansão se patenteiam ponto de partida e meta, móvel e fim da produção; a produção existe para o *capital*, ao invés de os meios de produção serem apenas meios de acelerar continuamente o desenvolvimento do processo vital para a *sociedade* dos produtores. *Os limites intransponíveis em que se podem mover a manutenção e a expansão do valor-capital*, a qual se baseia na expropriação e no empobrecimento da grande massa dos produtores, colidem constantemente com os *métodos de produção* que o capital tem de empregar para atingir seu objetivo e que visam ao aumento ilimitado da produção, à produção como fim em si mesma, ao desenvolvimento incondicionado das forças produtivas sociais do trabalho. *O meio – desenvolvimento ilimitado das forças produtivas sociais –, em caráter permanente,*

> *conflita com o objetivo limitado, a valorização do capital existente* (C, III, p. 328-9, grifos nossos).

Isso não significa que a tecnologia deixará de se desenvolver, ao contrário, aprimora-se gerando, inclusive, técnicas que não são afeitas à forma privada de apropriação. O software livre é paradigmático: sua produção e circulação são alheias ao modo de produção do capital. Demonstra que o capital não deixa de desenvolver sequer as técnicas que atestam sua obsolescência e que consistem em condições produtivas cada vez mais propícias à sua superação. Mas, se de um lado desenvolve a técnica e amplia a produtividade do trabalho, de outro, entrava esta ampliação. Este bloqueio resulta do imperativo da redução de custo, e portanto da necessidade de valorização do capital. É, pois, a finalidade social da produção de valor que leva parte dos múltiplos capitais, ou seja, parcela da produção social, à estagnação técnica quando empregam massas de trabalho simples no lugar de introduzirem mecanismos automatizados de produção. E o fazem porque, ao capital, não interessa economizar na quantidade de trabalho efetivamente empregado, mas economizar em custos. É a própria finalidade de produzir valor ou reproduzir capital que determina um limite ao desenvolvimento produtivo geral. O objetivo limitado – a valorização do capital existente – conflita com o desenvolvimento ilimitado das forças produtivas sociais, embora este aprimoramento constitua o meio para a expansão do valor-capital. Este é o método que o capital emprega visando sua reprodução ampliada porque o aumento da produtividade do trabalho expande a mais-valia relativa. Ao caráter ilimitado desta necessidade de expansão corresponde o caráter limitado do desenvolvimento produtivo, que condena a atividade produtiva ao trabalho simples abstrato, uma vez que ambos se determina pela forma valor do produto social. Daí a barreira efetiva da produção capitalista ser o *próprio capital*.

Se o patamar das forças produtivas determina o caráter da atividade individual no que diz respeito à sua constituição como simples ou complexa – assim como ao conjunto das peculiaridades concretas –, o entrave ao desenvolvimento produtivo implica a estagnação das formas individuais de atividade.

No interior das relações de valor, é necessário que seja mantida a exploração de massas de trabalho, cuja atividade se caracteriza como trabalho abstrato, criador da riqueza abstrata que reproduz o capital. Assim, se estão dadas as condições técnicas para a automação da produção social, esta apenas pode realizar-se como forma central da produção, constituindo o trabalho complexo intelectual como trabalho social médio, quando a relação de valor for dissolvida pela constituição de uma nova forma de propriedade comum ou social.[42] Embora a dissolução da propriedade privada demande mais do que o desenvolvimento produtivo – requer a revolução e, para ela, as chamadas condições subjetivas – as condições objetivas foram constituídas já pela história do capital, e continuamente se aprimoram:

> O capital só emprega a máquina, melhor dizendo, na medida em que ela capacita o trabalhador a trabalhar uma parte maior do seu tempo para o capital, a se relacionar a uma parte maior do seu tempo como não pertencente a ele, a trabalhar mais tempo para o outro. Na verdade, por meio desse processo o *quantum* de trabalho necessário para a produção de certo objeto e reduzido a um mínimo, mas só para que, com isso, um máximo de trabalho seja valorizado em um máximo de tais objetos. O primeiro aspecto é importante, porque o capital aqui – de forma inteiramente involuntária – reduz o trabalho humano, o dispêndio de energia, a um

---

42 Teixeira corrobora esta posição: "A valorização está, portanto, circunscrita aos limites da relação entre o tempo de trabalho necessário e o de mais-trabalho; não pode romper com esses limites. Consequentemente, o capitalismo é incompatível com a produção plenamente automatizada. Nesse sentido, se as prospecções de Marx fossem levadas às últimas consequências, o desenvolvimento das forças produtivas entraria em colapso com as relações capitalistas de produção. Com efeito, uma intelectualização generalizada da totalidade da produção social libertaria o capital do tempo e do quantum de trabalho empregados na produção da riqueza. Nessas circunstâncias, o capital não poderia mais extorquir mais-valia do trabalho produtivo" (TEIXEIRA, F. *op. cit.*, p. 105).

mínimo. Isso beneficiará o trabalho emancipado e é a condição de sua emancipação (*Grundrisse*, p. 585, grifos do autor).

Marx indica a forma de atividade que denomina trabalho emancipado, bem como a razão pela qual as forças produtivas constituídas objetivamente permitem o estabelecimento de uma nova forma de trabalho emancipada na seguinte passagem:

> O trabalho excedente da massa deixa de ser condição para o desenvolvimento da riqueza geral, assim como o não trabalho dos poucos deixa de ser condição do desenvolvimento das forças gerais do cérebro humano. Com isso, desmorona a produção baseada no valor de troca, e o próprio processo de produção material imediato é despido da forma da precariedade e contradição. [Dá-se] o livre desenvolvimento das individualidades e, em consequência, a redução do tempo de trabalho necessário não para pôr trabalho excedente, mas para a redução do trabalho necessário da sociedade como um todo a um mínimo, que corresponde então à formação artística, científica etc. dos indivíduos por meio do tempo liberado e dos meios criados para todos eles (*Grundrisse*, p. 588).

Trata-se da superação da divisão entre as funções intelectuais e as funções manuais, não-qualificadas, do trabalho, ou seja, entre trabalho simples e trabalho complexo intelectual que caracteriza a fase madura do modo de produção capitalista.

CONCLUSÃO
Trabalho produtivo e obsolescência do capital

COMO CATEGORIA ONTOLÓGICA DEFINITIVA da autoprodução humana, descobrir o caráter histórico do trabalho produtivo significa alçar o conhecimento da constituição do ser social a um novo patamar. É o que Marx realiza ao mostrar que o *desenvolvimento* é atributo do trabalho, e que, por isso mesmo, a história confere à produção transformações *essenciais* na forma social em que se realiza, e com isso, muda sua natureza. Sobre esta compreensão nova, Marx estabelece não apenas a *possibilidade* de superação das relações capitalistas, mas a *necessidade objetiva* de ultrapassar esta forma de sociabilidade para o próprio desenvolvimento produtivo social. Além disso, desvela a conexão entre grau de desenvolvimento das forças produtivas e o caráter da atividade individual dos produtores.

Ao tratarmos das novas questões que o tema do trabalho produtivo suscita, enfocamos esta conexão. Expusemos, nesse sentido, que a complexificação do trabalho social não implica atividade produtiva progressivamente mais complexa; ao contrário, a simplificação das funções parciais do trabalho é resultado necessário e condição da coletivização na manufatura, que funda o capital como modo de produção. A finalidade capitalista transforma a atividade produtiva em trabalho abstrato e cria o trabalhador coletivo, socializando a produção. Neste primeiro momento histórico do processo de trabalho como processo de valorização, o trabalho produtivo, simplificado, mantém caráter artesanal ou princípio subjetivo. Seu desenvolvimento subsequente, a maquinaria, se por um lado aprofunda a simplificação do trabalho direto à máquina, suprimindo o princípio subjetivo da atividade ao transferir a técnica para um mecanismo objetivo, cria, por outro, a necessidade de trabalho produtivo intelectual, científico, ou seja, trabalho que se apropria subjetivamente do desenvolvimento das forças produtivas sociais. Esta é a nova divisão do trabalho que a indústria cria, ao transformar a ciência em função do trabalho material. Mas o desenvolvimento subsequente desta divisão do trabalho visa à progressiva eliminação da interferência humana na produção automatizada, ou seja, à supressão do trabalho direto à máquina. A automação da produção material não elimina o trabalho, mas exige uma nova forma do trabalho produtivo que é complexa, intelectual, ligada ao aperfeiçoamento dos meios de produção e criação de novas técnicas e tecnologias. Leva à subsunção real da ciência ao capital. Isto significa que a atividade concreta do trabalho produtivo que gera mercadoria material transforma-se, em parte, em trabalho científico. Quanto maior é a automação da produção, isto é, quanto mais funções parciais da criação da mercadoria são levadas a cabo sem interferência humana, restringindo o trabalho direto à função de vigia do processo produtivo, mais a atividade produtiva individual caracteriza-se como trabalho qualificado intelectual. A tendência do desenvolvimento produtivo do ponto de vista material, da própria natureza das forças produtivas, é a de eliminar o trabalho simples, direto, substituindo-o pelo trabalho complexo que leva a cabo a "aplicação consciente da ciência". Dada, pois, a natureza do desenvolvimento produtivo, o trabalho complexo intelectual tende a se tornar a forma própria à produção *material*.

Isso não significa, contudo, que esta tendência deverá se realizar plenamente com o desenvolvimento capitalista. Ao contrário, um modo de produção em que o trabalho intelectual é a forma predominante do trabalho material é incompatível com a criação de valor. Como exposto, a automação diminui drasticamente a quantidade de trabalho ao recriá-lo na forma complexa – e trabalho é a substância do valor.

Mas a generalização social da produção automatizada, que faria com que o trabalho simples deixasse de ser a forma predominante da atividade produtiva, não apenas é logicamente incompatível com a reprodução do capital, como de fato é obstaculizada por este modo de produção. Sua lógica própria, a concorrência entre capitais, por si mesma cria entraves ao desenvolvimento em parte dos ramos de produção ao estabelecer o custo *capitalista* mínimo como determinante: como demonstramos, na progressiva redução do valor da força de trabalho e ampliação da população excedente, o emprego de trabalho direto, não-qualificado pode implicar menor custo que a instalação de maquinaria necessária à automação. Quando isso ocorre, a sociedade se priva de uma ampliação possível da produtividade do trabalho, do mesmo modo que à atividade individual do trabalho produtivo impõe-se a não-qualificação. O capital estorva, assim, o desenvolvimento genérico e individual.

O modo de produção capitalista, a despeito das especificidades que o distinguem das demais organizações pré-capitalistas – em especial o fato de que possibilitou a coletivização da produção, rompendo com os limites individuais das forças produtivas – não escapa ao caráter histórico que define o modo de produção. Marx explica:

> Em uma certa etapa de seu desenvolvimento, as forças produtivas materiais da sociedade entram em contradição com as relações de produção existentes, ou, o que não é mais que sua expressão jurídica, com as relações de propriedade no seio das quais elas se haviam desenvolvido até então. De formas evolutivas das forças produtivas que eram, estas relações convertem-se me entraves.[1]

Às relações capitalistas de produção corresponde um amplo desenvolvimento das forças produtivas, mas não ilimitado. O limite que impõem à expansão produtiva é a manutenção de massas de trabalho, e por isso, do trabalho direto, simples, como fonte de valor, impedindo a generalização da produção automática e com ela, a do trabalho complexo; ou seja, a propriedade privada

---

[1] MARX, K.,"Prefácio", Contribuição à crítica da economia política. São Paulo: Expressão Popular, 2008, p. 47. Doravante, "Prefácio" de 1859.

impede que produtores individuais que se apropriam do desenvolvimento produtivo na forma da *qualificação* passem a ser maioria no conjunto do trabalho social. O obstáculo reside na necessidade de reproduzir o capital, que impõe a criação do produto social na forma de valor.

Como os modos de produção anteriores, o capitalismo *contém* um patamar definido de desenvolvimento produtivo: "Uma sociedade jamais desaparece antes que estejam desenvolvidas todas as forças produtivas que possa conter, e as relações de produção novas e superiores não tomam jamais seu lugar antes que as condições materiais de existência dessas relações tenham sido incubadas no próprio seio da velha sociedade" ("Prefácio" de 1859, p. 48). Em termos gerais, o patamar produtivo que caracteriza o modo de produção do capital consiste na incorporação da técnica ao mecanismo objetivo, primeira configuração das forças produtivas como sociais e resultante da coletivização da produção artesanal. Mas *não contém* as forças produtivas que prescindem de massas de força de trabalho. Embora tenham sido criadas e efetivamente se realizem em processos produtivos parciais, as forças produtivas que prescindem de massas de trabalho não podem se generalizar sob a propriedade privada, porque isso destruiria a substância do valor. Quando a contradição entre a propriedade privada e o avanço da produtividade do trabalho se acirra ao ponto de o estorvo ao desenvolvimento produtivo se tornar mais significativo do que o impulso a este aprimoramento, o capital se torna senil. Por outro lado, como essencialmente contraditório, o capital não se torna barreira à expansão da produtividade do trabalho de modo absoluto: é da natureza da concorrência impulsionar o desenvolvimento. Mas impõe um obstáculo intransponível: condena as forças produtivas a permanecerem encerradas "nos limites requeridos para conservar o valor já criado como valor" (*Grundrisse*, p. 589) ou seja, condena-as à necessidade de exploração do trabalho abstrato, à manutenção do trabalho como produtivo para o capital. O progressivo obstáculo consiste na distância crescente entre a potência produtiva e a produtividade efetivamente implementada pelo capital. No que diz respeito às funções individuais do trabalho produtivo, isso significa que a atividade média deve-se manter reduzida a trabalho direto, determinação necessária à produção de mais-valia. A manutenção de massas de trabalho simples é garantida pela própria lógica da expansão capitalista que, quanto mais desenvolve as forças produtivas, mais barateia a força de trabalho. Assim, a atividade ou função individual dita "atrasada", porque utiliza meios de produção inferiores às mais altas forças produtivas sociais, não corresponde a um modo de produção que ainda não se apropriou da técnica social de ponta, mas, ao contrário, resulta do desenvolvimento produtivo. Uma ilustração do trabalho não-qualificado que resulta do aprimoramento técnico é o trabalho fabril domiciliar e as terceirizações.[2] Estas formas do trabalho não existem devido a limitações técnicas, mas devem-se ao baixo custo da força de trabalho relativamente à automação das mesmas funções. Como Marx já apontava, "reaparecem os mais rudes *métodos* (e *instrumentos*) de trabalho humano; assim, o moinho dos escravos romanos tornou-se o modo de produção e o modo de existência de muitos trabalhadores ingleses".[3] Ou seja, a necessidade de reprodução do capital sujeita a atividade do trabalho à desqualificação e a impossibilita de apropriar-se do desenvolvimento produtivo genérico. Este é o fator central que demonstra a senilidade do modo de produção capitalista. É também, por isso, o foco de nossa abordagem das novas questões relativas

---

[2] Os trabalhadores realizam no próprio domicílio funções parciais da confecção de produtos utilizando máquinas-ferramenta de tração humana, ferramentas simples, ou ainda, sem utilizar ferramenta alguma. Mas não se trata de modo de produção artesanal ou da maquinofatura, porque as demais fases da produção destes produtos são realizadas por indústrias com alto grau de automação (como a tecelagem, a indústria automobilística, a indústria de plástico, papel e gráficas). Os trabalhadores recebem o produto semipronto das indústrias, em grande escala, e finalizam sua produção de modo manual, intensivo em força de trabalho simples. Só Dharavi, favela em Bombaim (Mumbai), Índia, abriga em torno de cem mil "fábricas de fundo de quintal", que realizam funções parciais da indústria e em que trabalham aproximadamente um milhão de pessoas. Além da forma domiciliar, cresce o número de trabalhadores empregados em empresas intermediárias para as quais se terceiriza funções parciais da produção industrial menos intensivas em tecnologia. (ver ALVES, Giovanni. *O novo (e precário) mundo do trabalho – reestruturação produtiva e crise do sindicalismo*. São Paulo: Boitempo, 2010.).

[3] *Manuscritos econômico-filosóficos de 1844*, p. 208.

ao trabalho produtivo: o trabalho complexo que o desenvolvimento produtivo exige contradiz a forma social abstrata necessária à reprodução do capital porque corresponde à automação da produção.

Esta reprodução exige ainda atividades que Marx classifica como "supérfluas em si mesmas". A criação do produto social como capital gera ampliação dos custos reais de produção e desperdício da força de trabalho social, em oposição à economia no âmbito privado:

> Do ponto de vista social, a produtividade do trabalho aumenta com sua economia. Esta implica economizar meios de produção e evitar todo trabalho inútil. O modo capitalista de produção, ao mesmo tempo que impõe economia em cada negócio particular, produz, com seu sistema anárquico de concorrência, o desperdício mais desmedido dos meios de produção e das forças de trabalho da sociedade, além de criar inúmeras funções para ele indispensáveis, mas em si mesmas supérfluas (*C, I*, p. 601-2).

As principais funções designadas por Marx como supérfluas em si mesmas, ou seja, do ponto de vista da produção concreta, mas criadas pela forma capitalista das relações produtivas e indispensáveis a este modo de produção, consistem nas atividades que compõem a categoria de trabalho improdutivo para o capital. São as funções do trabalhador do comércio e de criação dos produtos associados à forma comercial de intercâmbio, como a propaganda; as funções necessárias à garantia da propriedade privada, como a segurança e a coação dos trabalhadores; as funções bancárias; a contabilidade privada; a direção e administração privadas dos empreendimentos capitalistas. Assim, além de improdutivas de valor, são improdutivas na acepção geral: se o trabalho produtivo é definido por Marx como atividade que resulta em um produto, e este se define como "um valor-de-uso, um material da natureza adaptado às necessidades humanas através da mudança de forma" (*C, I*, p. 214), então o trabalho improdutivo para o capital é uma atividade improdutiva também de acordo com a definição geral, e por isso, *em si mesma*. Mas o trabalho improdutivo é condição para o processo de autonomização dos capitais mercantis, portanto necessário ao desenvolvimento capitalista. Criado por esta forma social é, para ela, indiretamente produtivo ao cumprir funções vitais ao capital.

A expansão dos capitais mercantis que acompanha o desenvolvimento produtivo impõe o aumento do tempo de trabalho social empregado nas funções improdutivas, que não tocam à reprodução material da sociedade. Por meio do emprego de um coletivo de trabalhadores, o capital transforma o trabalho que não produz, e que, portanto, não atende a qualquer necessidade dos produtores, em ramos de investimento capitalista. Ao tomarem parte na concorrência, os capitais mercantis operam pela diminuição dos custos de reprodução. Esta redução é levada a cabo, como no capital produtivo, pela incorporação das forças produtivas sociais, que ampliam a produtividade do trabalho e transformam, em decorrência, sua atividade concreta. Em princípio efetivadas pelo próprio capitalista, como personificação do capital, tornam-se assalariadas; são coletivizadas e organizadas cooperativamente, tendo por conseguinte suas funções simplificadas. O assalariamento do trabalho improdutivo coletivo se torna possível devido tanto ao aumento da população excedente, quanto ao incremento da produtividade do trabalho que barateia as mercadorias necessárias à reprodução da força de trabalho. Transformado paulatinamente no operário das funções administrativas e mercantis, o trabalhador improdutivo deixa de se distinguir, pela remuneração, da média da classe trabalhadora. Como assalariado, é privado do acesso ao produto excedente da produção socializada: do mesmo modo que os produtivos, ao constituírem meio para a reprodução de capitais singulares, os trabalhadores improdutivos se tornam um *capital vivo*, cujo custo de reprodução deve ser mínimo. Se o produto social é comum a todo o trabalho necessário à sua produção – e, no modo capitalista, a produção não se dá senão na forma de valor, o que exige o trabalho improdutivo –, a impossibilidade de acessar o produto excedente identifica-se com a contínua expropriação. A esta determinação é indiferente a função que o trabalhador desempenha na reprodução social.

Dentre as velhas questões ligadas ao tema do trabalho produtivo em Marx, enfocamos a demonstração de que o trabalhador improdutivo subsumido ao capital é explorado, situando a exploração capitalista na contínua expropriação dos meios de vida, e portanto na divisão de classe. Isto não altera, contudo, a distinção ontológica entre as formas produtiva e improdutiva do trabalho subsumido ao capital: a primeira, embora sob forma capitalista, designa o trabalho na acepção geral; a segunda, o trabalho requerido apenas na forma mercantil da produção, cuja necessidade não é, pois, ontológica. Ou seja, não é uma exigência material da produção, como o intercâmbio de produtos, mas uma necessidade da forma capital. Um modo de produção que requer trabalho que não produz em proporções crescentes, voltado a realizar e sustentar a expansão capitalista, ou, em outras palavras, que condena parte do trabalho social a ser improdutivo para que o restante possa produzir, impõe um limite para o desenvolvimento da produtividade do trabalho social. Este limite consiste no desperdício da força de trabalho social e do conjunto dos meios de produção que as funções improdutivas consomem. Em uma sociedade não mercantil, o trabalho que opera as metamorfoses formais do valor desaparece junto com a relação de valor. Pela dissolução da propriedade privada, os "encargos gerais de administração que são independentes da produção" se restringem. Marx afirma: "Em comparação com o que se passa na sociedade atual, esta fração imediatamente se reduz imenso e decresce à medida que se desenvolve a sociedade nova".[4] Também este é um aspecto do caráter obsoleto do capital.

Não apenas o trabalho improdutivo limita a produtividade. Como expusemos, a forma capitalista do trabalho produtivo contradiz o desenvolvimento do trabalho produtivo *em geral*. Nas determinações da categoria de trabalho produti-

---

4 *Glosas Marginais ao Programa do Partido Operário Alemão* ("Crítica do Programa de Gotha, 1875") In: MARX, K; ENGLES, F. *Crítica dos Programas Socialistas de Gotha e de Erfurt*. Porto: Nunes, 1984, p. 17.

vo para o capital que, sem deixar de ser uma forma social do trabalho concreto, o transfigura e contradiz, consiste o foco de nosso exame das velhas questões.

Se o capital foi, historicamente, forma necessária ao rompimento dos limites individuais à produtividade do trabalho e portanto propícia a um desenvolvimento produtivo inédito, ao promover a socialização da produção, com a consolidação da indústria – e mais ainda após a subsunção real do trabalho científico ao capital[5] – a necessidade de criação de valor patenteia-se como obstáculo à ampliação da produtividade do trabalho. As atuais forças produtivas chocam-se com a relação de valor. Este processo põe em evidência o caráter histórico do modo de produção do capital: o produto do trabalho não é em si mesmo capital, mas o capital é produto do trabalho sob uma forma definida das relações sociais.

O capital envelhece e passa a se contrapor ao desenvolvimento produtivo genérico. Mas independente de seu desenvolvimento, a forma que confere ao trabalho produtivo contradiz a natureza deste trabalho na acepção geral. Nesta, o trabalho produtivo é atividade de adequação das formas da natureza à satisfação de necessidades humanas, trabalho que cria valor de uso. Nas relações capitalistas de produção, é trabalho produtivo o que cria mais-valia. Assim, as duas definições de trabalho produtivo – a geral e a adequada ao modo de produção do capital – não são excludentes. A segunda é forma social da primeira: no capitalismo, o valor de uso é criado sob a forma social de valor e o trabalho produtivo se realiza sob a forma social do trabalho abstrato. O processo de trabalho assume a forma de processo de valorização, de modo que se trata da mesma atividade com duplo caráter. Contudo, Marx afirma que "essa conceituação de trabalho produtivo, derivada apenas do processo de trabalho, não é de modo algum adequada ao processo de produção capitalista" (*C, I*, p. 215, nota 7), como colocamos no primeiro capítulo. Neste processo, a determinação predominante é a criação de valor, que subordina o caráter útil da atividade produtiva. Essa subordinação se patenteia no fato de que atividades criadoras de valores de uso levadas a cabo fora das relações capitalistas de produção – como a de pequenos

---

[5] "(...) é só o capital que cria a sociedade burguesa e a apropriação universal da natureza, bem como da própria conexão social pelos membros da sociedade" (*Grundrisse*, p. 334)

proprietários de terra ou artesãos – não constituem trabalho produtivo para o capital porque não criam mais-valia. A subsunção do trabalho produtivo ao capital implica oposição ao caráter útil da produção. O modo capitalista cria uma comunidade de produtores cada vez mais ampla cujo produto, sob a forma social de valor, não responde às suas necessidades. Não porque o valor de uso perca suas propriedades úteis ao ser criado como valor, mas porque este modo de produção transforma o produtor em um capital vivo. Sob esta forma, seu custo de reprodução deve ser reduzido ao mínimo e, com isso, restringe-se o acesso aos meios de satisfação de necessidades. Assim, embora o caráter concreto do produto não se altere, pode deixar de se realizar como valor de uso quando as vicissitudes do mercado impedem que se realize como capital, o que se manifesta especialmente durante as crises. Ou seja, a forma valor do produto social impede seu consumo.[6]

Com meios de satisfação restritos pela separação entre o produtor e os meios de produção, as próprias necessidades dos trabalhadores regridem.[7] Daí

---

[6] Em 2006, por exemplo, quando a crise do capital que se alastrou mundialmente começava a se manifestar "em Cleveland, foi como se um 'Katrina financeiro' atingisse a cidade. Casas abandonadas, com tábuas em janelas e portas, dominaram a paisagem nos bairros pobres, principalmente negros. Na Califórnia, também se enfileiraram casas abandonadas e vazias em ruas de cidades inteiras, como Stockton; na Flórida e em Las Vegas, os condomínios permaneceram vazios. As vítimas do despejo tinham de encontrar alojamento em outros lugares: cidades de tendas começavam a se formar na Califórnia e na Flórida. Em outras áreas, famílias ou dobravam de tamanho, com a chegada de amigos e parentes, ou organizavam suas casas em quartos de hotéis baratos" (HARVEY, D. *O enigma do capital e as crises do capitalismo*. São Paulo: Boitempo, 2011, p. 10). Este é um exemplo de como os valores de uso deixam de sê-lo quando impossibilitados de se realizarem como capital, no caso, de render os juros pelos empréstimos que as hipotecas asseguravam.

[7] "Tal alienação [do trabalho – V. C.] se revela, em parte, no fato de o refinamento das necessidades e dos meios para as satisfazer produzir, como contrapartida, uma ferocidade bestial, uma total, primitiva e abstrata simplicidade das necessidades; ou melhor, no fato de apenas se reproduzir a si mesma em sentido oposto. Para o trabalhador, até a própria necessidade de ar fresco deixa de ser necessidade. O homem regressa à habitação nas cavernas, mas agora encontra-se envenenada pela exalação pestilencial da civilização. O trabalhador possui apenas um direito *precário* a nela habitar, porque se tornou um poder estranho, que se lhe subtrai

Marx afirmar, sobre a parcela do produto social "que se destina a satisfazer as necessidades da comunidade", que "esta fração aumenta imediatamente de importância, em comparação com o que se passa na sociedade atual, e essa importância cresce à medida que se desenvolve a sociedade nova".[8] Assim, sob a propriedade privada, o trabalho produtivo, na acepção geral, perde parcialmente a capacidade de levar a cabo sua função própria, a satisfação das necessidades da comunidade dos produtores, para, em lugar disso, responder à necessidade de ampliação do capital.

Se o produto do trabalho social não se volta à satisfação de necessidades, tampouco a própria atividade do trabalho pertence ao produtor: o trabalho se faz meio de vida, alheio à natureza do produtor. A divisão entre o trabalho manual simples e o trabalho complexo intelectual determina este alheamento ou alienação do trabalho produtivo, em sua acepção geral. Este se caracteriza como atividade voltada a um fim previamente ideado. A cisão entre os dois momentos centrais do trabalho tornam a atividade indiferente ao produtor. O trabalho produtivo para o capital contradiz, pois, a natureza do trabalho produtivo em geral sem deixar de ser uma forma histórica deste trabalho. Mas uma forma que se opõe à real natureza do trabalho – satisfação e ampliação das necessidades – porque o capital "(...) só põe o trabalho necessário *desde (e à medida) que seja trabalho excedente* (...)" (*Grundrisse*, p. 345, grifos do autor).[9]

---

todos os dias, do qual pode ser desalojado, se não pagar a renda. Tem de *pagar* este necrotério. A habitação cheia de luz que Prometeu, em Ésquilo, caracteriza como um dos maiores dons pelo qual transformou o selvagem em homem, deixa de existir para o trabalhador. A luz, o ar e a mais elementar limpeza *animal* cessam para o homem de figurar como necessidades" (MARX, K. *Manuscritos económico-filosóficos de 1844*. Lisboa; Edições 70, 1993, p. 208).

8   *Glosas Marginais ao Programa do Partido Operário Alemão*, op. cit., p. 17.

9   Esta questão da inversão da finalidade de auto-produção do trabalho ecoa a crítica econômica original de Marx: "O economista (e o capitalista – ao falarmos dos economistas, estamos sempre a referir-nos aos homens de negócio *empíricos*, de que os primeiros contituem a revelação e a existência *científicas*) demonstra de diversas maneiras como o crescimento das necessidades e dos meios para as satisfazer gera a carência de necessidades e dos respectivos meios de satisfação. Em primeiro lugar, pela redução que faz do trabalhador à manutenção indispensável e miserável da vida física e da sua atividade ao mais abstrato movimento

A privação determinada pela propriedade privada e expressa na forma salário faz regredir não apenas o padrão dos meios de satisfação das necessidades e as necessidades mesmas, como também o caráter da atividade individual que, como trabalho abstrato, esvazia-se de conteúdo e sentido para o produtor. O trabalhador deixa de ser "usuário de seu próprio trabalho" (*Cap. In.*, p. 54, já citado no primeiro capítulo) não apenas porque o produto não lhe pertence, mas também porque o trabalho deixa de ser uma atividade *de sua natureza*.

A divisão do trabalho no modo de produção do capital, ao mesmo tempo em que impõe a perda da atividade do trabalho para o produtor, patenteia sua obsolescência: a separação entre a atividade manual e intelectual se dá no interior do trabalho produtivo subsumido ao capital. Em outros termos, a divisão do trabalho se dá no interior do trabalho assalariado, e não entre classes. A classe capitalista não tem função na reprodução social: enquanto as forças produtivas avançam ao ponto de transformar o trabalho científico em função da produção material – em trabalho produtivo –, ocorre o assalariamento dos trabalhos intelectuais. Todas as funções produtivas, inclusive as imateriais – artísticas e de produção de conhecimento – e improdutivas são efetivadas pelo trabalho assalariado. Isto distingue a divisão do trabalho no capital, por um lado, das formas pré-capitalistas desta divisão, por outro. Nas últimas, a produção material constitui função da classe subalterna, enquanto à classe dominante, liberta da necessidade de realizar o trabalho material, toca o trabalho intelectual. Esta forma de atividade, que cria a ciência, a arte etc., não se imiscui na produção material. A técnica própria ao trabalho material nas organizações sociais pré-capitalistas é artesanal e, por essa razão, cabe e pertence ao produtor individual.

---

mecânico, o economista afirma que o homem, além delas, não tem mais necessidades, quer de atividade, quer de prazer; e no entanto, declara que também esta vida constitui uma vida e uma existência *humanas*. Em segundo lugar, ao considerar como padrão, e, sem dúvida, padrão universal (porque se aplica à massa dos homens) a vida mais pobre possível, faz do trabalhador um ser desprovido de sentidos e de necessidades, da mesma maneira transforma sua atividade em simples abstração de toda atividade (*Manuscritos Econômico-Filosóficos de 1844, op. cit.*, p. 208-9, grifos do autor).

No modo de produção coletivizado do capital, a técnica produtiva deixa de ser artesanal e, por conseguinte, não cabe mais ao trabalhador individual. Para produzir, é necessária a aplicação técnica da ciência, o que constitui as forças produtivas em forças efetivamente sociais ou coletivas. Entretanto, a produção científica não é levada a cabo pela classe proprietária, mas pelo trabalho complexo assalariado, produtivo para o capital. As funções de administração, gerência, contabilidade e controle dos trabalhadores (inclusive as públicas) são do mesmo modo levadas a cabo pelo trabalho assalariado. Ao capital, cabe somente o comando, autorizado pela propriedade privada, dos resultados do trabalho social.

Assim, de há muito "o não *trabalho dos poucos*" deixou "de ser condição para o desenvolvimento das forças gerais do cérebro humano" (*Grundrisse*, p. 588, grifo do autor). De modo que a divisão do trabalho, que agora ocorre no interior do trabalho assalariado, e não entre proprietários e não-proprietários, não é mais uma exigência do limite das forças produtivas. Isso caracteriza o caráter parasitário da classe dominante no capital e do modo capitalista de produção, ou seja, a ausência de necessidade objetiva dessa forma de divisão do trabalho estabelecida pela propriedade privada. Caracteriza, também, posto que a reprodução social é integralmente levada a cabo pelo trabalhador assalariado, a condição objetiva de superação da forma capital.

FONTES BIBLIOGRÁFICAS

Obras de Karl Marx

O Capital – Crítica da economia política – Livro Primeiro – O processo de produção do capital. Rio de Janeiro: Civilização Brasileira, 2006.

O Capital – Crítica da economia política – Livro Segundo – O processo de circulação do capital. Rio de Janeiro: Civilização Brasileira, 2006.

O Capital – Crítica da economia política – Livro Terceiro – O processo global de produção capitalista. Rio de Janeiro: Civilização Brasileira, 2008.

Teorias da mais-valia – História crítica do pensamento econômico – Livro I. Rio de Janeiro: Civilização Brasileira, 1980.

Teorias da mais-valia – História crítica do pensamento econômico – Livro II. Rio de Janeiro: Civilização Brasileira, 1980.

Teorias da mais-valia – História crítica do pensamento econômico – Livro III. Rio de Janeiro: Civilização Brasileira, 1985.

O Capital – Livro I – capítulo VI (inédito). São Paulo: Ciências Humanas, 1978.

Contribuição à Crítica da Economia Política. São Paulo: Expressão Popular, 2008.

Contribuição à crítica da economia política. Lisboa: Estampa, 1973.

Grundrisse: Manuscritos econômicos de 1857-1858: Esboços da crítica da economia política. São Paulo: Boitempo; Rio de Janeiro: UFRJ, 2011.

Cuadernos de Paris – notas de leitura de 1844. México: Ediciones Era, 1974.

Manuscritos Econômico-Filosóficos de 1844. Col. Textos Filosóficos. Lisboa: Edições 70, 1993.

"A Questão Judaica". In: *Manuscritos Econômico-Filosóficos de 1844*. Col. Textos Filosóficos. Lisboa: Edições 70, 1993.

"Trabalho assalariado e capital". In: *A Nova Gazeta Renana*, São Paulo: Educ, 2010.

A Miséria da Filosofia. São Paulo: Mandacaru, 1990.

Glosas Marginais ao Programa do Partido Operário Alemão ("Crítica do Programa de Gotha, 1875"). In: MARX, K.; ENGELS, F. *Crítica dos programas socialistas de Gotha e de Erfurt*. Porto: Nunes, 1874.

MARX, K.; ENGELS, F. *A Ideologia Alemã*. São Paulo: Hucitec,1984.

Bibliografia complementar

ALBUQUERQUE, Eduardo da Motta e. *A agenda Rosdolsky* (Tese apresentada para candidatura a Professor Titular ao Departamento de Ciências Econômicas da Fac. de Ciênc. Econômicas UFMG). Belo Horizonte, 2010.

ALTVATER, E., FREEKHUISEN. "Sobre el trabajo productivo e improductivo". In: *Crítica de la Economia Política 3 – Capitalismo e clases sociales*. Barcelona: Fontamara, 1977.

AMORIM, Henrique. *Trabalho imaterial – Marx e o debate contemporâneo*. São Paulo: Annablume; Fapesp, 2009.

ALVES, Giovanni. *O novo (e precário) mundo do trabalho – reestruturação produtiva e crise do sindicalismo*. São Paulo: Boitempo, 2010.

BARAN, Paul. *Economia política do desenvolvimento*. Rio de Janeiro: Zahar, 1964.

BERTHOUD, Arnaud. *Travail productif et productivité du travail chez Marx*. Paris: François Maspero, 1974.

BIANCHI, Marina. *A Teoria do Valor (dos clássicos a Marx)*. Col. Chaves da Economia. Lisboa: Edições 70.

BÖHM-BAWERK, Eugen von. "La conclusión del sistema de Marx". In: HILFERDING, R. et al. *Economía Burguesa y Economía Socialista*. Cuadernos de Pasado y Presente, nº 49. México: Siglo XXI, 1974, p. 29-127.

BOITO JR., A. (org.). *A obra teórica de Marx: atualidade, problemas e interpretações*. São Paulo: Xamã, 2002.

BOUDIN, Louis B. *The Theoretical System of Karl Marx in the Light of Recent Criticism*. Chicago: Charles H. Kerr & Co., 1907.

BRAVERMAN, H. *Trabalho e capital monopolista – a degradação do trabalho no século XX*. Rio de Janeiro: Zahar, 1981.

CANTOR, Renán Vega. "La 'sociedad del conocimento': una falácia comercial del capitalismo contemporâneo". In: *Herramienta – Revista de debate e crítica marxista*, nº 35. Buenos Aires: Herramienta, jun. 2007, p. 171-183.

CASTORIADIS, Cornelius. *As encruzilhadas do labirinto*, vol. I. Rio de Janeiro: Paz e Terra, 1997.

CHASIN, José. *Estatuto Ontológico e resolução Metodológica*. São Paulo: Boitempo, 2009.

CIPOLLA, F. P. "Trabalho em equipe como forma da subsunção real". In: *Estudos Econômicos*, vol. 35, nº 1, jan.-mar. 2005, p. 203-239.

COCKSHOTT, Paul; ZACHARIAH, David. "Hunting productive work". In: *Science and Society*, vol. 70, nº 4, 2006, p. 509-527.

COHEN, G. A. *Karl Marx's theory of History: a defense.* Princeton: Princeton University Press, 1978.

COLLIOT-THÉLÈNE, C. "Notas sobre el estatuto del trabajo productivo en la teoría marxista". In: *Crítica de la Economia Política 3 – Capitalismo e clases sociales.* Barcelona: Editorial Fontamara, 1977.

COTRIM, Ivan. *Karl Marx – a determinação ontonegativa originária do valor.* São Paulo: Alameda, 2011.

DINERSTEIN, Ana C.; NEARY, Michael. *El trabajo em debate – Una investigatión sobre la teoría e la realidade del trabajo capitalista.* Buenos Aires: Herramienta, 2009.

DIQUATRO, Arthur. "The labour theory of value and simple commodity production". In: *Sience and Society*, vol. 71, nº 4, 2007, p. 455-483.

DOBB, Maurice. *Teorias do valor e distribuição desde Adam Smith.* Lisboa: Presença, 1973.

DUSSEL, Enrique. "El programa científico de investigación de Carlos Marx (Ciencia social fincional e crítica)". In: *Herramienta – Revista de debate e crítica marxista*, nº 9. Buenos Aires: Herramienta, outono de 1999, p. 99-119.

ENGELS, F. *Appendix to Capital*, vol. 3. Moscou: Progress Publishers, 1966.

FINE, B.; HARRIS, L. *Para reler O Capital.* Rio de Janeiro: Zahar, 1979.

FAUSTO, Ruy. "Pós-grande indústria nos *Grundrisse* (e para além deles)". In: *Lua Nova*, nº 19, nov. 1989, p. 47-67.

_____. *Marx: Lógica e Política – Investigações para uma reconstrução do sentido da dialética.* Tomo I. São Paulo: Brasiliense, 1987.

GOUGH, Ian. "Marx's theory of productive and unproductive labour". In: *New Left Review*, nº I/76, nov.-dez. de 1972.

_____. "La teoría del trabajo productivo e improductivo en Marx". In: *Crítica de la Economia Política 3 – Capitalismo e clases sociales*. Barcelona: Fontamara, 1977.

_____. "On productive and unproductive labour: a reply". In: *Conference of Socialist Economists Bulletin*, inverno de 1973.

GORZ, André. *Crítica da divisão do trabalho*. São Paulo: Martins Fontes, 1980.

_____. *Adeus ao proletariado: para além do socialismo*. Rio de Janeiro: Forense-Universitária, 1987.

_____. *O Imaterial – conhecimento, valor e capital*. São Paulo: Annablume, 2005.

GRESPAN, Jorge Luís da Silva. *O negativo do capital*. São Paulo: Hucitec; Fapesp, 1999.

_____. "Marx, crítico da teoria clássica do valor". In: *Crítica Marxista*, nº 12. São Paulo: Boitempo, 2001, p. 59-76.

HARVEY, D. *A condição pós-moderna*. São Paulo: Loyola, 1992.

_____. *O enigma do capital e as crises do capitalismo*. São Paulo: Boitempo, 2011.

HEINRICH, Michael. "Capital in general and the structure of Marx's *Capital*: new insights from Marx's economic manuscript of 1861-1863". In: *Capital and Class*, nº 38, 1989, p. 63-79.

HILFERDING, R. "La crítica de Böhm-Bawerk a Marx". In: HILFERDING, R. *et al. Economía Burguesa y Economía Socialista, Cuadernos de Pasado y Presente*, nº 49. México: Siglo XXI, 1974, p. 129-189.

HOLLOWAY, John; CECCHETTO, Sergio. "Luchar contra el capital implica siempre luchar contra el trabajo abstracto" (entrevista de Jonh Holloway por Sergio

Cecchetto). In: *Herramienta – Revista de debate e crítica marxista*, nº 9. Buenos Aires: Herramienta, out. 2007, p. 67-79.

IONNIDES, Alexis; MAVROUDEAS, Stavros. "Work more or work harder? The duration and intensity of work in Marx's *Capital*". In: *Sience and Society*, vol. 74, nº 1, Nova York, 2010, p. 85-102.

LAIBMAN, David. "Trabalho improdutivo: crítica de um conceito". In: ROWE, W. L. (ed.). *Studies in labor theory and practice* (Studies in Marxism, vol. l). Minneapolis: Marxist Educational Press, 1982.

LAVINAS, Lena (coord.); SORJ, Bila; BARSTED, Leila Linhares; JORGE, Angela. "Trabalho a domicílio: novas formas de contratualidade". Rio de Janeiro: IPEA, 2000. Disponível em http://www.ipea.gov.br/pub/td/td_2000/td0717.pdf

KATZ, Claudio. "Uma interpretación contemporânea de la ley de la tendência decresciente de la tasa de ganancia". In: *Herramienta – Revista de debate e crítica marxista*, nº 9. Buenos Aires: Herramienta, inverno de 2000, p. 143-166.

KOGA, E. "Problemas teóricos de la organización de las clases y del trabajo productivo". In: *Crítica de la Economia Política 3 – Capitalismo e clases sociales*. Barcelona: Fontamara, 1977.

LAZZARATO, M.; NEGRI, A.; COCCO, G. *Trabalho imaterial – formas de vida e produção de subjetividade*. Rio de Janeiro: DP&A, 2001.

LUKÁCS, Georg. *Ontologia do ser social – Os princípios ontológicos fundamentais de Marx*. São Paulo: Livraria Editora Ciências Humanas, 1979.

MANDEL, Ernest. *"El Capital" – Cien años de controversias em torno a la obra de Karl Marx*. México: Siglo XXI, 1985.

_____. *A Formação do Pensamento Econômico de Karl Marx – De 1843 até a redação de O Capital*. Col. Biblioteca de Ciências Sociais. Rio de Janeiro: Zahar, 1968.

_____. *Tratado de Economia Marxista*. México: Ediciones Era, 1969.

MARINI, Ruy Mauro. "O conceito de trabalho produtivo – nota metodológica (1992-1997)". In: TRASPADINI, R. e STEDILE, J. P. (orgs.). *Ruy Mauro Marini – vida e obra*. São Paulo: Expressão Popular, 2005.

MELLO, Gustavo Moura C. *Algumas respostas teóricas para as vicissitudes do capitalismo contemporâneo: crítica ou fetichismo?* Dissertação de Mestrado – Dep. Sociologia, FFLCH-USP, 2007.

MORAES NETO, B. R. *Marx, Taylor, Ford: as forças produtivas em discussão*. São Paulo: Brasiliense, 1991.

_____. "Automação e trabalho: Marx igual a Adam Smith?". In: *Estudos Econômicos*, IPE-FEA-USP, vol. 25, nº 1, 1995.

_____. "Século XX e teoria marxista do trabalho". In: *Crítica Marxista*, vol. 15, São Paulo, 2000.

_____. "Marx e o processo de trabalho no final do século". In: *Pesquisa e Debate*, PUC-SP, vol. 11, nº 2, 2000.

_____. "Observações sobre os *Grundrisse* e a História". In: *Anais do IX Encontro Nacional de Economia Política*. Uberlândia, MG, 2004.

NAGELS, Jacques. *Travail collectif et travail productif dans l'évolution de la pensée marxiste*. Bruxelas: Éditions de l'Université de Bruxelles, 1974.

NAPOLEONI, Cláudio. *Lecciones sobre el capítulo sexto (inédito) de Marx*. México: Ediciones Era, 1976.

NEGRI, A.; HARDT, M. *Império*. Rio de Janeiro: Record, 2001.

NICOLAUS, Martin. *Proletariado e clase media en Marx: coreografia hegeliana y la dialética capitalista*. Barcelona: Anagrama, 1972.

PAULANI, Leda. "O papel da força viva de trabalho no processo capitalista de produção – uma análise dos dilemas contemporâneos". In: *Estudos Econômicos*, vol. 31, n° 4, 2001, p. 695-721.

POSTONE, Moishe. *Time, labor and social domination*. Cambridge: Cambridge University Press, 1993.

PRADO, E. F. S. *Desmedida do valor: crítica da pós-grande indústria*. São Paulo: Xamã, 2005.

_____. *Pós grande indústria: trabalho imaterial e fetichismo – uma crítica a A. Negri e M. Hardt*. Disponível em http://pt.scribd.com/doc/23747129/PRADO-E-S-Pos-grande-industria-trabalho-imaterial-e-fetichismo-uma-critica-a-A-Negri-e-M-Hardt.

ROMERO, Daniel. *Marx e a técnica – Um estudo dos manuscritos de 1861-1863*. São Paulo: Expressão Popular, 2005.

ROSDOLSKY, Roman. *Gênese e estrutura de O Capital de Karl Marx*. Rio de Janeiro: EDUERJ; Contraponto, 2001.

ROSEMBERG, Nathan. *Por dentro da caixa-preta – tecnologia e economia*. Campinas: Editora da Unicamp, 2006.

RUBIN, I. I. *A Teoria marxista do valor*. São Paulo: Polis, 1987.

SAYERS, Sean. "The concept of labour: Marx and his critics". In: *Sience and Society*, vol. 71, n° 4, 2007, p. 431-454.

SCHMIDT FILHO, Ricardo. *Trabalho intelectual, inovação, ciência e tecnologia e mudança técnica em Marx: novas questões em uma "velha" teoria*. Disponível em: www.economiaetecnologia.ufpr.br/ ... /ANPEC-Sul-A1-10-trabalho_intelectual_ino.pd

SECCO, L. "Trabalho Produtivo e serviços educacionais". In: *Universidade e Sociedade*, vol. 8, 1995, p. 59-67.

_____. "Trabalho produtivo em Marx". In: *O Ensaiador*. São Paulo, Instituto de Física da USP, 1994, p. 38-44.

SINGER, Paul. "Trabalho produtivo e excedente". In: *Revista de Economia Política* – vol. 1, nº 1, São Paulo: Brasiliense, 1981.

SKILLMAN, Gilbert L. "Value theory vs. historical analysis in Marx's account of capitalist exploitation". In: *Sience and Society*, vol. 71, nº 2, 2007, p. 203-226.

SMITH, Adam. *A Riqueza das Nações*. São Paulo: Martins Fontes, 2003.

SUNGUR, Sauran; TONAK, E. Ahmet. "Productive and unproductive labour; an attempt at clarification and classification". In: *Capital and Class*, nº 68 (Summer), p. 113-152.

SWEEZY, Paul. *Teoria do desenvolvimento capitalista – Princípios de economia política marxista*. Rio de Janeiro: Zahar, 1976.

TARBUCK, Ken. *Productive and unproductive labour in the modern capitalist economy*. Londres: Marken Press, 1995.

TEIXEIRA, Francisco. "Marx ontem e hoje". In: TEIXEIRA, Francisco; FREDERICO, Celso. *Marx no século XXI*. São Paulo: Cortez, 2008.

TERRAY, E. "Prolétaire, salarié, travailler productif". In: *Contradictions*, nº 2, 1972.

_____. "Travailleurs productifs et improductifs". In: *Contradictions*, nº 3, 1973.

UREÑA, Enrique M. *Karl Marx, economista – o que Marx realmente quis dizer*. São Paulo: Loyola, 1981.

VIRNO, Paul. "Quelque notes à propos du 'general intelect'". *Futur Antérieur*, nº 10, 1992.

Agradecimentos

Este livro é resultado da pesquisa de mestrado desenvolvida no Departamento de História da USP, sob a orientação de Jorge Grespan, entre 2006 e 2009.

Para a realização da pesquisa, foi muito importante o apoio da minha família.

Agradeço a Tim, sempre presente, e à vovó Maria.

A meus pais, Lívia e Ivan, devo agradecer não apenas pelo apoio, mas pela efetiva contribuição ao trabalho e pelo conjunto da minha formação intelectual e política.

À Ana e ao Daniel, que acompanharam o cotidiano da pesquisa; aos amigos, Tomás Bastian e Sérgio Audi.

Aos pequenos Lia, Theo, Raul e Pedro, pela contagiante alegria de viver.

Aos professores que compuseram as bancas de qualificação e defesa, Cida Rago e Lincoln Secco.

Ao professor José Chasin, cuja pesquisa sobre a posição ontológica de Marx constitui o ponto de partida deste trabalho.

Ao professor Jorge Grespan, pela orientação, suporte e disposição para debater as grandes questões.

Pela edição do livro, agradecimentos especiais à Zilda Cotrim.

ESTA OBRA FOI IMPRESSA EM SÃO BERNARDO DO CAMPO PELA ASSAHI GRÁFICA & EDITORA. NO TEXTO FOI UTILIZADA A FONTE ARNO PRO, EM CORPO 11 E ENTRELINHA DE 15 PONTOS.